Die Zukunft von Kooperation und Integration

Bundesakademie für Sicherheitspolitik
Schriftenreihe zur Neuen Sicherheitspolitik

Herausgegeben von
Dr. Günter Joetze

Band 16

ISBN 3-87061-651-2

Harald Rondholz (Hrsg.)

Die Zukunft von Kooperation und Integration

BERLIN VERLAG
Arno Spitz GmbH

Die Deutsche Bibliothek - CIP-Einheitsaufnahme

Die **Zukunft von Kooperation und Integration** /
Harald Rondholz (Hrsg.). - Berlin : Berlin Verl. A. Spitz, 1997
(Schriftenreihe zur Neuen Sicherheitspolitik ; Bd. 16)
ISBN 3-87061-651-2

Projektleitung und Redaktion:
Assessorin jur. Martina Huppertz
Diplom-Ökonom Dr. Kai Hirschmann

BERLIN VERLAG Arno Spitz GmbH
Pacelliallee 5 • 14195 Berlin

Inhaltsverzeichnis

Die Zukunft von Kooperation und Integration: Konzepte, Strukturen, Prozesse

Harald Rondholz

1. Zum Wandel der globalen Sicherheitsbeziehungen

Der Wandel der globalen Sicherheitsbeziehungen seit dem Ende des Ost-West-Konflikts hat in der *Strategic community* eine moderne Sicht von Sicherheitspolitik jenseits der herkömmlichen Dimensionen von Diplomatie und Militärpolitik paradigmatisch durchgesetzt.

Ein *erweiterter, stabilitätsorientierter Sicherheitsbegriff* - in der KSZE-Schlußakte von Helsinki (1975) bereits vorgezeichnet und seither für alle Bundesregierungen maßgebend - berücksichtigt politikfeldübergreifende ökonomische und innenpolitische Rahmenbedingungen ebenso wie außenpolitische und militärische Aspekte.

Folgerichtig subsumieren etwa die im Verteidigungsweißbuch 1994 veröffentlichten Ziele deutscher Sicherheitspolitik auch Interessen und Wertvorstellungen, die weit über die reine Landes- und Bündnisverteidigung hinausgehen.[1]

Im Zusammenhang mit den gegenwärtigen globalen Sicherheitsbeziehungen sind aus Sicht des Herausgebers *einige empirischen Befunde* bemerkenswert:

Erstens, seit dem Ende der globalen Bipolarität erscheint die Grundstruktur der internationalen Lage sicherheitspolitisch völlig unübersicht-

---

1 Vgl. *Weißbuch zur Sicherheit der Bundesrepublik Deutschland und zur Lage und Zukunft der Bundeswehr,* Bonn 1994, Ziffer 318.

lich. Eine Vielzahl der vom Ost-West-Antagonismus verschütteten wirtschaftlichen, sozialen oder ethnisch-kulturell-religiösen Risikopotentiale kommt nach Wegfall der ehemals prioritären Blockdisziplin wieder zum Vorschein.

Wo gestern noch Ordnung herrschte, findet man heute Risiken und unkalkulierbare Herausforderungen; die vormalige, übersichtliche Ost-West-Bipolarität wurde von komplexer Multipolarität abgelöst.
Daß unter diesen neuen Bedingungen in den letzten Jahren die prognostischen Trefferquoten politikberatender Experten nicht selten in fast rufschädigender und deprimierender Weise ausfielen, kann niemanden überraschen!

Zweitens, der festgefügte Warschauer Pakt verschwand über Nacht. WEU und NATO hingegen beanspruchen, insbesondere im Hinblick auf Ostmitteleuropa, neue Rollen. *„Dabei entsteht die Gefahr, mit Rücksicht auf Russland den künftigen Neumitgliedern die Sicherheit vorzuenthalten, die diese seit 1993 in der Nato suchen. Das Kompensationsrisiko gegenüber Russland verbindet sich so mit einem Desintegrationsrisiko im Westen im Wandel der 'alten' zur 'neuen Nato'.“*[2]

Die politisch-korrekte Sprachkonvention der Spezialisten für Sicherheitsfragen vermeidet Freund-Feind-Kategorien. Alte *Gegner* heißen nun *Kooperationspartner;* einige von ihnen sind gerade dabei, *neue Freunde* zu werden. Aus *der Bedrohung* metamorphosierten *Herausforderungen* und *Risiken.* Konkret zu bezeichnende Antagonisten sind heute eher selten geworden, insoweit politische Instabilität als solche den Platz des vormaligen Gegners eingenommen hat.

Auch die herkömmlichen Unterschiede zwischen „kollektiver Verteidigung“ und „kollektiver Sicherheit“ verlieren infolge zunehmender Verrechtlichung des zwischenstaatlichen Umgangs in internationalen Organisationen an analytischer Schärfe.

Drittens, künftig kann die selbstverständliche Dominanz des traditionellen Nationalstaats in den internationalen Beziehungen nicht mehr vorausgesetzt werden.

---

2 So *Rühl* (1997).

Beabsichtigt oder nicht: Das Ablösen nationalstaatlicher Souveränitätselemente und ihre faktische Übertragung auf sektorale, regionale, supranationale oder internationale Institutionen ist weder zu übersehen noch aufzuhalten. Ob jedoch Souveränitätsverzicht eine neue, etwa eine „postnationale" Identität zu stiften vermag - im weiteren Verlauf der europäischen Integration vielleicht sogar eine europäische Identität - dies bleibt in der Literatur, wie auch im richtigen Leben, noch abschließend zu beantworten[3]. Denn *„Europa steht heute im Widerstreit zwischen zentripetalen, auf Anschluß und Einbindung ausgerichteten Kräften hier, und zentrifugalen, ins Nationale zurückstrebenden Kräften da.*"[4]

Viertens, die nationalstaatliche Steuerungsfähigkeit, also die aus etatistischem Gewaltmonopol abgeleiteten Herrschaftsinstrumente nebst ihren hierarchischen Problemlösungsstrategien, zeigt sich zunehmend überfordert. Zwar gelingt es, plausibel darzulegen, daß Probleme globaler Reichweite auf allen Handlungsebenen - regional, national oder global - gleichzeitig gesteuert werden müssen, unabhängig von einer zentralen oder dezentralen Organisation dieser Problemsteuerung. Dennoch sorgen sich die Bürger, ob unsere Problemlösungskompetenz und unsere Entscheidungsprozesse der Komplexität zeitgenössischer Wirkungszusammenhänge überhaupt noch angemessen sind.

Fünftens, die weltweite Verdichtung („Globalisierung") von Ökonomien, Kommunikations- und Verkehrsinfrastrukturen - vornehmlich vorangetrieben von einflußreichen, national *und* international agierenden regierungsunabhängigen Organisationen (NGO) - fragt eher nach Effizienz, seltener nach demokratischer Legitimierung. Nicht nur aus staatspolitischer Sicht ist daher die Frage zu beantworten, ob und wieweit sich unsere hochspezialisierten Gesellschaften konkurrierende Akteure auf

---

3 Vgl. hierzu die drei Beiträge u.a. zu den unterschiedlichen Auffassungen zur „nationalen und europäischen Identität" in Deutschland, Frankreich und Großbritannien in: *Aus Politik und Zeitgeschichte*, Beilage zur Wochenzeitung Das Parlament, Bonn, B 10/97 vom 28. Februar 1997.

4 Vortrag *Prof. Dr. Gasteyger* vor der Bundesakademie für Sicherheitspolitik am 02.05.1996: „Die Zukunft von Integration und Kooperation - Was steht auf der europäischen sicherheitspolitischen Agenda?", vgl. auch *Gasteyger* (1996), S. 28.

dem Gebiet der Sicherheitspolitk, die sozusagen *Sicherheitspolitik in privater Hand* [5] anbieten, leisten könnten oder sollten.

Nach *Guéhennos* provokanter Hypothese vom Ende der traditionellen Demokratie[6] läßt sich infolge weltweiter Verflechtung von Ökonomien, ethnischen Spannungen und globalisierten Infrastrukturen sogar die tendenzielle Fragmentierung („Dekomposition") jeglicher „institutionellen" Staatsgewalt im Kontinuum zwischen zentralisierten und dezentralisierten, gleichwohl aber hierarchischen Strukturen, denken.

Sechstens, die meisten Auseinandersetzungen mit Waffengewalt finden nicht mehr zwischen, sondern innerhalb einzelner Staaten statt, selbst wenn sie exogen beeinflußt sind[7]. Dabei stehen reguläre Truppe und Polizei irregulären Rebellen, bewaffneten Oppositionellen oder international organisierten Kriminellen gegenüber. Hauptsächlich werden Zivilisten zu Hauptopfern solcher Konflikte. Die Forschung vermutet bereits das „Ende des internationalen Krieges".[8]

Siebtens, auf den Bürger stürmen im Zeitalter des „globalen Dorfs" Fernsehbilder von humanitären Katastrophen inmitten oftmals überforderter staatlicher Einrichtungen im Konfliktgebiet ein. Unüberhörbar sind die engagierten Appelle an die „Staatengemeinschaft" um *peace-keeping*--Missionen, die ja mangels Konsens der Konfliktparteien unrealisierbar bleiben müssen. Gerufen wird nach - völkerrechtlich umstrittener - humanitärer Intervention, nach humanitärer Soforthilfe sowie - ist das Konfliktende erst einmal absehbar - nach internationaler Wiederaufbauhilfe.

Nicht nur bei Hilfe und Wiederaufbau, sondern auch bei der Beeinflussung der öffentlichen Wahrnehmung von Bürgerkrieg oder humanitärer Katastrophe spielen NGO eine besondere Rolle. Sie können sowohl

---

5 So das Thema eines im Oktober 1996 von der Bundesakademie für Sicherheitspolitik veranstalteten Rosenburggesprächs, seinerzeit immerhin noch mit einem Fragezeichen versehen.

6 *Guéhenno* (1994).

7 So waren von den 96 Konflikten zwischen 1989 und 1995 nur 5 von unbestreitbar zwischenstaatlicher Natur; vgl. *Wallensteen/Sollenberg* (1996), S.10.

8 So *Wallensteen/ Sollenberg* (1996).

konstruktive Mitwirkende bei einer synergetischen Problemlösung sein, aber auch - wie die Praxis zeigte - Teilelement des Problems selbst.

Und schließlich, *achtens,* haben sich nach dem Ende des Kalten Krieges in westlichen Budgets die zugunsten gesellschaftlicher Modernisierung erwarteten, substantiellen Friedensdividenden nicht realisieren lassen. Immer blieb der zu verteilende „Kuchen" kleiner als die vielfach zur Befriedigung anstehenden Begehrlichkeiten. Dabei wird viel zu oft übersehen, daß westlichen politischen und militärischen Planern schon zur Zeit der Blockkonfrontation der budgetäre Wind kräftig ins Gesicht blies. Nur selten ließen sich sicherheitspolitisch „notwendige" Projekte gegenüber Haushaltsausschüssen widerspruchsfrei begründen, geschweige denn in der Ressourcenkonkurrenz ohne Abstriche durchsetzen.

Heute kommen - unter dem Damoklesschwert der Maastrichter Konvergenzkriterien - in vielen EU-Staaten die laufenden Kosten für Rüstungskonversion und Reform von Streitkräftestrukturen hinzu, sowie die sonstigen Aufwände, beispielsweise für das Management des jugoslawischen Staatszerfalls (IFOR/SFOR-Kosten plus bürgerkriegsbedingte Folgekosten für Flüchtlinge und den nun anstehenden staatlichen Wiederaufbau).

Vor dem Hintergrund solcher Beobachtungen zu den seit 1989 im Fluß befindlichen Konturen der internationalen Beziehungen sollte Führungspersonal in wichtigen staatlichen und gesellschaftlichen Funktionen Sicherheitspolitik samt ihrer Rationalität und ihren Grundbedingungen als *einen Kernbeitrag* staatlicher Daseinsvorsorge begreifen und verstehen.

Dementsprechend erscheint es staatspolitisch richtig und funktional notwendig, daß sich gerade dieser Personenkreis im Rahmen berufsfelderweiternder Fortbildung eine sicherheitspolitische Problemlösungskompetenz erwirbt[9] und diese von Amts wegen in Übung hält.

---

[9] Nicht ganz unbescheiden durfte die Akademie inzwischen feststellen, daß zahlreiche Teilnehmer ihrer bisherigen Seminare für Sicherheitspolitik in ihrem professionellen Umfeld bereits in führende Positionen aufgestiegen sind.

2. Das Seminar für Sicherheitspolitik 1996

Die Bundesakademie für Sicherheitspolitik als Trägerin der zentralen Fortbildung des Bundes auf dem Gebiet der Sicherheitspolitik beschäftigt sich seit einiger Zeit mit differenzierten Interaktions-, Kommunikations- und Lernprozessen staatlicher und nichtstaatlicher Akteure. Exemplarisch geht es um soziale Systeme, die in internationalen, interregionalen und globalen Zusammenhängen komplexe Herausforderungen „bearbeiten" (Aktionen „steuern", „koordinieren", „kooperieren", „integrieren").

Die bilaterale, regionale und multilaterale Zusammenarbeit auf den verschiedenen ökonomischen, politischen und kulturellen Handlungsebenen, mithin also in Kooperations- und Integrationsprozessen, sind *an sich* bereits bedeutsam genug, um in den vielfältigen Formaten des Fortbildungsprogramms der Bundesakademie für Sicherheitspolitik thematisiert zu werden.

Darüber hinaus aber hielt der Lehrstab der Bundesakademie die mit dem Bedeutungsverlust staatlicher Grenzen einhergehenden sozialen und institutionellen Phänomene für eine Analyse gerade derjenigen Politikbereiche besonders geeignet, die dem zeitgemäßen, stabilitätsorientierten Sicherheitsbegriff zuzuordnen sind.

Das achtwöchige *Seminar für Sicherheitspolitik*, das die Bundesakademie jährlich einmal durchführt, vermittelt Führungskräften aus Bundes- und Länderverwaltungen, aus der Wirtschaft, der Wissenschaft, aber auch aus regierungsunabhängigen Sektoren des öffentlichen Lebens - etwa aus den Kirchen, den Gewerkschaften und den Medien - ein politikfeldübergreifendes Verständnis für die Belange von Sicherheitspolitik. Das Seminar befähigt darüber hinaus seine Teilnehmer, in der sicherheitspolitischen Diskussion umfassend, auf hohem Abstraktionsniveau und in angemessener Begrifflichkeit Stellung zu beziehen.

Folgerichtig muß es im *Seminar für Sicherheitspolitik* (Kernseminar) beim Vermitteln der hierfür erforderlichen Schlüsselqualifikation „sicherheitspolitische Kompetenz" besonders darauf ankommen

- im Bereich der Sicherheitspolitik gemeinsam und ressortübergreifend fortzubilden und der Zielgruppe ein umfassendes Verständnis für die

Belange und Fragestellungen von Sicherheitspolitik in einem erweiterten Sinne vermitteln,

- in einem politikbereichsübergreifenden Ansatz, ökonomische und innenpolitische Rahmenbedingungen ebenso wie außenpolitische und militärische Aspekte deutscher Sicherheitspolitik aufzuzeigen und
- auf diese Weise zu einem Konsens in Fragen der Sicherheitspolitik beizutragen, diesen zu fördern und zwischen Angehörigen der Exekutive in herausgehobener Verantwortung und maßgeblichen Vertretern des öffentlichen Lebens zu intensivieren.

Das fünfte Kernseminar, dessen Arbeitsergebnisse im zweiten Teil dieses Bandes abgedruckt sind, stand unter dem Generalthema *„Die Zukunft von Kooperation und Integration zwischen Vancouver und Wladiwostok - Die deutschen sicherheitspolitischen Interessen“*. Es wurde im April und Mai 1996 durchgeführt.

Infolge schriftlicher Einladung des Chefs des Bundeskanzleramts an fast 60 Bundesminister, Ministerpräsidenten, Leiter von Oberbehörden des Bundes, Verbandspräsidenten, Repräsentanten unserer Kirchen, der Tarifpartner sowie an andere Institutionen im Bereich Wissenschaft, Handel, Wirtschaft und Industrie, gelang es, 21 Seminarteilnehmer zu gewinnen. Ihrer professionellen Herkunft nach waren sie weniger sicherheitspolitisch-theoretisch profiliert, denn überwiegend praktisch orientiert.

Aufbauend auf den Seminarthemen und -ergebnissen der vier Vorjahre[10] sollten die Kernseminarteilnehmer des Jahrgangs 1996 die Möglichkeiten und Grenzen von Kooperations- und Integrationsstrukturen sowie die jeweils zugrundeliegenden Konzepte und Prozesse in den Blick nehmen, bewerten und deren Weiterentwicklungspotential zwischen nationalstaatlichem Souveränitätsverlust, der weltweiten Integration von Märkten, dem Abbau von Handelsbeschränkungen und Mobilitätsbarrieren bis hin zu weltordnungspolitischen Modellen (etwa Präsident Bushs „neuer Weltordnung“ oder dem von Willy Brandt mitinitiierten Entwurf einer „Global Governance“) beurteilen.

---

[10] Die jeweiligen Seminarberichte sind in der *Schriftenreihe zur Neuen Sicherheitspolitik* der Bundesakademie für Sicherheitspolitik veröffentlicht.

Dabei suggerierte bereits die Themenformulierung, daß sich *deutsche sicherheitspolitische Interessen* und Zielsetzungen in aller Regel nur noch gemeinsam mit Kooperationspartnern und primär innerhalb internationaler Regime oder Organisationen implementieren und durchsetzen lassen.

Von einem solchen Vorverständnis der vielfältigen Vernetzungen und Interdependenzen Deutschlands ausgehend kam es namentlich in der Gruppenarbeit darauf an, tragfähige Antworten auf die Frage zu finden, wie Sicherheit in und für Gesamteuropa zukünftig organisiert werden könnte: sowohl mit Blick auf bereits erfolgte oder noch anstehende Öffnungsprozesse in den europäischen und transatlantischen Institutionen für geeignete, weitere OSZE-Staaten als auch *„auf der Basis von Werten und Interessen, der geschichtlichen Erfahrungen und der gewandelten sicherheitspolitischen Lage"*.[11]

Nicht zuletzt sollen ja *„auf längere Sicht"* in der EU-gemeinsamen Außen- und Sicherheitspolitik (GASP) sämtliche, die Sicherheit der EU betreffenden Gestaltungsspielräume ihrer Mitgliedsstaaten in einer *gemeinsamen Verteidigungspolitik* harmonisiert werden, *„die zu gegebener Zeit zu einer gemeinsamen Verteidigung führen könnte"*.[12]

Diesen Prozeß gleichsam vorwegnehmend, sieht bereits heute schon die Bundeswehrführung für unser Land in multinationalen Großverbänden ein alternativloses Konzept zukunftsweisender Streitkräftestrukturen; entsprechend wird Multinationalität in *allen* deutschen Kasernen bald zum Alltag gehören.

Zwecks Bestimmung von Grundlagen, Begriffen, Strukturen und Prozessen einer europäischen Sicherheits- und Verteidigungsidentität, die mit einer zukünftigen Sicherheitsordnung im euro-atlantischen Stabilitätsraum zwischen Vancouver und Wladiwostok kompatibel sein soll, waren folgende curricularen Schwerpunkte[13] maßgebend:

---

[11] Vgl. *Weißbuch zur Sicherheit der Bundesrepublik Deutschland und zur Lage und Zukunft der Bundeswehr*, Bonn 1994, Ziffer 318.

[12] Artikel J.4 (1) des EU-Vertrags v. 07. Februar 1992.

[13] Das Curriculum in der Anlage gibt einen Überblick über die Lehrinhalte.

- die Grundlagen deutscher Sicherheitspolitik, ihre Ziele und Interessen,
- die sicherheitspolitischen Akteure und ihre Agenda,
- Kooperation und Integration als sicherheitspolitischen Ordnungskonzepte, ihre Strukturen und Prozesse sowie
- die sonstigen Aspekte der internationalen Sicherheit.

3. Über diesen Sammelband

Dieser Sammelband ist der dritte und abschließende in einer Reihe zur Kooperations- und Integrationsthematik. Er versucht, durch das kaum mehr durchdringbare Dickicht einer unübersichtlichen Literatur zu Differenzierungs- und Interaktionsprozessen in den internationalen Beziehungen gleichsam eine Schneise in der Absicht sicherheitspolitischer Orientierung zu schlagen. Er gewährt zugleich einen Einblick in die Fortbildungsarbeit der Bundesakademie für Sicherheitspolitik.

Der Sammelband besteht aus zwei Teilen; zunächst werden im *ersten Teil* grundsätzliche Aufsätze ausgewählter Experten zu sicherheitspolitischen Fragestellungen im Zusammenhang mit dem Thema vorgestellt.

Den Autoren dieser Namensbeiträge schuldet der Herausgeber, als der für die Seminargestaltung 1996 zuständige Studienleiter, ganz besonderen Dank. Denn sie haben es sich trotz ihrer herausragenden Stellung in der wissenschaftlichen bzw. politischen Landschaft Deutschlands - und damit zwangsläufig unter dem Diktat eines „engen" Terminkalenders stehend - nicht nehmen lassen, ihre seinerzeit im Seminar gehaltenen Vorträge für diesen Band zu überarbeiten[14]. Sie tragen hierdurch zu einem umfassenden Verständnis der Kooperations- und Integrationsthematik bei.

Den *zweiten* Teil des vorliegenden Bandes bilden die Arbeitsergebnisse des *Seminars für Sicherheitspolitik 1996.*

---

[14] Die Namensbeiträge sind in der Zeit von Sommer 1996 bis Frühjahr 1997 fertiggestellt worden; die Autoren geben darin ihre zum jeweiligen Zeitpunkt der Fertigstellung perzipierte Sicht der Dinge wieder.

Jeweils ausgehend von der deutschen Interessenlage in außen-, wirtschafts-, militär-, innen- und sozialpolitischer Hinsicht erörterten die Seminarteilnehmer in *drei Arbeitsgruppen*

- *mit Blick auf Nordamerika* die zukünftigen sicherheitspolitischen Kooperationsmöglichkeiten, das zugrundeliegende Beziehungsgeflecht und etwaige transatlantische Integrationspotentiale,
- *mit Blick auf unseren ostwärtigen OSZE-Raum* nach Schwerpunktsetzung und Gestaltungsmöglichkeiten deutscher Interessen in einem System kooperativer Sicherheit und
- *mit Blick auf die südliche Peripherie des OSZE-Raums* nach realistischen bi- und multilateralen sowie transnationalen Handlungsalternativen deutscher Sicherheitspolitik.

Es bleibt nunmehr der Bewertung des Lesers überlassen, festzustellen, ob und inwieweit es den Ergebnispapieren gelingt, die vorhandenen Interaktionsstrukturen, -institutionen und -prozesse in den internationalen Beziehungen richtig abzubilden und tragfähige Vorschläge zu formulieren, wie Sicherheit in und für Gesamteuropa zukünftig organisiert werden kann.

Der zweite Teil gibt unverändert den seinerzeitigen Redaktionsstand (Ende Mai 1996) wieder. Neuere Sachverhalte - etwa aus der Maastricht-Revisionskonferenz, die Entwicklung der Ostöffnungen von EU und NATO oder die neuesten Trends weltwirtschaftlicher Verdichtung - sind daher nicht berücksichtigt worden.

Abgedruckt in diesem Band ist auch der zusammenfassende Ergebnisvortrag der drei Gruppenresultate. Als Vortrag im Rahmen der Abschlußveranstaltung des Seminars gehalten, strebte eine *Redaktionsgruppe* an, die bei der Präsentation von Ergebnispapieren dieser Art so unvermeidlichen Redundanzen annehmlichkeitshalber auf ein Minimum zu beschränken.

Frau Ass. jur. Martina Huppertz und Herr Dipl.-Ök. Dr. Kai Hirschmann leisteten entscheidende Hilfe bei der Edition dieses Bandes, wofür ich mich sehr herzlich bedanke.

Schlußbemerkung

Es würde die Angehörigen des Leitungs- und Studienbereichs der Bundesakademie für Sicherheitspolitik sehr freuen, wenn die ihnen von der Bundesregierung aufgetragene, in ihrer Lehre vertretene und in ihren Publikationen dokumentierte Sicht des *erweiterten Sicherheitsbegriffs* auch zukünftig die bereits mit Befriedigung festgestellte, weite Verbreitung finden würde.

Bonn, im Juni 1997

Harald Rondholz

Literatur

Gasteyger, C. (1996): Neue Konturen europäischer Sicherheit; in: *Internationale Politik* 12/1996.

Guéhenno, J.-M. (1994): Das Ende der Demokratie, München.

Rühl, L. (1997): Die Nato-Erweiterung - im Osten nichts Neues; in: *Neue Zürcher Zeitung* Nr. 34 vom 11.02.1997.

Wallensteen, P./ M. Sollenberg (1996): The End of International War? Armed Conflict 1989-95; in: *M. Sollenberg*, Hrsg. (1996): States in Armed Conflict 1995, Uppsala.

Parlamentarische Demokratie und Sicherheitspolitik: Nationalstaaten, politischer Regionalismus und globale Verantwortung

Jörg Stadelbauer

1. Einführung: Nationale Eigenstaatlichkeit und das Problem der Demokratie

Die jüngere Entwicklung in den Transformationsstaaten Ostmittel- und Osteuropas verweist mit der starken Betonung nationalstaatlicher Positionen auf Probleme, die mit der Herausbildung neuer Demokratien verbunden sind. Der Demokratisierungsprozeß ist mit Turbulenzen, im Ernstfall sogar mit Krieg verbunden, wobei die gegenwärtige Situation in Ostmitteleuropa und den Nachfolgestaaten der Sowjetunion die besonderen Gefahren zeigt, die von ethnischen Gemengelagen ausgehen. Diese führen zu unterschiedlichen Territorialansprüchen, bei deren Formulierung übersehen wird, daß staatliche Integrität in den heutigen Grenzen ebenfalls zu den Grundpositionen aller internationalen Übereinkünfte gehören.

Folgerungen, die man aus diesen Feststellungen zieht, könnten - überspitzt formuliert - so lauten:

- Demokratisierung voranzutreiben, erfordert internationale Aufsicht, damit Auswüchse mit kriegerischen Konflikten vermieden werden.
- Immer wieder besteht die Gefahr, daß ethnoterritoriale Forderungen über bestehende Staatsgrenzen in Nachbarstaaten getragen und damit internationalisiert werden.

- Das Verschwinden der nach dem Zweiten Weltkrieg entstandenen Bipolarität der Machtblöcke hat ältere Raumgrenzen wiederbelebt, die überwunden zu sein schienen.

Obwohl das Ende des "Kalten Krieges" beschworen wird, ist nicht sicher, daß die Systemkonfrontation überwunden wurde. Im folgenden soll nach der Wechselwirkung zwischen Nationalstaat und Region, Politik, Vertretung in einer parlamentarischen Demokratie und Sicherheit im regionalen wie globalen Kontext gefragt werden. Die Analyse geht von den räumlichen Kategorien aus, die in der Themenstellung implizit enthalten sind, und versucht, die dort gewonnenen Überlegungen auf Beispiele aus dem post-sowjetischen Raum zu übertragen.[1]

2. Nation und Region als Teilebenen eines mehrdimensionalen politisch-geographischen Modells

Die Räume, mit denen sich eine Analyse des Komfliktpotentials im Verhältnis von Nation und Region zu befassen hat, sind verschiedenen Maßstabsebenen zuzuordnen, die zudem untereinander durch einzelne Politikbereiche verknüpft sind. Generalisierend lassen sich die folgenden politischen Raumgebilde unterscheiden[2] (Abb. 1):

- die hier nicht weiter in die Betrachtung einbezogene lokale Ebene (*community, municipality*)[3];
- die kleinere innerstaatliche oder grenzübergreifende Region (*region)*, die häufig durch historische Zusammengehörigkeit, gemeinsame ethnische Prägung, funktionalen wirtschaftsräumlichen Zu-

---

[1] Es kann hier nicht der Platz für eine umfassende Diskussion der zu dieser Thematik publizierten Arbeiten sein; stellvertretend seien zur Diskussion über Nationalstaat und Minderheiten *Hassner* (1995), ferner *Griffith* (1993), *Kupchan* (1995), speziell zum Zerfall der Sowjetunion und seinen Folgen *Kremenyuk* (1994) und *Goodby* (1995) genannt.

[2] Zur Bedeutung der Maßstabsebenen zwischen "lokal" und "global" vgl. auch *Reynolds* (1992).

[3] Die Bedeutung der lokalen Ebene für die regionale Wirtschaftsentwicklung und Rückwirkungen auf die kommunale (Selbst-)Verwaltung stellt *Mitchnek* 1995 heraus.

sammenhang und übereinstimmende Raumwahrnehmung charakterisiert ist;

- ein Staat, der einem Territorium den rechtlichen Ordnungsrahmen gibt, sich gleichzeitig aber auch in den internationalen Normen des Völkerrechtes einordnen muß und häufig von einer dominanten Nation getragen wird (*nation state)*;
- die überstaatliche Region als eine mehr oder weniger lockere Gemeinschaft mehrerer Staaten;
- und schließlich die globale Weltgemeinschaft, die heute in erster Linie durch die UNO und deren Organisationen repräsentiert wird.

Diese Raumtypen sind in das Spiel der Kräfte, die sich im Rahmen einer parlamentarischen Demokratie entfalten, in unterschiedlicher Weise eingebunden:

(a) Im Verhältnis zwischen Nationalstaat und Region (als Teilraum des Staates) kann der Nationalstaat der Versuchung erliegen, sich über Ansprüche, Interessen und Wünsche einer Region hinwegzusetzen, insbesondere wenn diese von andersartigen ethnolinguistischen oder religiösen Minderheiten bewohnt ist oder sich auf abweichende historische Traditionen zurückzieht. Das daraus erwachsende latente Spannungsverhältnis entlädt sich an politischen und wirtschaftlichen Fragen und kann zum Konflikt zwischen Nationalstaat und Region führen. Hier zeigt sich, daß die Verwundbarkeit politischer Raumgebilde ein generelles Phänomen darstellt, selbst wenn politische Aufgaben auf nur eine der genannten Maßstabsebenen beschränkt bleiben.

(b) Politischer Regionalismus, der vom Teilraum ausgeht, kann sich gegen einen übermächtigen Nationalstaat auflehnen. Regionalismus ist dabei das Streben eines territorialen Gebildes innerhalb eines Staates nach mehr Eigenständigkeit. Im Konfliktfall kann die größere Eigenständigkeit der betreffenden Region selbst die scheinbar gefestigte Existenz eines Nationalstaates insgesamt in Frage stellen. Obwohl Landbesitz in weiten Teilen der heutigen Welt einen gewissen Bedeutungverlust erlebt, bleibt die territoriale Bindung eine der wichtigsten Grundlagen für zahlreiche aktuelle Konflikte, weil sich mit dem Besitz von Land auch die Verfügung über natürliche Ressourcen in einem geoökonomischen Sinn verbindet.

(c) Parlamentarische Demokratie beruht auf der Akzeptanz von Mehrheiten unter den gewählten Vertretern. Die einzelne Region tut sich schwer, Mehrheiten für ihre speziellen Belange zu finden, wenn kein überregionales Einvernehmen besteht. Beim meist gegebenen Minderheitsstatus der Bevölkerung einer Region und ihrer parlamentarischen Vertretung besteht sogar die Gefahr, daß solche Mehrheiten im Fall von Interessenskollisionen gegen die betreffene Region zustandekommen und diese majorisiert wird. Dies ist vor allem dann zu befürchten, wenn die - durchaus anerkenneswert erscheinenden - regionalen Interessen den gesamtstaatlichen Interessen entgegenzulaufen erscheinen. Allerdings wäre wohl auch die einseitige Akzeptierung aller regionalen (und klein-regionalen) Interessen letztlich destabilisierend.[4]

(d) Die Verantwortlichkeit der Parlamentarier in einer parlamentarischen Demokratie muß über die Grenzen des Nationalstaates und der betreffenden Region hinausreichen, um solche Konfrontationen verhindern zu helfen, aus der ein auch überregionales Sicherheitsrisiko erwachsen könnte. Hier stellen sich neue Anforderungen an den Berufsstand des Parlamentariers, der in der Lage sein muß, Entscheidungen unter Berücksichtigung der räumlichen Reichweite und Zuordnung zu unterschiedlichen Maßstabsebenen zu fällen.

(e) In dem kritischen Fall, in dem sich eine Region historisch, ethnisch oder wirtschaftlich einem anderen Staat zugehörig empfindet, erhält Regionalismus eine zwischenstaatliche Komponente. Aufkeimender Regionalismus kann dann vom Staat, auf dessen Territorium die Region liegt, und von seinen parlamentarischen Vertretern als politischer Eingriff in die Souveränitätsrechte empfunden werden, wenn diese unterdrückt bzw. unterbunden werden.

---

[4] *Hassner* (1995), S. 92 u. 101 schätzt die Gesamtzahl aller staatlichen Gebilde, die bei Verwirklichung aller Selbständigkeits- und Selbstbestimmungsbestrebungen weltweit entstehen könnten, auf rund 5000 bis 8000.

(f) Grenzüberschreitende Regionen zeichnen sich in vielen Fällen durch besonders geringe politische Repräsentanz aus; ein solcher regionaler 'Parlamentarismus' reicht meines Wissens bislang selbst in den günstigsten Fällen (verschiedene Euregio-Beispiele) nicht bis auf eine Stufe verbindlicher, grenzüberschreitend rechtsgültiger Entscheide. Die betonte Einbindung in die Normen und Instanzen, die jeweis für Teile der Region vom übergeordneten (National-)Staat gesetzt werden, ist unverkennbar.

(g) Versteht man schließlich Regionalismus auf einer anderen räumlichen Maßstabsebene als eine Form zwischenstaatlicher Zusammenarbeit in einem Nachbarschaftsraum[5], mag politischer Regionalismus zu einer - meist auf einzelne Politikbereiche (vor allem wirtschaftlicher Art) beschränkten - Überwindung nationalstaatlicher Abgrenzung beitragen, wie es im Fall der Ostseeanrainer, der Visegrad-Staaten oder der Schwarzmeerstaaten ansatzweise versucht wird.

Zugleich spielt die Unterscheidung dieser Maßstabsebenen für die Analyse der Reichweite einzelner Politikbereiche eine bedeutende Rolle (Abb. 2). Das Beispiel Deutschlands zeigt, daß ein moderner Staat zwar das Hauptgewicht der politischen Steuerung auf die nationale Ebene legt, zugleich aber Teilsouveränitäten sowohl auf die regionale Ebene (in Deutschland allein schon bedingt durch die föderale Staatsstruktur) als auch auf eine supranationale Ebene (in unserem Fall die Behörden der Europäischen Union) verlagert. Darüber hinaus wirkt das Staatswesen politisch über alle Ebenen hinweg von der einzelnen Kommune bis auf die globale Ebene, ist aber auch gezwungen, auf fremde politische Entscheidungen aller Ebenen Rücksicht zu nehmen. Entsprechend ist auch eine partielle Verlagerung von Souveränitätsrechten auf eine intrastaatliche, regionale Ebene möglich, wie es bei föderativen Gebilden üblich ist.

Der Zerfall des Sowjetimperiums mit seinem System einer abgestuften Hegemonie und einer Verwaltungsstruktur, die den ineinandergeschachtelten Eigenständigkeitsbestrebungen einzelner Regionen und ethnischer Gruppen zu wenig gerecht werden konnte, verdeutlicht diese thesenhaft abgekürzte Begrifflichkeit. Nationalstaaten, wie sie derzeit im postkom-

---

5 So z.B. *Andren* (1994), S. 363.

munistischen Bereich (und damit auch als Reaktion auf das sowjetzentrierte System) entstehen, müssen sich mit dem Problem eines wachsenden internen politischen Regionalismus auseinandersetzen. Damit sind aber auch Belange der internationalen Sicherheitspolitik berührt. Denn wenn die Lösung auftretender Konflikte ausschließlich den Mehrheitsregeln der parlamentarischen Demokratie folgt, lassen sie sich in den meisten Fällen nicht auf kontrollierbarem Niveau halten. Andererseits scheint auch ein globales Verantwortlichkeitsgefühl aller Parlamentarier nicht von vornherein gewährleistet zu sein. Wenn die Regionen ethnolinguistische und/oder religiöse Minderheitengebiete darstellen, entspricht die sich dann ergebende Gefahr durchaus der Hypothese des Harvard-Historikers *Samuel P. Huntington* (1994, S. 7), daß die wichtigsten Konflikte, die in naher Zukunft die globale Politik bestimmen, aus kulturellen (und damit auch ethnischen) Differenzen erwachsen.[6]

3. Einige Leitfragen

Diese sehr stark vereinfachenden Überlegungen können auf mehrere Beispiele im östlichen Mitteleuropa und auf die Nachfolgestaaten der Sowjetunion übertragen werden. Der Bereich der Gemeinschaft unabhängiger Staaten (GUS) soll bei den folgenden Überlegungen im Vordergrund stehen. Dabei müssen für eine Analyse, die eingehender ist, als es hier geleistet werden kann, die folgenden Fragen leitend sein:

1. Wo und unter welchen Rahmenbedingungen treten Nationalstaaten, wo Regionen deutlicher hervor? Welche Konflikte und Konfliktpotentiale auf dem Territorium der ehemaligen Sowjetunion beruhen auf diesem Typ von Gegensätzlichkeit? Gibt es ausgeprägte Regionalismen?
2. Besteht es in den einzelnen Nachfolgestaaten ein Mehr oder Weniger an parlamentarischer Demokratie bei der Behandlung gesamtstaatlicher und regionaler Interessen? Inwieweit läßt sich die Behandlung regionalistischer Interessen durch die parlamentarische Vertretung des jeweiligen Staates - meist eines Nationalstaates im Gegensatz zur regionalen Ethnie - als interner Konflikt beim Einüben demokratischer Spielregeln verstehen?

---

6 Vgl. dazu auch *v. Bredow* (1995).

3. Fördert oder behindert der Parlamentarismus (oder gar eine "Parlamentokratie") regionale Entwicklungen? Wie kann ein Interessenausgleich zwischen gesamtstaatlichen und regionalen Parlamenten zustandekommen?
4. Welche Mechanismen der Konfliktbewältigung bestehen bereits zwischen Gesamtstaat und Einzelregion, welche müssen noch entwickelt werden? Welche Chancen der Konfliktüberwindung nehmen die Nachfolgestaaten wahr, welche Hindernisse sind festzustellen?
5. Welche Einschränkungen regionaler Interessen können mit der parlamentarischen Demokratie verbunden sein? Hat die Abkehr der meisten Nachfolgestaaten vom Sowjetsystem das globale Konfliktpotential vermindert, das sich aus dem Gegensatz zwischen Region und Nationalstaat ergibt, oder durch falsch verstandene Freiheiten nur Konflikte geschaffen?
6. Bringt eine Reduktion der staatlichen Aufgaben zugunsten einer Erweiterung von Zuständigkeiten der Regionen eine erhöhte Krisen- und Konfliktanfälligkeit politisch-territorialer Gebilde mit sich?
7. Muß gar die parlamentarische Repräsentanz auf nationalstaatlicher Ebene im Interesse regionaler Entwicklungen überwunden und aufgegeben werden? Aber sind Regionen mit ihrer meist weniger deutlichen Abgrenzung und Aufgabenstellung besser als klar definierte Nationalstaaten geeignet, auf globale Herausforderungen zu antworten? Welche Rolle können Regionen in einer internationalen Sicherheitspolitik spielen, der völkerrechtliche Normen zugrunde liegen, die also von Subjekten des Völkerrechts getragen wird (und dies sind Regionen als Teile von Staaten in der Regel nicht)?

4. Das Beispiel der ehemaligen Sowjetunion

Die ehemalige Sowjetunion bzw. deren Nachfolgestaaten sind insofern ein geeignetes Beispiel für die Überlegungen, (1) weil dort von der Grundeinstellung der inzwischen zerfallenen Großmacht, aber auch des größten Nachfolgestaates her ein globaler Wirkungsanspruch erhoben wurde und wird; (2) weil sich im Zerfallsprozeß unter den gegebenen wirtschaftlichen, sozialen und kulturellen Rahmenbedingungen die Gegensätzlichkeit zwischen Nationalstaaten und Regionen deutlich weiterentwickelte; (3) weil die Nachfolgestaaten jeweils für sich beanspruchen, sich zu parlamentarischen Demokratien zu entwickeln, ohne daß die regionalen Belange ausreichend eingebunden wären, und (4) weil dieser Transformationsprozeß auf der politischen Ebene von Konfliktsituationen begleitet ist, die teilweise bereits zu offenen militärischen Auseinandersetzungen führten. Schließlich zeigte (5) das Parlament der Rußländischen Förderation insbesondere im Jahr 1993, welche staatsbedrohenden Gefahren in einer ungefestigten Demokratie von einem Parlament ausgehen können, dessen Mitglieder sich noch auf Positionssuche befinden.

"Sicherheitspolitik" besitzt für das Gebiet der ehemaligen Sowjetunion im Hinblick auf den möglichen Gegensatz zwischen Nationalstaat und Region unterschiedliche Dimensionen. Dies zeigt sich in wenigstens vier verschiedenen Bereichen, einem ethnisch-kulturellen, einem politisch-territorialen, einem wirtschaftlich-sozialen und einem ökologisch-umweltpolitischen Bereich. Unter dem Gesichtspunkt der politischen Kultur, die auf gesellschaftliche Demokratisierung abzielt und in den Nachfolgestaaten der Sowjetunion noch unzureichend ausgebildet ist, mögen die beiden erstgenannten Bereiche stärker hervortreten, doch zeigen sich bei den beiden anderen die Probleme zunehmender Interferenz zwischen den Maßstabsebenen wenigstens genauso deutlich.

4.1 Ethnisch-kulturelle Dimension

Wenn die Situation im Gebiet der ehemaligen Sowjetunion beispielhaft im Vordergrund steht, wird heute vermutlich in erster Linie an den Fall *Tschetschenien* gedacht, das im Gesamtzusammenhang der Konflikte zu sehen ist. Zwar betont Rußland, ein föderativer Vielvölkerstaat zu sein (wie die Bezeichnung "Rußländische Förderation" als offizieller Staatsname unterstreicht), doch gehört Tschetschenien zweifelslos zu den territorial definierten Regionen, die sich in einem besonders heftigen Interessenskonflikt zwischen regionalen (tschetschenischen) und gesamtstaatlichen (russisch dominierten) Zielsetzungen befinden. Während Tschetschenien vor allem die ethnopolitische Eigenständigkeit einfordert, die die Grundlage der einseitigen Souveränitäts- und Unabhängigkeitserklärung von 1991 bildete, besteht die Rußländische Förderation auf dem Außenvertretungsanspruch für alle Territorien, die bei der Auflösung der Sowjetunion Teilgebiete Rußlands waren und als solche zu Subjekten der

Verfassung vom Dezember 1993 wurden. Mit dieser Verfassung ging das alleinige Recht zur Souveränitätserklärung an die Föderation über. Die ethnisch-soziokulturelle Gegensätzlichkeit umfaßt mehrere Dimensionen. Die Auflistung verweist auch auf Traditionen, die aus dem räumlichen Nebeneinander unterschiedlicher Kulturen herrühren, obwohl es wohl verfehlt wäre, den russisch-tschetschenischen Krieg als Beispiel für den von *Huntington* formulierten *clash of civilizations* zu zitieren.

In der rußländischen Duma kam es nach Beginn des russisch-tschetschenischen Krieges im Dezember 1994 zu heftiger Opposition gegen das militärische Vorgehen, doch konnten sich die demokratischen Kräfte nicht durchsetzen. Beim tschetschenischen Parlament konnte damals wohl kaum von einem demokratischen Grundsatz nach dem westlichen Verständnis ausgegangen werden. Tatsächlich hatten sich im Vorfeld des Militärangriffes mehrere Oppositionsgruppen in Tschetschenien formiert, die dem Präsidenten Dudaev autoritatives Verhalten vorwarfen und seinen Rücktritt bzw. seine Absetzung forderten. Unter den innertschetschenischen Oppositionsführern erschien auch der ehemalige rußländische Parlamentspräsident Chasbulatov. Der weitere Verlauf braucht hier nicht dargestellt zu werden[7], der mit Geiselnahmen, Terrorismusvorwürfen, Partisanenscharmützeln und der Einsetzung einer von Moskau gesteuerten politischen Führung eskalierte. Selbst wenn Tschetschenien vermutlich nie ein Musterbeispiel parlamentarischer Demokratie westlicher Prägung war, muß das indifferenente Vorgehen der Moskauer Führung und des Militärs höchst fragwürdig erscheinen.

Neben Tschetschenien lassen sich weitere post-sowjetische Beispiele für ethnisch-kulturelle Konflikte im Verhältnis zwischen Nationalstaat und Regionalismus anführen; beispielhaft herausgegriffen sei der Sezessionsversuch *Abchasiens*. Den Hintergrund bilden in Abchasien eher religiöse, aber auch ethnolinguistische Unterschiede (die Abchasen sind - im Gegensatz zu den christlich-orthodoxen Georgiern - überwiegend sunnitische Muslime; die abchasische Sprache gehört zu einer anderen Gruppe innerhalb der kaukasischen Sprachfamilie). Dazu kommen demographische Verschiebungen zugunsten einer georgischen Dominanz und einem

---

7 Hier ist auf die entsprechenden *Berichte und Aktuellen Analysen* des Bundesinstituts für ostwissenschaftliche und internationale Studien, Köln, zu verweisen.

1989 auf etwa 17 % reduzierten Abchasieranteil in Abchasien sowie das wirtschaftliche Interesse des georgischen Nationalstaates am Hafen von Suchumi, an den touristischen Potentialen der Schwarzmeerküste, an den Verkehrs- und Infrastruktureinrichtungen sowie am agrarwirtschaftlichen Potential der Region. Die georgische Überlegenheit im Parlament von Tbilissi wird von abchasischer Seite als diskriminierend betrachtet. Die Wahlen vom 5.11.1995 zogen abermals eine Verschiebung zugunsten der Georgier nach sich, weil Abchasien und Südossetien sich nicht an diesen Wahlen beteiligten. Allerdings ist die Vereinfachung zu betonen, die in der Bezeichnung "Georgier" liegt; in der Realität handelt es sich um Angehörige mehrerer historisch gewachsener und ethnolinguistisch unterscheidbarer Regionen. So ist der Gegensatz zwischen Karliern und Mingreliern besonders ausgeprägt; derartige Konflike bedrohen den inneren Zusammenhalt des Staates.

4.2 Politisch-territoriale Ebene

Die russisch-ukrainischen Auseinandersetzungen um die *Krim* ließen mehrfach die betroffenen Parlamente in Moskau, Kiew und Simferopol' als Akteure hervortreten. Die Krim ist zu zwei Dritteln der Bevölkerung ethnisch russisch besiedelt, wird territorial aber auch von den Krimtataren beansprucht und entwickelte damit zwei keineswegs miteinander in Einklang stehende Regionalismen. Nach der Absetzung des Präsidenten Meskov und der Schwächung der politischen Kraft bemühten sich Parlament und Staatsführung in Kiew um eine "ukrainische" Lösung, die sogar zu einer definitiven Aufhebung des Republikstatus führen könnte, wenn die derzeitige Politik fortgeführt wird. Die widerstreitenden Interessen sind auf parlamentarischem Weg nicht auszugleichen; die Schwäche des regionalen Parlaments wurde von der staatlichen Führung zur Durchsetzung der eigenen Ziele ausgenutzt.

4.3 Wirtschaftliche und sozioökonomische Aspekte

In der Verwaltungsregion *Tjumen'* (Westsibirien) führten Erdöl- und insbesondere Erdgasvorkommen, aber auch das Interesse westlicher, international tätiger Großunternehmen an diesen Ressourcen bereits 1991/92 zu einem innerrussischen Konflikt um umfassendere Wirtschaftsrechte. Die Region verstand es damals, von der rußländischen Zentralregierung günstigere Konditionen für die Regionalwirtschaft auszuhandeln (zu erpressen), die u.a. vorsehen, daß ein größerer Teil der Deviseneinnahmen aus der Rohstoffvermarktung in der Region verbleibt. Der innerrussische "Finanzausgleich" zielt bislang nicht unbedingt auf einen Disparitätenausgleich der wirtschaflich schwächeren Gebiete ab, sondern ist eher von analogen bilateralen Verhandlungen zwischen dem Zentrum Moskau und der jeweiligen Peripherie abhängig.

Tatarstan, *Baskortostan* und *Sacha* (Jakutien) sind Beispiele für ethnisch definierte Regionen, in denen die jeweiligen eponoyme ethnische Gruppe weniger als die Hälfte der Bevölkerung darstellen. Dennoch wurde auch in diesem der Rußländischen Förderation angehörenden Republiken vehement um besondere Wirtschaftsrechte gerungen. Tatarstan drohte mit der Sezession und konnte im Frühjahr 1994 weitreichende Zugeständnisse aushandeln, Baskortostan und Sacha hatten sich bereits im Vorfeld des Föderationsvertrages Verfügungsrechte über natürliche Ressourcen und einen Teil der Deviseneinnahmen gesichert.[8]

4.4 Ökologische Ebene

Das Beispiel der *Aralregion* verweist auf die Bedeutung ökopolitischer Ansätze.[9] Während die Parlamente Usbekistans und Kasachstans, über deren demokratische Zusammensetzung aus westlicher Sicht gestritten werden kann, nationalstaatliche Politik betreiben, droht am Aralsee eine ökologische Katastrophe, die globale Auswirkungen annehmen kann. Interessant in diesem Zusammenhang ist das Wiederaufleben älterer Wasserüberleitungspläne, deren Realisierung von Usbekistan gefordert wird - heute nicht mehr auf einer zwischenregionalen, sondern internationalen Ebene.[10]

---

8 Einige Aspekte des Regionalismus in den Gebieten Ural, Sibirien und Ferner Osten werden in einem Beitrag des Autors beleuchtet, der 1996 in einem von *A. Kappler* herausgegebenen, dem Regionalismus in Rußland gewidmeten Sammelband in der *Reihe "Nationen und Nationalitäten in Osteuropa"* erschienen ist.

9 *Dalby* (1992).

10 Hinter vorgehaltener Hand ist allerdings auch die Rede davon, daß diese Wiederbelebung eines 1986 zunächst aufgegebenen Projektes von prosowjetischen Kräften (KGB?) propagiert wird, die eine Schwächung der Demokratie in Rußland über einen ökopolitischen Konflikt zwischen der Rußländischen Förderation und Usbekistan herbeiführen möchten.

Die katastrophalen Auswirkungen der Reaktorkatastrophe von Tschernobyl (russ. Cernobyl'; April 1986) trafen damals vor allem die weißrussische Unionsrepublik (heute Belarus'), die derzeit die stärkste Wiederannäherung an Moskau betreibt, weil die nationalstaatliche Identifikation sich aus historischen Gründen als überaus schwierig erweist.[11] Tendenzen des Regionalismus traten hier nach außen kaum zutage, eher besteht eine ausgeprägte Lethargie bei den Betroffenen. Sowohl die andauernden Belastungen durch radioaktive Strahlung als auch die Gefahr des Wiederholungsfalles bilden jedoch ein internationales Konfliktpotential unter dem generellen Sicherheitsaspekt und verlangen nach einer globalen Lösung. Das Beispiel der ehemaligen Sowjetunion könnte weiter ausgeführt werden. Bereits in einer auch im Westen stark beachteten ersten Bestandsaufnahme des territorialen Konfliktpotentials konnte eine politisch-geographisch orientierte Forschergruppe im Moskauer Institut für Geographie der Akademie der Wissenschaften weit über 100 mögliche Konfliktpunkte registrieren.[12] Nicht in allen Fällen kam es in den seither vergangenen vier Jahren tatsächlich zu Auseinandersetzungen politischer oder militärischer Art, aber das Konfliktpotential ist heute sehr bewußt und spielt in den politischen Diskussionen eine entscheidende Rolle. Die noch fehlende Festigung des Parteiengefüges in Rußland und den meisten anderen Nachfolgestaaten verhinderte einen konflikteindämmenden Einfluß der Parlamente.

Während der rein politische Aspekt durchaus über die Parlamente zu regeln ist, unterliegen wirtschaftspolitische und ökopolitische Aspekte anderen Regeln. Im wirtschaftspolitischen Bereich spielt die Einbindung der Regional- und Staatswirtschaft in globale Zusammenhänge[13] eine entscheidende Rolle, so daß von den übernational tätigen Großunternehmen auch Einflüsse auf die Balance zwischen nationalen und regionalen Interessen zu erwarten ist. Auf ökopolitische Aspekte bezogen, können Konflikte darauf erwachsen, daß ökologische Risiken von gesamtstaatlicher Seite auf einzelne Regionen abgewälzt werden. Räumlich-periphere Standorte für Produktionen von denen Umweltbelastungen ausgehen

---

11 *Lindner* (1994); *Hoff* und *Timmermann* (1994).

12 *Glezer* et al. (1991 u. 1992).

13 Hier ist an die Globalisierungsthese zu erinnern, nach der alle Nachfolgestaaten der Sowjetunion jedoch höchstens den Status einer Semi-Peripherie innehaben; vergleichbar vom Ansatz her sind die "geoeconomics“, nach *Luttwark* (1994).

können, sind ein markantes Beispiel dafür. Die fehlende Kongruenz von Ethnizität, Wirtschaft, Ökologie, Politik sowie von Staat und Nation[14] ist unmittelbarer Ausdruck und trug zum Zerbechen der Sowjetunion bei.

5. Zur Sonderstellung der ehemaligenn Sowjetunion und zur Übertragbarkeit der allgemeinen Überlegungen

Die aufgeführten Beispiele müssen unter den Rahmenbedingungen der zerfallenden Sowjetunion gesehen werden, also in Hinblick auf die Konfliktträchtigkeit und die Gefahren einer wachsenden Destabilisierung. Worin liegen die besonderen Probleme in den postsowjetischen Nachfolgestaaten?[15] Für zahlreiche Nachfolgestaaten begann Ende 1991 die erste Phase einer staatlichen Eigenständigkeit. Da die Gewinnung der Staatlichkeit von den Titularnationen und deren Konfrontation mit dem russisch dominierten Sowjetsystem ausging, überrascht die Entwicklung zu Nationalstaaten nicht. Die Entstehung der neuen Staaten konnte nicht in kurzer Zeit abgeschlossen werden; der Prozeß des *"nation-building"* ist auch heute noch nicht beendet. Zwar lag die Vision der Analogie zu den westlichen Staaten vor, doch fehlten die Handlungsleitlinien, Institutionen und Verfahrensweisen. Von parlamentarischer Demokratie wurde zwar gesprochen, doch war sie nicht eingeübt. Die Rußländische Föderation beansprucht gegenüber den anderen werdenden Nationen eine Führungsrolle. Das Zusammentreffen des politischen Zerfalls und einer tiefen ökonomischen, sozialen und ökologischen Krise ist nicht zufällig. Nationalismus und auflebende Ethnizität wurden beim Schwinden ideologischer Fundierungen, beim Rückgang wirtschaftlicher Leistung und beim Verlust sozialer Sicherheit zu einer Art Ersatzideologie, die allerdings gleichzeitig als neue politische Kraft auch in anderen Teilen der Erde an Gewicht gewann. Die Bedeutung des Ethnischen mag dabei im Moment etwas offen bleiben; oft wird sie wohl überschätzt, weil sie im Diskurs hervortritt und damit die sozioökonomischen Gesichtspunkte überlagert. Die unmittelbare Folge der Verknüpfung staatlicher und wirtschaftlichen Niedergangs mit neuer ethnischer Identifikation bestand in der regionalen Fragmentierung, die sich 1992 zunächst noch fortzusetzen drohte.[16]

---

14 *Brown* (1994).

15 Vgl. *Halbach* (1993); *Pfeiler* (1994).

16 *Radvanyi* (1992).

Damit überlagerten sich imperialer Zerfall, Aufstreben der Nationalstaatlichkeit und Regionalismus, wobei die wirtschaftliche Krise vor allem die Sicherung von Ressourcen nahelegte. Zum Erbe des Sowjetsystems gehört die Diaspora der meisten heutigen Staatsnationen. Eine Entflechtung, die zu Migrationen in die jeweiligen "Heimatstaaten" führte, ist noch lange nicht abgeschlossen, führte aber bereits zur Desintegration mehrerer Millionen Menschen. Für die Regionen erwuchs daraus zusätzliches Konfliktpotential, während umgekehrt einzelne Regionalismen sich aus der neuen Fremdheit in Nationalstaaten ergab. Die Isolation der Russen in Lettland, insbesondere in Riga, die Probleme in Nordost-Estland, die Autonomieansprüche Transnistriens in Moldova, die Diskrepanzen zwischen einem von hohen russischen Bevölkerungsanteilen geprägten ostukrainischen Schwerindustriegebiet und dem eher galizisch-polnisch geprägten Gebiet um Lemberg (L'viv) sind regionale Facetten.

Trotz dieser Besonderheiten soll nicht darauf verzichtet werden, aus den post-sowjetischen Erfahrungen eine Verallgemeinerung abzuleiten.

6. Schlußfolgerungen

Einige vorsichtige Schlußfolgerungen aus der in diesem Zusammenhang nur grob angedeuteten Entwicklung in den post-sowjetischen Staaten und Regionen sind auf drei unterschiedlichen Ebenen möglich:

- Im Hinblick auf eine *inhaltliche Ebene* läßt sich ableiten, daß die parlamentarische Demokratie den von ihr geforderten Beitrag zu globalen Sicherheitüberlegungen nur dann leisten kann, wenn sie bereit ist, sich im Einzelfall über nationalstaatliches Denken hinwegzusetzen und auch regionale Belange ausreichend zu berücksichtigen. Wir beobachten gerade in Europa die vielfach betonte Gegensätzlichkeit der Entwicklungen: Während im westlichen und zentralen Europa der europäische Einigungsprozeß an Gewicht gewinnt, kommt es im östlichen Europa zu einer Fragmentierung mit dem Entstehung neuer Nationalstaaten. Die Nationen (bzw. Akteure aus einzelnen Nationalitäten) sind dabei in einen Kampf um diese "Fragmente" verwickelt.[17] Die Welt ist durch das Ende der Polarisie-

[17] *Focher* (1993).

rung zwischen der sog. *ersten* und *zweiten* Welt nicht einfacher geworden, denn in Zukunft ist bei sicherheitspolitischen Erwägungen wieder ein Spiel mit mehreren Bällen erforderlich, und dies - um im Bild zu bleiben - auf verschiedenen Spielplätzen, die mit Territorialpolitik, Bevölkerungspolitik, Umweltpolitik und Wirtschaftspolitik umschrieben werden können. Die unterschiedliche Maßstäblichkeit zwichen Regionalität, nationaler Bindung und Globalität tritt dabei deutlicher hervor und muß von den Akteuren beachtet werden. Die gilt heute bereits für die Reichweite verschiedener Politiken, es muß aber auch für den Parlamentarismus gelten. Zwar gibt es in gefestigten parlamentarischen Demokratien gewählte Delegierte von der kommunalen bis zu überstaatlichen Ebene, doch ist die Dominanz der (national-) staatlichen Ebene gegenüber allen anderen ("Bundesrecht bricht Landesrecht") unverkennbar.

- Für die Ebene der *politisch-geographischen* Forschung bringt diese Überlegung zusätzliche Aufgaben und Forschungsansätze mit sich. Dabei ist generell zu bedenken, daß solche Analysen jeglicher Umsetzung auf der Ebene der praktischen Politik (oder Geopolitik) vorausgehen müssen. Bezieht man die Parlamente als agierende Gebilde (als Akteure) ein, bedeutet dies, daß zunächst die räumlichen Reichweiten parlamentarischer Entscheidungen auf den verschiedenen Maßstabsebenen analysiert werden müssen. Die Klimakonferenz in Berlin [1995] gab ein leider hervorragendes Beispiel für das Nicht-Funktionieren der globalen Ebene. Auf dieser Grundlage kann geklärt werden, inwieweit überstaatliche, nationalstaatliche, regionale oder integriert vernetzte Interessen im Vordergrund stehen. Als wesentliche Indikatoren lassen sich ethnisch-demographische und soziökonomische Vorgänge feststellen, die in einem ständigen Monitoring zu beobachten sind. Daran schließt sich auch die Frage nach den Verflechtungen zwischen ethnisch motivierten, ressourcenorientierten und machtpolitischen Interessen an; diese Frage kann zu einer politisch-geographischen Instrumentalisierung des Ethnischen beitragen.

- Auf einer *Handlungsebene* ergeben sich Forderungen an eine Angewandte Politische Geopgraphie, die auf Strategien und Konfliktvermeidung und -überwindung ausgerichtet sein muß. "Geopolitik" muß heute bedeuten, Politik der Konfliktvermeidung und Sicherheit zur Wahrung globaler

Interessen auf allen Ebenen politischer Aktion und parlamentarischer Vertretung zu betreiben, weil die interkommunalen, zwischenregionalen, grenzüberschreitenden und sich internationalisierenden Auswirkungen von politischen Konflikten, Wirtschaftsverflechtungen. Migrationen, Naturrisiken und technogenen Katastrophen unverkennbar sind.

Literatur

Andren, N. (1994): Federalismen in the Setting of Globalism, Regionalism, and Nationalism; in: *Clesse, A./ R. Cooper/ Y. Sakamoto*, Dordrecht etc.: The International System after the Collapse of the East-West Order, S. 362-382.

Bredow, W. von (1995): Konflikte und Kämpfe zwischen Zivilisationen; in: *Kaiser, K./ H.-P. Schwarz* (Hrsg.): Die neue Weltpolitik. Bonn (Bundeszentrale für politische Bildung Nr. 334), S.104-111.

Bredow, W. von/ Th. Jäger (1994): Konflikte und globale Kooperation am Ende des 20. Jahrhunderts; in: Aus Politik und Zeitgeschichte. Beilage zur Wochenzeitung *Das Parlament*, Nr.B26-27/94, S.3-11.

Brown, S. (1994): Building Order and Justice into the Emerging Global-Polyarchy; in: *Clesse, A./ R. Cooper/ Y. Sakamoto*, Hrsg.: The International System after the Collapse of the East-West Order, S.127-147.

Dalby, S. (1992): Ecopolitical discourse: 'environmental security' and political geography; in: *Progress in Human Geography* 16, S.503-522

Diamond, L./ M.F. Plattner, Hrsg. (1994): Nationalism, Ethnic Conflict, and Democracy.

Foucher, M., Hrsg. (1993): Fragments d'Europe.

Glezer, O. et al. (1991): Samaja politiceskaya karta SSSR; in: *Moskovskie novosti* 17.3.1991, S. 8-9.

Glezer, O. et al. (1992): Samaja politiceskaya byvesgo SSSR; in: *Moskovskie novosti*, 29.3.1992, S. 9.

Goodby, J.E. (1995): Regional Conflicts: The Challenge to US-Russian Cooperation.

Griffiths, St.I. (1993): Nationalism and Ethnic Conflict: Threats to European Security, SIPRI Research Report No. 5.

Halbach, U. (1992): Das sowjetische Vielvölkerimperium. Nationalitätenpolitik und nationale Frage.

Hassner, P. (1995). Nationalstaat - Nationalismus - Selbstbestimmung; in: *Kaiser, K./ H.-P. Schwarz*, Hrsg.: Die neue Weltpolitik. Bonn (Bundeszentrale für politische Bildung Nr. 334), S.91-103.

Hoff, M/ H. Timmermann (1995): Belarus in der Krise. Die "Partei der Macht" drängt auf Rückwendung nach Rußland; in: *Osteuropa* 44, S.723-742.

Horowitz, D.L. (1994): Democracy in Divided Societies; in: *Diamond, L./ M.F. Plattner*, Hrsg.,: Nationalism, Ethnic, Conflict and Democracy, S. 35-55.

Huntington, S.P. (1994) The Clash of Civilizations?; in: *Clesse,A./ R. Cooper/ Y. Sakamoto*, Hrsg.: The International System after the Collapse of the East-West Order, S. 7-27.

Internationale Beziehungen II. Frieden und Sicherheit in den 90er Jahren (1995). Bundeszentrale für politische Bildung (Informationen zur politischen Bildung, 246).

Kremenyuk, V.A. (1994): Conflicts in and around Russia: Nation-Building in Difficult Times.

Kupchan, Ch. A., ed. (1995): Nationalism and Nationalities in the New Europe.

Lindner, R. (1994): Nationsbildung durch Nationalgeschichte. Probleme der aktuellen Geschichtsdiskussion in Weißrußland; in: *Osteuropa* 44, S. 578-590.

Luttwark, E.N. (1994): The Theory and Practice of Geo-Economics; in: *Clesse, A./ R. Cooper/ Y. Sakamoto*, Hrsg.: The International System after the Collapse of the East-West Order, S.220-236.

Mitchneck, B. (1995): An Assessment of the Growing Local Economic development Function of Local Authorities in Russia; in: *Economic Geography* 71, S. 150-170.

Nietschmann, B. (1994): The Fourth World. Nations versus States; in: *Demko, G./ W.D. Wood*, Hrsg.: Reording the World. Geopolitical Perspectives on the 21st century, S. 225-242.

Nodia, G. (1994) Nationalism and Democracy. - In: *Diamond, L./ M.F. Plattner*, Hrsg.: Nationalism, Ethnic Conflict, and Democracy, S.3-22.

Pfeiler, W. (1994): Konflikte, Krisen, Kriege. Rußlands Geopolitik und die künftige europäische Sicherheit; in: Aus Politik und Zeitgeschichte. Beilage zur Wochenzeitung *Das Parlament*, Nr. B18-19/94, S. 20-31.

Radvany, J. (1992): And What If Russia Breaks Up? Towards New Regional Divisions; in: *Post-Soviet Geography* 33, S. 69-77.

Reynolds, D.R. (1992): Political geography: thinking globally and locally; in: *Progress in Human Geography* 16.

Reynolds, D.R. (1994): Political geography: the power of place and the spatiality of politics; in: *Progress in Human Geography* 18, S.234-247.

Smith, G. (1990): The Soviet Federation: From corporatist to crises politics; in: *Chisholm, M./ D.M. Smith*, Hrsg.: Shared Space - Divided Space: Essays on Conflict and Territorial Organization, S. 84-105.

Stadelbauer, J. (1994): Die Konflikte im Süden der ehemaligen Sowjetunion: Der Kaukasus; in: *Spillmann, K.*, Hrsg.: Zeitgeschichtliche Hintergründe aktueller Konflikte III, S. 25-65.

Stadelbauer, J. (1995): Krisengebiet Kaukasien. Aktuelle Lage und Entwicklungsperspektiven; in: *Internationale Politik* 50, H 3, S.15-19.

Stadelbauer, J. (1995): Krisengebiet Kaukasien: Geographische, ethnische und wirtschaftliche Grundlagen; in: *Halbach, U./ A. Kappeler*, Hrsg.: Krisenherd Kaukasus, S. 13-51.

Abbildung 1:

Staat und Region im nationalen/internaltionalen Kontext

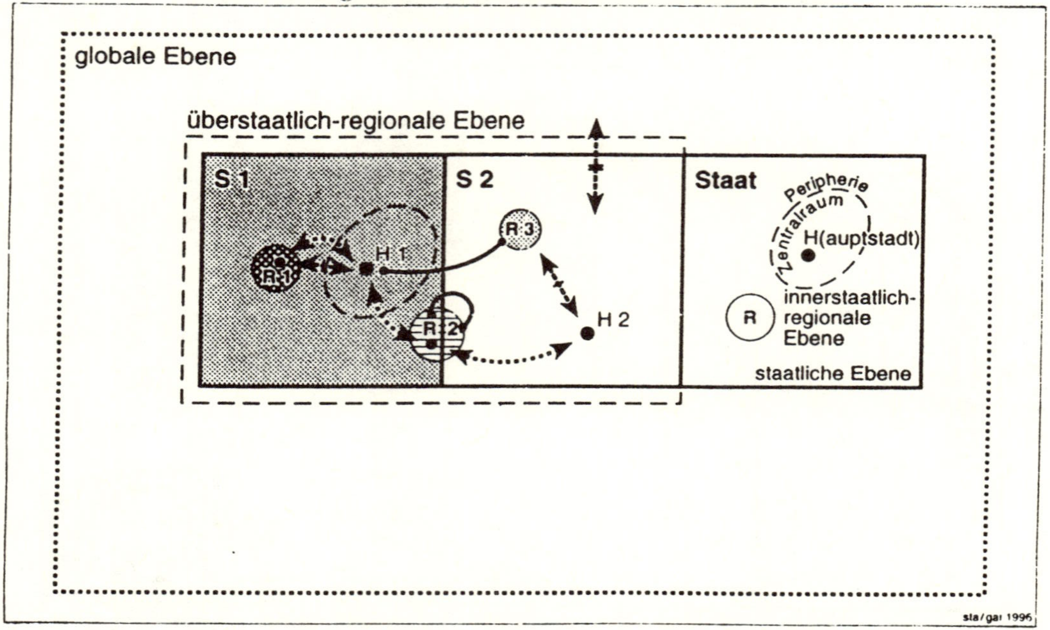

Abbildung 2:

Ausgewählte Politikbereiche in verschiedenen räumlichen Maßstabsebenen

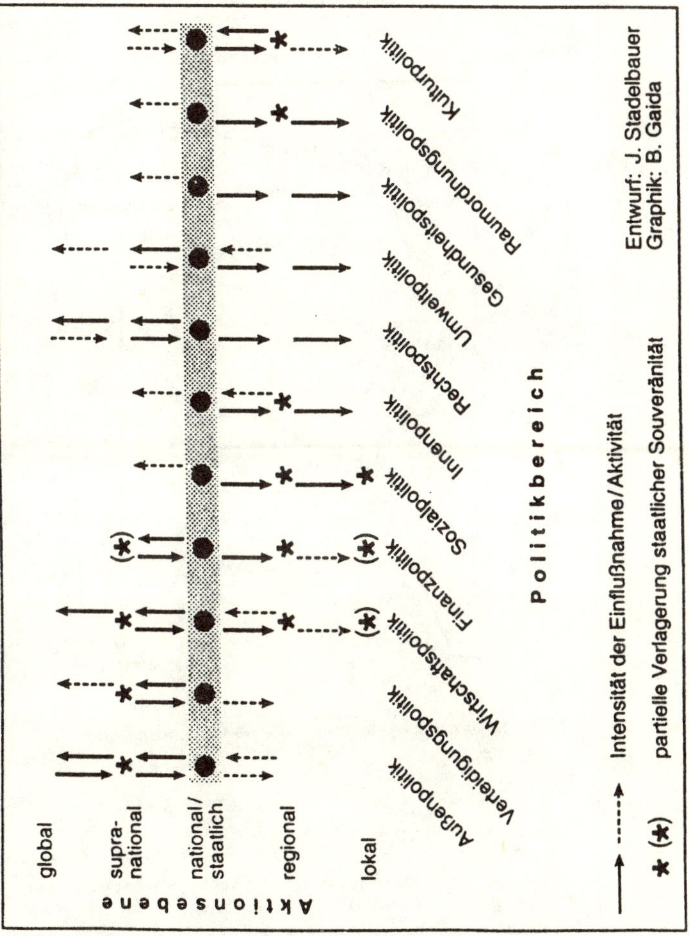

Abbildung 3:
Einflußfaktoren bei territorialen Konflikten in der GUS

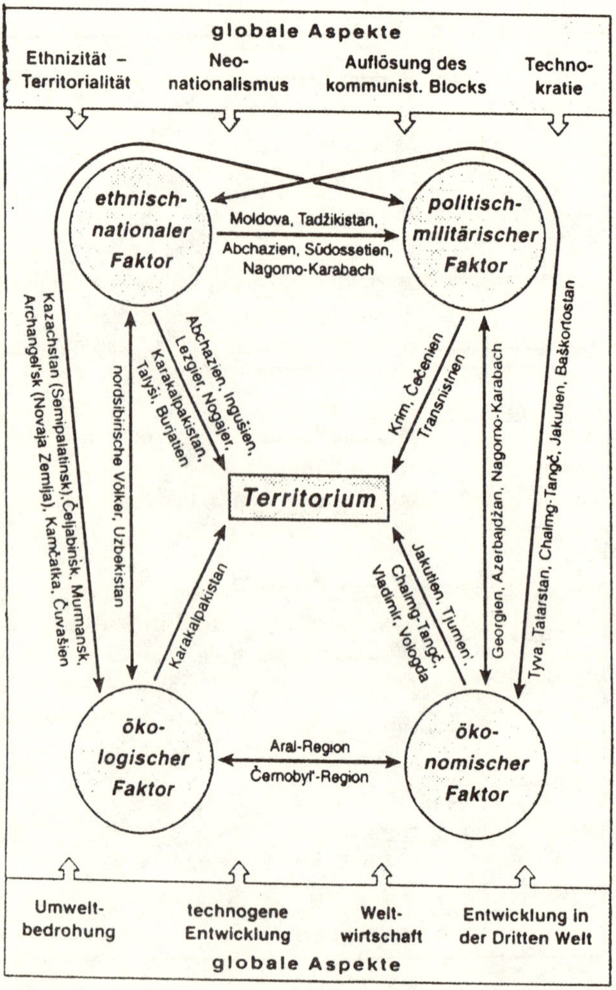

Neue Ansätze der politischen Geographie und Geopolitik aus integrationspolitischer Sicht

Klaus-Achim Boesler

I.

Die geopolitischen Strukturen Europas nach dem Ende des Kalten Krieges werden von einer vielfach verwobenen Dialektik von Ordnung und Unordnung bestimmt. "Weltordnung oder Chaos", so lautete der programmatische Titel eines Sammelbandes der "Stiftung Wissenschaft und Politik", der die Pole möglicher Entwicklung internationaler Raumstrukturen und der Außen- und Sicherheitspolitik von Staaten zu beschreiben versuchte. Durch den Zusammenbruch des Sowjetimperiums ist ein unübersehbares Ordnungsvakuum entstanden, das verbunden ist mit einer Renaissance des Nationalismus. Die sozialen Folgen der kommunistischen Herrschaft haben dafür allerdings besondere Voraussetzungen geschaffen: *"Den 'homo sovieticus' nun zum Bürger neuer Nationalstaaten zu machen"* - so hat es kritisch Dietrich Geyer kürzlich formuliert - *"ist ein Vorhaben ohne Parallele"*[1]. Neu an den nationalstaatlichen Sezessionen sind in historischer Perspektive nicht "ethnische Säuberungen" und kriegerische Auseinandersetzungen, sondern die Tatsache, daß sie auch friedlich erfolgen können, wie im Falle der Tschechoslowakei.

II.

Auf der anderen Seite schreitet die supranationale Integration der Europäischen Union weiter voran. Umstritten ist dabei, ob "die nationale und die Europäische Identität eine neue Verbindung"[2] eingehen können. Es

---

1 *Geyer* (1993), S. 174.

2 *Kaelble* (1993), S. 205.

bestehen zwar gemeinsame Institutionen und Netzwerke, nationale Administrationen sind zu einer "Art Fusionsbürokratie[3] zusammengewachsen, ohne daß jedoch Entscheidungsprozeduren entwickelt worden wären, die demokratisch legitimiert sind. Das gilt für die Entnationalisierung des Wirtschaftsrechts ebenso wie die vergleichsweise zurückgebliebene Europäisierung des Sozialrechts. Umstritten ist zugleich auch, inwieweit Europäische Identitäten ohne eine europäische "Integrationssprache" und eine "kulturelle Binnenautonomie" überhaupt entstehen können[4] und in welchem Verhältnis diese zu nationalen und regionalen Identitäten stehen können.

III.

Mit dem Verschwinden der Einfachheit einer bipolaren Welt und den integrationspolitischen Problemen kehrte die Geopolitik zurück, und zwar ebenso international wie auch in Deutschland. Zumindest im deutschsprachigen Raum steckt sie allerdings in einer konzeptionellen Umbruchphase. Seit Jahrzehnten haben sich Politische Geographie und andere wissenschaftliche Disziplinen auf der einen und Geopolitik auf der anderen Seite in grundlegenden Fragestellungen weit voneinander entfernt. Diese Situation wird von einer ganzen Reihe Politischer Geographen als äußerst unbefriedigend angesehen. Die Osterweiterung von NATO und EU, die Verhinderung ethno-nationaler Konflikte in Mittel- und Osteuropa, aber auch die Reform regional ausgerichteter Politikbereiche innerhalb der EU sind nur einige Beispiele für Handlungsbedarf aufgrund geopolitischer Gegebenheiten.[5] Geopolitik muß sich - das ist allerdings eine dafür unabdingbare Voraussetzung - grundsätzlich wieder stärker an den Erkenntnissen der Polititischen Geographie orientieren.

---

3 *Bach* (1993), S. 303.

4 *Lepsius* (1993), S. 255 und S. 261.

5 *"Längst ist die Ost-Erweiterung nicht mehr nur eine Frage der Anpassung der einzelnen Reformstaaten: Die größte Hürde ist vielmehr die Reformfähigkeit der EU selbst. Für ein Europa der 20 bis 30 muß die Union selbst beitrittsfähig werden. Die Aufgabe ist enorm: Neben den komplizierten Entscheidungsstrukturen müssen vor allem die absurde Agrar- und die Strukturpolitik der EU grundlegend geändert werden ", von Ow*, in: FAZ vom 16.12.1995, S. 9.

1. Politische Geographie und Geopolitik im deutschsprachigen Raum: Kernpunkte einer kritischen Bilanz

Gemeinsam ist Politischer Geographie und Geopolitik die Grundfragestellung nach Bedeutung und Dimension des Raumes und ihrem Verhältnis zur Zeit bei den Handlungen politischer Akteure. Unbestritten ist, daß beide Dimensionen eine Rolle spielen, äußerst umstritten ist aber seit Ratzel und Kjellén in welchem Verhältnis Räumlichkeit und Zeitlichkeit zueinander stehen:

- Räumlichkeit, das ist die teilweise natürlich, teilweise anthropogen vorgegebene, relativ konstante Dimension politischen Handelns, in erster Linie bestimmt von Lage und räumlichen Ressourcen, bis hin zur räumlichen Verteilung ethnischer und religiöser Gruppen.
- Zeitlichkeit ist demgegenüber die relativ dynamische Dimension dieses Handelns, die von sozio-ökonomischen Veränderungen und dem Wandel gesellschaftlicher Wertungen getragen wird.

Umstritten ist, ob und inwieweit *Politische Geographie* und *Geopolitik* in der Räumlichkeit ihre Grundfragestellung zu sehen haben, d.h. ob es ihr Ziel sei, "geopolitische Konstanten", sog. "geographische Faktoren" als zentralen Punkt ihrer Fragestellung anzusehen, oder ob sie die zeitliche Relativität, die gesellschaftlich bedingten Bedeutungsveränderungen dieser "Konstanten" als ihr Erkenntnisziel zu betrachten haben.

Diese Auffassungsgegensätze haben nicht nur zum "Historikerstreit" der 80er Jahre geführt[6], sondern auch dazu, daß Politische Geographie und Geopolitik diese Grundfrage ganz unterschiedlich beantworten und sich auf diese Weise weit voneinander entfernten. Die deutsche Politische Geographie hat spätestens vor 35 Jahren mit Peter Schöllers programmatischem Aufsatz mit dem Titel "Das Ende einer Politischen Geo-

---

6 Der "Historikerstreit" in Deutschland befaßte sich im Rahmen einer "neuen geohistorischen Hypothese" mit Argumentationen der deutschen Geopolitik der Zwanziger Jahre, insbesondere dem Lagedeterminismus ("Mittellage", "Deutschlands Schicksal ist die Geographie"); vgl. *Kocka* (1986) und *Wehler* (1988). Zur Ideologie und Funktion der "Mittellagen-Argumente" vgl. *Schultz* (1989).

graphie ohne sozialgeographische Bindung[7] die Abwendung von einer monokausal auf den Raum bezogenen Denkweise vollzogen. Sozialgeographische Bindung heißt nichts anderes, als daß räumliche Faktoren keine Konstanten sind und damit der Zeitlichkeit, d.h. dem Wandel gesellschaftlicher Bewertungsprozesse unterworfen sind.

Auf der anderen Seite tun Geopolitiker gegenwärtig häufig das, was Angelo Boloffi, Politikwissenschaftler in Rom, den "instrumentalisierenden und propagandistischen Zugriff der politischen Macht auf die Geographie" genannt hat.[8] Die Empfehlung der Politischen Geographie an die Geopolitik kann dabei nur darin bestehen, diesen Zugriff nicht auf eine veraltete Politische Geographie vorzunehmen, wie sie vor Peter Schöllers grundlegendem Aufsatz einmal bestand. Allerdings muß sich die Politische Geographie - zumindest aus der Sicht der deutschsprachigen Öffentlichkeit - den Vorwurf gefallen lassen, diese Wandlung ihrer Denkweise nicht oder nicht ausreichend allgemein erkennbar gemacht zu haben. Sie hat es versäumt, ihre Ansichten zu dem Fragenkreis, der international und in der politischen Publizistik als geopolitisch bezeichnet wird, in die Öffentlichkeit zu tragen.

Zwei Beispiele mögen diese Meinung belegen:

Kürzlich erschienen in zwei angesehenen deutschen Zeitungen, der *Süddeutschen Zeitung* vom 19.07.95 und *der ZEIT* vom 21.07.95, Artikel, die für die veröffentlichte Meinung über Geopolitik in Deutschland z.Zt. charakteristisch erscheinen:
Josef Joffe argumentiert in der *Süddeutschen Zeitung* unter dem Titel "*600 Kilometer sind kein Schicksal*" gegen "*das Geraune der Geopolitiker*", Deutschland sei mit der Verlagerung der Hauptstadt näher an den Osten herangerückt. *Rudolf Walther* vertritt in seinem Artikel "*Man braucht mehr Platz*" die Auffassung, Geopolitik enthalte entweder "*intellektuell aufgeputzte Binsenwahrheiten*" oder sei zum Tummelplatz "*neokonservativer Nachwuchshistoriker*", aber auch orientierungslos gewordener Linksintellektueller geworden. Daß ein Inselstaat am Äquator eher Schiffe als wintertaugliche Kettenfahrzeuge brauche, sei charakteristisch für die Banalitäten der Geopolitik. Auch der am Zeitgeist orientierte

[7] In: *Erdkunde*, 12, 1958, S. 313-316.
[8] *Bolaffi* (1995) in: *FAZ* vom 11.10.1995, S. N 6.

Begriff einer "*Geopolitik multikultureller Gesellschaften*"[9] habe kaum größere sachliche Substanz.

Ohne Zweifel können sich beide Autoren auf Zitate stützen, die vielfach aus deutschen, französischen oder italienischen Zeitschriften stammen und sich des Begriffs "Geopolitik" bedienen. Die seriösen wissenschaftlichen Quellen eigenen sich weniger für polemische Auseinandersetzungen dieser Art.

2. Die heutigen Begriffe der Territorialität und Identität aus integrationspolitischer Sicht

Politische Geographie und moderne Geopolitik gehen von zwei Kernbegriffen aus: Territorialität und regionale und / oder nationale Identität. Der Begriff der *Territorialität*[10] hat einen neuen, veränderten Inhalt bekommen, der insbesondere in drei Punkten zum Ausdruck kommt:

- Es haben sich in den letzten Jahren veränderte räumliche Ebenen politischen Handelns und politischer Akteure entwickelt, die teilweise ineinander verflochten sind: sowohl in Richtung auf die suprastaatliche, teilweise sogar globale Ebene, als auch *nach unten* auf die regionale und lokale Ebene. Man spricht in diesem Zusammenhang vom *Aufschnüren des Territorialstaates*[11] oder auch davon, daß der Staat ein "*leck gewordener Container*"[12] geworden sei.

  An der Stelle der überkommenen Universalstaatlichkeit, d.h. der vollen territorialen Souveränität der Staaten tritt verstärkt eine funktional gegliederte Teilstaatlichkeit. Die Menschen leben in mehreren, räumlich verschiedenen Ordnungssystemen und ent-wickeln zu ihnen unterschiedliche Loyalitäten: wir sprechen von europäischer, nationaler, regionaler und teilweise lokaler Identität und stellen zugleich fest, daß es gespaltene räumliche Loyalitäten geben kann.

---

9 *Leggewie* (1994).
10 Vgl. *Cox* (1991) und *Wusten* (1994).
11 *Ruggie* (1993).
12 *Taylor* (1995).

- Es entsteht in diesem Zusammenhang eine neue Funktionalität von Grenzen, teilweise findet ein "*Entgrenzugsprozeß*"[13] statt. Wir stellen eine abnehmende Fähigkeit der Staaten fest, dieser Entwicklung durch Abschottungsmaßnahmen entgegenzuwirken. Grenzen sind für Informationen, Güter, Kapital und Dienstleistungen immer durchlässiger geworden.[14] In vielen Branchen des sekundären und tertiären Sektors ist *Global sourcing* an die Stelle national begrenzter Wirtchaftsräume getreten.

- Bei der angestrebten wirtschaftlichen Transformation und Integration Osteuropas bestehen sehr verschiedene Optionen und Widersprüche im Verhältnis der Handlungsebene kleinräumiger ethnischer und/oder nationaler Einheiten auf der einen und der staatlichen Ebene auf der anderen Seite. Das Bemühen um die Bildung einer europäischen Loyalität in einer Zeit noch nicht klar herausgebildeter neuer territorialer und europäischer Identitäten kann nationalistische und antidemokratische Strömungen auslösen. Das sich in Westeuropa herausbildende Gleichgewicht zwischen Loyalität des Bürgers zur Region, zum Staat und zu Europa ist in der Umbruchsphase Mittel- und Osteuropas gegenwärtig noch nicht zu erreichen.[15] Für eine neue Geopolitik ergibt sich daraus die Konsequenz, daß politische Identität nicht an die staatliche territoriale "Einheit" gekoppelt ist. Sie tritt vielmehr differenziert auf. Das bedeutet: geopolitische Interessen bestehen auf sehr verschiedenen räumlichen Maßstabsebenen, geopolitische Teileinheiten müßten nicht kongruent sein mit staatlichen oder administrativen Grenzen. Andere, möglicherweise gegensätzliche Interessen können gleichermaßen eine differenzierte Territorialität aufweisen.[16]

---

13 *Broch/Albert* (1995).

14 Vgl. *Galluser* (1994).

15 Vgl. *Wolff-Poweska* (1995), S. 49.

16 *Dodds* (1994).

3. Die unterschiedlichen Ausprägungsformen des politischen Regionalismus im heutigen Europa

In diesem Spannungsfeld kommt für die geopolitische Betrachtung Europas dem *politischen Regionalismus* eine besondere Bedeutung zu. Seine Wurzeln reichen bis in die zweite Hälfte des 19. Jahrhunderts zurück. Bereits in einem Ergänzungsband zur Universalausgabe des Larousse aus dem Jahr 1877 findet sich eine Definition dieses Begriffs. Er ist Ausdruck eines regional verankerten, politischen Eigeninteresses gegenüber dem Zentralstaat. Seitdem haben sich zu Europa sehr unterschiedliche Erscheinungsformen des Regionalismus herausgebildet. Wir verstehen darunter eine politisch-soziale Bewegung, die - gestützt auf ethnische, kulturelle oder historische Merkmale einer Region und ihrer Bevölkerung - gegen den Herrschaftsanspruch der Zentrale für die Region Autonomie verlangt.[17] Die Forderungen an die Zentralregierung reichen dabei von konkreten Maßnahmen einzelner Politikbereiche über institutionelle Veränderungen politischer Willensbildung bis hin zur Verfassungsreform und Garantie der Zugeständnisse. Die Grundlage für das Entstehen des politischen Regionalismus wird in der Suche nach einem "*Regionalbewußtsein*" und "*Regionaler Identität*" gesehen.

Regionale Identität ist zum politischen, besonders zum regionalpolitischen Programm erhoben worden. Das Konzept der "*Endogenen Potentiale*" einer Region berührt implizit den politischen Regionalismus als kulturelle, ökonomische und soziale Dimension der Entwicklung.

"*Eigenständige Regionalentwicklung*" enthält schon im Begriff die Abwehr von Außensteuerung und damit die Sicherung einer eigenen Identität gegenüber einer - zumindest subjektiv - als "fremdbestimmt" wahrgenommenen Identität.

Schließlich spricht man heute vom "*Europa der Regionen*" als Instrument gegen eine übermächtige Euro-Bürokratie.

Region und regionales Bewußtsein haben aber - und das vor allem - eine historische Dimension. Hier liegt eines der zentralen Probleme bei der Betrachtung des Regionalismus und bei jedem Versuch der Re-

---

[17] Nach *Hrbek/ Weyand* (1994).

gionalisierung in Europa. Man kann dabei von einer Asymmetrie der Staaten in Europa reden.

Diese Asymmetrie ist im Grunde genommen bereits seit dem Spätmittelalter angelegt. Die Historiker - in jüngster Zeit besonders Peter Krüger[18] - haben darauf hingewiesen, daß in der Zeit, in der sich die politischen Strukturen Europas herausbildeten, durch Mitteleuropa eine Grenze verlief, die West- und Westmitteleuropa mit der Herausbildung großer Nationalstaaten vom ost- und ostmitteleuropäischen Raum trennt, in dem Akkulturations- und Kolonisationsprozesse stattfanden. Die Nationalstaaten im östlichen Teil Europas bildeten sich relativ spät, ihre Grenzen wurden in erheblichem Maße durch den Vertrag von Versailles und die Folgeverträge geformt. Die dadurch hervorgerufene Asymmetrie hat dazu beigetragen, daß wir heute unterschiedliche Erscheinungsformen des politischen Regionalismus in Westeuropa auf der einen und in Mittel- und Osteuropa auf der anderen Seite erkennen können.

Im westlichen Europa tritt politischer Regionalismus überwiegend als Gegenbewegung zum Zentralismus auf. Es geht seinen Vertretern dabei um die Erlangung von Mitbestimmung oder Eigenständigkeit in der ökonomischen, politischen und kulturellen Entwicklung; das schließt auch die räumliche Dimension ein. In jedem Falle ist die westeuropäische Form des politischen Regionalismus dem funktionalen Zusammenhang zur Entwicklung des staatlichen Gesamtraumes voraus, das Ziel der Separation ist also ausgeschlossen.

Zwei Beispiele mögen die westeuropäische Ausprägung des politischen Regionalismus verdeutlichen: In Schottland existiert ein ausgeprägtes Nationalbewußtsein, das in seiner Verbreitung weit über die Anhänger eines politischen Nationalismus hinausgeht. Die Eigenständigkeit Schottlands innerhalb des Vereinigten Königreiches und das Gefühl der Zugehörigkeit zu einer eigenständigen Nation sind fest im Bewußtsein der Bevölkerung verankert. Die Rechte Schottlands innerhalb des Vereinigten Königreiches beziehen sich im wesentlichen auf die Möglichkeit, eigene Institutionen zu errichten. Diese gehen schon auf die englisch-schottischen Vereinbarungen des Jahres 1707 zurück. Von besonderer Bedeutung sind außer der Kirche das schottische Rechtswesen, das Er-

[18] *Krüger* (1992).

ziehungssystem, die Kommunalverwaltung, seit 1885 das scottish office, die schottischen Abgeordneten in Westminster und seit 1863 die scottish football association. Sie wirken als identitätsbewahrende Faktoren, da sie sich auf Schottland als territorialen Rahmen beziehen und allen Akteuren ihre Identität als Schotten immer wieder ins Bewußtsein rufen.

Ein zweites Beispiel ist Katalonien. Es stellt sich in soziokultureller Hinsicht im spanischen Rahmen eher als Nation denn als Region dar. Es bildete sich eine eigene Sprache und Kultur aus, die bis heute erhalten geblieben ist. Selbst unter *Franco*, der Katalonien mit besonderer Härte unterdrückte, gelang es nicht, die regionale Sprache und Kultur auszulöschen. Der Widerstand gegen die Diktatur trug im Gegenteil zum Überleben des Katalanischen bei, das bis heute in allen Bereichen des gesellschaftlichen Lebens einen breiten Raum einnimmt.

In Katalonien kommt allerdings ein ökonomischer Faktor hinzu. Die Suche nach regionalen Unterscheidungsmerkmalen, wie Kultur und Sprache, ist mit ökonomischen und politischen Eigeninteressen der Region verbunden. Die Weigerung, ihren Wohlstand mit den unterentwikkelten Landesteilen Spaniens zu teilen, stellt für das regionalpolitische Ziel der ökonomischen Entwicklung ein besonderes Motiv dar.

Im östlichen Europa sind die regionalistischen Bewegungen in erster Linie ethnisch, religiös und kulturell bestimmt. Sie treten vielfach in der Form des Ethno-Nationalismus auf. Aufgrund seiner Besiedlungs- und Herrschaftsgeschichte ist der ostmittel- und südosteuropäische Raum in ethnischer Hinsicht außergewöhnlich heterogen und weist darüber hinaus eine sehr kleinräumige topographische Struktur auf.

Die Konflikte besonders auf dem Balkan haben gezeigt, daß sich die Akteure und Beteiligten vervielfältigt haben. Es existieren gegenwärtig zwei deutlich zu unterscheidende Gruppen politischer Akteure:

a) die lokalen Akteure:
   - lokale, ethnisch motivierte Gemeinschaften;
   - lokale Eliten, meist lokale Ausprägungen ethnisch begründeter politischerVerbindungen;
b) lokale und regionale Administrationen, wie z.B. neu proklamierte, ethnisch begründete unabhängige politische Einheiten;

- lokale Strukturen der Mafia, Ergebnis des Wirtschafts- und Waffenembargos, vielfach zusammengesetzt aus lokalen und externen Beteiligten und Akteuren
- externe Mafiastrukturen
- Regierungen der Großmächte, im Falle des ehemaligen Jugoslawiens die USA, Frankreich, Großbritannien, Deutschland und Rußland;
- auswärtige Regierungen, die mit neuen lokalen und regionalen Akteuren sich ethnisch verbunden fühlen, z.B. Griechenland, Serbien, Türkei;
- internationale Organisationen und Bündnisse.

Im Gegensatz zur bipolaren Welt des Kalten Krieges haben alle diese Beteiligten und Akteure bestimmte, voneinander unterschiedliche Interessen; sie bilden ein kompliziertes Netzwerk von unterschiedlichen Motivationen. Die Entscheidungen dieser Akteure über Konflikte im Rahmen des politischen Regionalismus basieren häufig nicht auf einer rationalen Analyse der gegebenen regionalen politischen Verhältnisse, sondern haben ihre Wurzeln vielfach in historischen Vorurteilen.

Dem politischen Regionalismus kommt also für die politisch-geographische Struktur weiter Teile Europas eine außerordentliche Bedeutung zu; er steht aber in den westlichen Teilen Europas in einem anderen Begründungszusammenhang als in den östlichen und hat damit eine weitgehende unterschiedliche Qualität und damit eine sehr unterschiedliche Bedeutung für integrationspolitische Ziele.

Ein Sicherheitsrisiko für Europa geht in erster Linie von den ethnisch-territorialen Konflikten in Mittel- und Osteuropa aus. Im Unterschied zum Regionalismus in Westeuropa sind diese Konflikte im östlichen Europa im politischen Wertesystem und der Religion begründet.[19] Ihre sicherheitspolitische Bedeutung wird dadurch verstärkt, daß dort meist institutionelle Autoritäten fehlen, die gegensätzliche Interessen ethnischer Gruppen gegeneinander aushandeln könnten.[20] Eine besondere Problematik enthält die Frage, ob und inwieweit Rußland ein Partner der europäischen Integrationspolitik sein kann. Die russische Außenpolitik spie-

---

[19] Vgl. *Williams/ Williams* (1993).

[20] *Williams/ Williams* (1993), S. 117f.

gelt die spannungsgeladene innere Struktur des Landes wider. Ob es gelingen wird, das neue Selbstbewußtsein der Regionen in tragfähigen föderalen Strukturen einzufangen, ist noch nicht entschieden. Nicht zu übersehen ist jedenfalls ein wachsender Wille zur Restauration starker Staatlichkeit nach innen und zur Wiederbelebung des Anspruchs auf Anerkennung als Großmacht nach außen. Dieser Anspruch kommt aus der Nostalgie der frühen Eliten - die weitgehend auch die heutigen sind. Diese Kategorien - so veraltet sie auch sein mögen - schließen die Möglichkeit einer Kooperation mit dem Westen nicht von vornherein aus. Schwieriger würde das Verhältnis allerdings, sollten sich Vorstellungen von einer spezifischen historischen Mission und kulturellen Überlegenheit Rußlands durchsetzen, die in letzter Zeit an Bedeutung gewonnen haben. Seit 1993 hat sich die Außenpolitik Rußlands in einen wachsenden Gegensatz zur Außenwelt manövriert. Die Liste der aktuellen Probleme reicht vom Konflikt im ehemaligen Jugoslawien über das Verhältnis zur NATO, die Ratifizierung des Start-II-Vertrages bis zur Weigerung, in den Beziehungen zu Japan die Frage der Kurilen zu überprüfen. Zunehmend selbstbewußt ist die russische Haltung im Verhältnis zu den GUS-Staaten, offen konfliktbereit, wenn es um energiepolitische Interessen wie im Kaspischen Meer geht. Lange vor dem Wechsel im Amt des Außenministers griff die russische Außenpolitik auf alte geopolitische Stereotype zurück (die Berufung auf ein Anderssein Rußlands, die Unterstellung von Einkreisungs- und Isolationsstrategien des Westens). Derartige Vorstellungen liegen den geopolitischen Argumentationsmustern und Kategorien zugrunde, in denen heute in Rußland über nationale Interessen diskutiert wird. Nationalisten und "Realisten" haben ihre Positionen gefestigt.

Eine Überprüfung der wirtschaftlichen und militärischen Ressourcen führt zu dem Ergebnis, daß Rußland nicht in der Lage wäre, die Rolle einer globalen handlungsfähigen Großmacht auszufüllen. Als Ressourcen in diesem Zusammenhang müssen neben Produktionskapazitäten, verfügbaren Rohstoffen und Energieträgern auch politische Faktoren (Funktionsfähigkeit des politischen Rechtssystems, Autorität zentraler Politik gegenüber sich ausdifferenzierenden Interessengruppen) in Rechnung gestellt werden.

Kurzfristig reicht das wirtschaftliche Potential nur zur Absicherung von Machtpositionen im regionalen Rahmen. Es ist nicht damit zu rechnen, daß es zu einem spektakulären Umschwung in der Entwicklung der gesamtwirtschaftlichen Produktion kommt. Nach der absoluten Größe seines Bruttoinlandsprodukts dürfte Rußland für absehbare Zukunft nur einen Platz in der Gruppe wirtschaftlicher Mittelmächte wie Frankreich oder Brasilien einnehmen. Die in ihrer Größenordnung einzigartigen Naturressourcen können die russische Wirtschaft (durch ihre Garantiefunktion für internationale Kredite) lediglich über Wasser halten, und das hochtechnologische Potential des Landes verfügt nicht über ein genügend differenziertes Sortiment international wettbewerbsfähiger Spitzenprodukte. Somit reichen die Ressourcen nicht aus als Grundlage für einen sich selbst tragenden Aufschwung und die erforderliche bereite Modernisierung.

Die integrationspolitischen Konsequenzen, die daraus zu ziehen sind, hat *Heinrich Vogel* kürzlich folgendermaßen zusammengefaßt:[21]

- Abschluß eines Vertrags der NATO mit Rußland über politisch-militärische Kooperation vor weiteren Schritten zur Aufnahme neuer Mitglieder;
- ausdrücklicher Verzicht auf Pläne zur Stationierung von Kernwaffen und fremden Truppen auf dem Territorium neuer Mitglieder;
- Stärkung der OSZE als Instrument der Konfliktprävention und Friedenssicherung (ohne sie jedoch NATO oder EU überzuordnen);
- Umsetzung des Vertrags der EU über Partnerschaft und Kooperation mit Rußland;
- zügiger Ausbau der Beziehungen der EU zu den Ländern Ostmitteleuropas, des Baltikums und zur Ukraine;
- systematische Erweiterung der sicherheitspolitischen Agenda auf nichtmilitärische Problemfelder.

4. Ökonomische Globalisierungstendenzen in ihrer Bedeutung für das heutige Europa

Entgegengesetzte Akzente - oder scheinbar entgegengesetzte Akzente ? - zum politischen Regionalismus setzt der Prozeß, den wir als *Glo-*

---

[21] *Vogel* (1996), in: *FAZ* vom 29.2.1996, S. 12.

balisierung bezeichnen. Globalisierung findet vor allem im ökonomischen Bereich statt. Sie bedeutet die Internationalisierung von Märkten, von Produkten, von Produktion, von Forschung und Entwicklung, von Technologien und von Informationen. Industrien, Technologien, Unternehmen, Qualifikationsstrukturen und Beschäftigungsverhältnisse, die damit verwoben waren, werden dem Test internationaler Konkurrenz unterzogen. Systemkonkurrenz - ein Begriff aus der Zeit des Ost-West-Gegensatzes - gewinnt durch diese Entwicklung eine neue Qualität.

Überlegenheit bzw. Unterlegenheit eines politischen Systems werden heute in entscheidendem Maße von Wirtschaftskraft, Handelsüberlegenheit, fortschrittlicher Technologie und Fähigkeit zum sozialen Konsens bestimmt.

Die fundamentalen Veränderungen geopolitischer Machtverhältnisse am Ende der 80er Jahre sind letztlich auf globale ökonomische Zusammenhänge und Systemkonkurrenz zurückzuführen. *Richard Rosecrance* hat bereits in seinem 1985 erschienenen Buch "*The Rise of the Trading States*"[22] auf zwei wesentliche Ursachen räumlicher Machtverteilung hingewiesen:

- die "*militärisch-politisch-territoriale Welt*", der das Prinzip der Maximierung einzelstaatlicher Souveränität und das Streben nach größtmöglicher Autarkie zugrunde liegt,
- Staaten mit Primat des internationalen Handels, die ihren Wohlstand, aber auch weitestgehend dem Wohlstand ihrer Handelspartner durch Schaffung eines möglichst ungehinderten offenen Weltmarktes zu erreichen versuchen. Wohlstand und Sicherheit sind in der heutigen Welt nur noch kollektiv zu erreichen.[23]

Rosecrance konstatiert, daß in der zweiten Hälfte des 20. Jahrhunderts Staaten des zweiten Typs Macht und Einfluß ständig vermehrt haben, während das Autarkiekonzept der Sowjetunion zum Scheitern verurteilt ist. Macht beruht also nicht mehr wie häufig in der Vergangenheit in erster Linie auf militärischem Potential und Kontrolle territorialer Hegemonialbereiche, sondern vielmehr auf Integrationsfähigkeit und Integra-

---

22 *Rosecrance* (1985).

23 *Krelle* (1994).

tionsbereitschaft in ein internationales System. Das erhöht gleichzeitig die Bedeutung der internationalen Institution zur Bewältigung der Krisenanfälligkeit in unterschiedlichen sozio-ökonomischen Einheiten. In diesem Zusammenhang kommen dem GATT, dem G-/-System, aber auch der UN große sicherheitspolitische Bedeutung zu.

Allerdings können dabei *drei Problembereiche* nicht übersehen werden:

- die Notwendigkeit einer Überwindung der Transformationskrise[24] verbunden mit der Reintegration der ehem. RGW-Länder in die Weltwirtschaft,
- die Spannungen zwischen entwickelten industriellen Demokratien und der sog. "Dritten Welt",
- die Masseneinwanderungen aus der verarmten Peripherie im Osten und Süden der EU in die wohlhabenden Industrieländer.

Handelt es sich bei *Globalisierung* und *politischem Regionalismus* um entgegengesetzte Prozesse? Diese Frage liegt deswegen auf der Hand, weil Globalisierung, d.h. Entgrenzung, und Regionalismus, d.h. Abgrenzung gleichzeitig stattfinden. Entgrenzung ist offensichtlich nicht als gradlinig fortschreitender Prozeß zu verstehen. Sie ist von Abgrenzungsprozessen begleitet, die daraufhin zu prüfen sind, ob es sich hier um regressive Erscheinungen - im Sinne des Nachwirkens einer Tradition territorialer Identität - handelt oder um Folgewirkung der Entgrenzung. Man kann es auch anders ausdrücken. Die gegenläufigen Prozesse könnten Gegentendenzen zur Entgrenzung aber auch funktionale Anpassung an die Entgrenzung sein.

Was ergibt sich aus diesen Überlegungen für das Verhältnis von *Politischer Geographie* und *Geopolitik*?

Wenn man der Feststellung von *Bolaffi* folgen will, *Geopolitik* sei der Zugriff der politischen Macht auf die Geographie, dann schließt dies auch die Beachtung der aktuellen Theorie der Politischen Geographie ein.

---

[24] In einem sehr bemerkenswerten Aufsatz hat *Manuel Hinds*, der der "Scylla of economic inefficiency" die "Charybdis of inequality" gegenübergestellt. Diese Feststellung bezieht er vor allem auf Rußland, Weißrußland und die Ukraine; in: *Siegbert* (1994).

Die Theorie der *Politischen Geographie* ist durch zwei scheinbar entgegengesetzte Tendenzen gekennzeichnet, die sich auf das eingangs genannte Verhältnis von Räumlichkeit und Zeitlichkeit beziehen: Auf der einen Seite steht die Erkenntnis, daß politische Entscheidungen in spätmodernen Kulturen räumlich und zeitlich - wie Giddens es formuliert hat -"disembedded", d.h. "entankert" sind[25]. Politisch Handelnde lösen an beinahe beliebigen Standorten Segmente aus globalen Informationsströmen heraus. Weder der Zugriff auf die Informationen noch deren Interpretation sind räumlich abhängig. Auf der anderen Seite geht damit zugleich die Notwendigkeit einher, räumlich zeitliche Besonderheiten verstärkt zu beachten. Das Comeback des Regionalismus hat nicht nur in der Geographie, sondern auch in verschiedenen Nachbarwissenschaften - z.B. in der Umweltpsychologie, der Politikwissenschaft und der Soziologie - zu einer verstärkten Erforschung regionaler Perspektiven geführt.[26]

Die Folgerung aus diesem scheinbaren Widerspruch ist, daß räumliche und zeitliche Komponenten nicht mehr auf eine festgefügte Weise miteinander gekoppelt sind. Die politisch handelnden Subjekte beurteilen räumlich lokalisierte Gegebenheiten nicht nur auf eine spezifische und sehr vielfältige Weise, sie beurteilen sie je nach zeitbedingter gesellschaftlicher Orientierung immer wieder neu.

Es kommt ein weiterer Gesichtspunkt für eine verstärkte regionale Betrachtungsweise hinzu: Mit dem Ende des Kommunismus in Osteuropa ist der Systemgegensatz zweier universalistischer Ideologien beseitigt worden. Der Kommunismus wurde gestürzt, weil sich seine universalistischen Ansprüche, Gerechtigkeit und Wohlstand zu schaffen, als falsch erwiesen haben. Zugleich mit dem Wegfall der globalen Konkurrenz erweist sich das westliche Modell der Politikgestaltung differenzierter als ein protestantisches, konfuzianisches oder islamisches, d.h. vermehrt als ein historisch-regionales.

Die Vorsilbe "Geo-" ist Politischer Geographie und Geopolitik gemeinsam. Wir sollten darauf hinwirken, daß die Auffassungen über ihren Inhalt im Grundsatz angenähert werden. Die mit "Geo" bezeichneten Zusammenhänge sind nichts anderes als zeitgebundene Bewertungen der

---

25 *Giddens* (1990), S. 250.

26 *Danielzyk/ Ossenbrügge* (1993).

Arena, als grundlegend wichtige Rahmenbedingungen politischen Handelns, Zusammenhänge, für die *Gaddis* den Begriff "*geopolitical codes*" vorgeschlagen hat.[27] Aus ihnen ergibt sich eine zeitbedingte globale geopolitische Ordnung und Regionalisierung, nicht zuletzt unter sicherheitspolitischen Aspekten. Die Militärmacht der Großmächte ist dafür nach wie vor von großer Bedeutung, aber die dargelegten neuen Dimensionen der Sicherheitspolitik und die Akteure oberhalb und unterhalb der staatlichen Ebene gewinnen zunehmend an Gewicht.[28]

Literatur

Bach, M. (1993): Vom Zweckverband zum technokratischen Regime. Politische Legitimation und institutionelle Verselbständigung in der Europäischen Gemeinschaft; in: *Winkler, H.A./H. Kaelble* (Hrsg.): Nationalismus - Nationalitäten - Supranationalität, S. 288-308.

Broch, L./M. Albert (1995): Entgrenzung der Staatenwelt; in: *Zeitschr. f. Internationale Beziehungen*, H. 2, S. 259-289.

Cox, K.R. (1991): Redefining 'territory'; in: *Political Geography Quarterly*, 10,1, S. 5-7.

Danielzyk, R. u. J. Ossenbrügge (1993): Perspektiven geographischer Regionalforschung; in: *Geographische Rundschau*, 45, 1993, S. 210-217.

Dodds, K.-J. (1994): Geopolitics and Foreign Policy: Recent Developments in Anglo-American Political Geography and International Relations; in: *Progress in Human Geography* (1994), S. 186-208.

Gaddis, J. (1982): Strategies of Containment.

Geyer, D. (1993): Der Zerfall des Sowjetimperiums und die Renaissance der Nationalismen; in: *Winkler, H.A./ H. Kaelble* (Hrsg.): Nationalismus - Nationalitäten - Supranationalität, S. 156-186.

---

27 *Gaddis* (1982).

28 Vgl. *Sandner* (1994).

Giddens, A. (1993): The Consequences of Modernity. Stanford 1990. Vergl. auch Werlen, B.: Gibt es eine Geographie ohne Raum?; in: *Erdkunde*, 47, S.241-254.

Hrbek, R./S. Weyand (1994): Betrifft: Das Europa der Regionen, Fakten, Probleme, Perspektiven.

Kaelble, H. (1993): Supranationalität in Europa seit dem Zweiten Weltkrieg; in: *Winkler, H.A./ H. Kaelble* (Hrsg.): Nationalismus - Nationalitäten - Supranationalität, S. 189-206.

Kocka, J.: Kritik und Identität. Nationalismus, Alltag und Geographie; in: *Die Neue Gesellschaft*, Frankfurter Hefte 33 (10), S. 890-897.

Krelle, W. (1994): Bestimmungsgründe der Außenhandelspolitik; in: *Hetzke, Hirschmann, Potthoff* (Hrsg.): Weltwirtschaft und Sicherheit 1994, Schriftenreihe zur neuen Sicherheitspolitik, Band 9.

Krüger, P. (1992): Mitteleuropa - ein europäisches Strukturproblem; in: Westmitteleuropa - Ostmitteleuropa, Vergleiche und Beziehungen, Festschrift für Ferdinand Seibt zum 65. Geburtstag. *Veröffentlichungen des Collegium Carolinum*, Bd. 70, S. 23-36.

Leggewie, C. (1994): Space - not time? Raumkämpfe und Souveränität. Skizzen zu einer 'Geopolitik' multikultureller Gesellschaften; in: *Transit*, 7, 1994, S. 27-42.

Lepsius, M.R. (1993): Demokratie in Deutschland. Ausgewählte Aufsätze.

Wehler, H.-U. (1988): Entsorgung der deutschen Vergangenheit? Ein polemischer Essay zum "Historikerstreit".

Rosecrance, R. (1985): The Rise of Trading States: Commerce and Conquest in the Modern World.

Ruggie, J.G. (1993) : Territoriality and beyond: problematizing modernity in international relations; in: *International Organisation*, S.139-174.

Sandner, G.: Deterministische Wurzeln und funktionaler Einsatz des "Geo" in Geopolitik; in: *Welttrends*, 4, 1994, S. 8-20

Schultz, H.-D. (1989): Fantasies of Mitte: Mittellage and Mitteleuropa in German geographical discussion in the 19th and 20th centuries; in: *Political Geographical Quarterly* 8 (4), S. 315-340.

Siegbert, H. (Hrsg. 1994): Overcoming the Transformation Crisis.

Taylor, B. (1995): Beyond containers. Internationality, interstateness, interterritoriality; in: *Progress in Human Geography*, S. 1-15.

Williams, C.H./S.W. Williams (1993): Issues of Peace and Security in Contemporary Europe; in: *C.H. Williams* (Hrsg.): The Political Geography of the New World Order, S. 100-131.

Wolff-Poweska, A. (1995): Politische Kultur in den postkommunistischen Gesellschaften; in: *W. Weidenfeld* (Hrsg.): Demokratie und Marktwirtschaft in Osteuropa. Strategien für Europa. S. 35-54.

Wusten, H. van der (1994): Variations of Territoriality: States and Borders in Present-day Europe; in: *Galluser* (Hrsg.): Political Boundaries and Coexistence. IGU-Symposium, Basel 1994, Bern 1994, S. 402-412.

Integration und Kooperation zwischen und mit Entwicklungsländern

Franz Nuscheler

1. Szenarien der "neuen Bedrohungen"

Denkt man sich in Szenarien der *"erweiterten Sicherheit"* hinein, kann man solche erkennen, die unter den Begriffen von "neuen Risiken" oder "globalen Bedrohungen" diskutiert werden. Einige Zitate sollen andeuten, warum das Nord-Süd-Problem auch als sicherheitspolitisches Problem perzipiert wird.

Das Armutssyndrom als Sicherheitsrisiko

- "*Globale Sicherheit ist unteilbar.*" (Human Development Report 1994)
- "*Viele Gefahren, die auch uns bedrohen, gründen letztlich auf Unterentwicklung.*" (BM Carl-Dieter Spranger)
- "*Die Destabilisierung des internationalen Umfeldes kann auch für Deutschland ein Sicherheitsrisiko werden.Der Gefährdungsgrad dieser Instabilitäten ergibt sich weniger aus der Möglichkeit einer militärischen Eskalation. Viel schwerwiegender sind negative Einflüsse auf die wirtschaftliche und finanzielle Leistungsfähigkeit der Industriestaaten und damit verbundene schädliche Rückwirkungen auf den wirtschaftlichen und gesellschaftlichen Fortschritt in den unterentwickelten Regionen der Welt. Das eigentliche globale Sicherheitsrisiko der Zukunft ist daher der Teufelskreis sich gegenseitig verstärkender Destabilisierungsprozesse, die dann letztlich auch gewaltsam eskalieren können.*" (Weißbuch 1994)

Das Szenario der "neuen Bedrohungen" setzt sich aus einem diffusen Gemisch von realen Risiken, vagen Bedrohungsperzeptionen und Ängsten zusammen, die sich zu einem neuen "Feindbild Dritte Welt" (nach *Volker Matthies* 1991) aufschaukelten.[1]

Szenario der "neuen Bedrohungen" aus dem Süden

Das neue "Feindbild Dritte Welt" nährt sich aus dem folgenden Gemisch von Ängsten:

- aus Ängsten vor unverantwortlich handelnden "*neuen Waffenstaaten*", die schon über Massenvernichtungswaffen verfügen oder durch Technik-Söldner aus dem GUS-Raum mit neuen Waffentechnologien bis hin zu Atomwaffen ausgestattet werden könnten;
- aus Ängsten vor der "*Chaos-Macht*" zusammenbrechender Staaten und Regime mit regionalen und internationalen spill over-Effekten;
- aus der durch den Golf-Krieg genährten Angst, daß Europa durch einen großmachtlüsternden und irrational handelnden "*orientalischen Despoten*" à la *Saddam Hussein* auch militärisch bedroht werden könnte;
- aus Angst vor einem "*Krieg der Kulturen*", den *Samuel Huntington* vor allem an der Schnittstelle zwischen Morgen- und Abendland (also an den Rändern Europas) verortet;
- aus Sorge um die *Ressourcensicherheit*, weil die OECD-Staaten nach wie vor eine energiepolitische Archillesverse haben und etwa zwei Drittel der Ölreserven im Nahen Osten lagern;
- aus Ängsten vor der "*Bevölkerungsexplosion*" ("B-Bombe"), die die alternden Industriegesellschaften mit hungernden Menschen überschwemmen könnte;
- aus Ängsten vor dem von Bevölkerungswachstum, Verelendungswachstum und von Bürgerkriegen angeschobenen "*Aufbruch der Massen nach Europa*" nach der Dramaturgie des Filmes "Der Marsch";
- aus Ängsten vor der *anschwellenden Drogenwelle* und der sie begleitenden Kriminalität, vor dem Import von tropischen Krankheiten und anderen "Dritte Welt-Syndromen";
- aus Ängsten vor *ökologischen Gefährdungen*, deren Destruktivität größer sein könnte als kriegerische Auseinandersetzungen;
- kurzum: aus Ängsten vor krisenhaften Entwicklungen in der weltpolitischen Peripherie, die - lt. *Weißbuch 1994* - im Gefolge der wachsenden Interdependenz der Welten auch die Sicherheit und den Wohlstand auf den "Wohlstandsinseln" bedrohen könnten bzw. die Armeen des Nordens (des Westens und Ostens) zu weltweiten Interventionen im Sinne einer präventiven Sicherheitspolitik veranlassen könnten.

[1] Vgl. auch *Ferdowsi* (1994) und *Wöhlcke* (1994).

Was haben diese Bedrohungsszenarien, seien sie schon real oder noch fiktiv, mit der Kooperation und Integration *zwischen* und *mit* Entwicklungsländern zu tun?

Wir müssen zunächst begrifflich zwischen Kooperation und Integration unterscheiden. *Kooperation* ist auch ohne institutionelle Arrangements und supranationale Strukturen, ohne gemeinsame Werte und ohne Harmonisierung der nationalstaatlichen Wirtschafts- und Sozialpolitik möglich. *Integration* bedeutet dagegen nicht nur eine Verdichtung der Kooperation und funktionalen Verflechtung von Ökonomien (oder anderen Subsystemen wie dem Militär), sondern auch die Herausbildung von tendenziell supranationalen Strukturen und Entscheidungsmechanismen.

Kooperation kann hier mit Entwicklungspolitik übersetzt werden. Sie geriet nach dem Ende des Ost-West-Konflikts noch mehr als zuvor in das interessenpolitische Abseits, weil ihr die strategische Schubkraft - nämlich die weltweite Eindämmung des Kommunismus - abhanden kam. Nun versuchten Entwicklungspolitiker und Strategen der "erweiterten Sicherheit", der Entwicklungspolitik als Instrument einer "präventiven Sicherheitspolitik" gegen die "neuen Bedrohungen" aus dem Süden - und nun auch aus dem Osten - eine neue Rechtfertigungsgrundlage zu geben - allerdings mit wenig Erfolg, wie die Kürzungen der Entwicklungsetats in fast allen OECD-Ländern belegen.

2. Die EU: Modell, Förderer und Akteur der Kooperation mit und zwischen Entwicklungsländern

Die Kooperationspolitik der EU ist weltweit angelegt, was sich in einer Vielzahl von Kooperationsverträgen mit Einzelstaaten, Staatengruppen und Regionalorganisationen ausdrückt. Die für die Außenwirtschaftspolitik zuständige EU-Kommission knüpfte mit regionalen Wirtschaftsräumen ein Netz von Handels- und Kooperationsabkommen und konnte ihnen neben handelspolitischen Konzessionen, finanzieller und technischer Hilfe auch Erfahrungen als Laboratorium für Integration anbieten - wobei in diesem Laboratorium auch alle Probleme von Integration sichtbar werden, die über eine Freihandelszone hinauszielt.

Schwerpunkte der EU-Kooperationspolitik bilden jedoch die inzwischen 70 AKP-Länder in Afrika, in der Karibik und im Südpazifik sowie die Mittelmeer-Anrainerstaaten. Während die Assoziierungsabkommen der EU mit den AKP-Staaten, die sog. *Lomé-Abkommen*, ein kolonialhistorisches Erbe sind, weil vor allem Frankreich auf eine enge Anbindung seiner ehemaligen Kolonien an Europa drängte, kann in der EU-Mittelmeerpolitik auch ein sicherheitspolitisches Interesse entdeckt werden.

Das *Lomé-Modell* galt lange als Modell partnerschaftlicher Nord-Süd-Beziehungen, weil es nicht nur durch den *Europäischen Entwicklungsfonds* (EEF) finanzielle und technische Hilfe bereitstellte, sondern den Partnerländern auch handelspolitische Präferenzen (u.a. den zollfreien Zugang von Industriegütern zum EU-Markt) einräumte und den außenwirtschaftlich verwundbaren Rohstoffländern durch Ausgleichsfonds Entlastung bei Einbrüchen der Exporterlöse verschaffen sollte.

Was zum Modell hätte werden können, verlor freilich durch die ungenügende Finanzausstattung des EEF und der Ausgleichsfonds für agrarische Rohstoffe (STABEX) und mineralische Rohstoffe (MINEX) an Modellkraft. Die beiden Fonds konnten den Zerfall der Rohstoffpreise nur ein wenig abfedern. Nach dem Abschluß der Uruguay-Runde verlieren nun die AKP-Länder schrittweise auch ihre handelspolitischen Präferenzen. Mitte der 90er Jahre liegt ein Modell für Partnerschaft und Kooperation zwischen Industrie- und Entwicklungsländern in Agonie.

Die Entscheidung des Haushaltsausschusses des Deutschen Bundestages, die Mittel für den EEF zu kürzen, bedeutete für die Bemühungen um eine stärkere Europäisierung der Entwicklungspolitik im Gefolge der GASP einen schweren Rückschlag: Eine gemeinsame Außen- und Sicherheitspolitik gegenüber dem Süden ist ohne eine gemeinsame Entwicklungspolitik kaum vorstellbar. Gerade wenn es in einer "neuen" Entwicklungspolitik nicht mehr um die "Projektitis" von isolierten Einzelprojekten, sondern um globale Strukturpolitik, um good governance und um die Durchsetzung der Menschenrechte gehen soll, ist die nur notdürftig koordinierte Entwicklungspolitik von 15 Mitgliedstaaten eher kontraproduktiv.

Sicherlich war das *Lomé-Modell* mit Enttäuschungen und Fehlentwicklungen gepflastert, weil es den erhofften Entwicklungsschub in den mehrheitlich zu den LLDCs zählenden AKP-Staaten nicht brachte.[2] Sicherlich war und ist dieses Modell für die EU ein wirtschaftliches Zuschußgeschäft, aber sicherheitspolitische Interessen und das aufgeklärte Eigeninteresse Europas sprechen gegen seine Demontage. Wenn der EEF finanziell ausgedünnt wird, muß auch das beste EU-Programm, nämlich die Förderung regionaler Kooperation, darunter leiden.

Europa ist dabei, im aufgeklärten Eigeninteresse und langfristigen Sicherheitsinteresse eine Chance zu vergeben. Afrika bleibt mit all seinen Problemen, Krisen und Katastrophen sein Nachbar. Wie heißt doch eine alte Bauernregel: Wenn es dem Nachbarn schlecht geht, kommen die Mäuse in den eigenen Keller. Um im Bild zu bleiben: Diese Absicherung der "Festung Europa" durch militärische Mausefallen wäre nicht nur aufwendig, sondern würde den europäischen Armeen auch ein neues Selbstverständnis abverlangen, das mit ihrem traditionellen Rollenverständnis konfligieren müßte. Die Aufgaben zwischen Armeen und Grenztruppen würden sich verwischen.

Wesentlich klüger und weitsichtiger ist die im letzten Jahr mit den Mittelmeeranrainern vereinbarte Kooperationszone, die sogar eine Freihandelszone anvisiert. Dies ist die richtige Antwort auf das Erstarken des Fundamentalismus, der sich aus sozialen Frustrationen nährt, und auf den Migrationsdruck aus dem Maghreb, der nur durch die Verbesserung der Lebensbedingungen und Zukunftsperspektiven in Nordafrika entschärft werden könnte. Wenn 80 % der Schulabgänger keine Chance auf eine existenzsichernde Beschäftigung haben, werden sie jede Chance zur Migration über das Mittelmeer hinweg nutzen.

Die Frage ist nur, ob sich die EU angesichts der sich verschärfenden Wettbewerbs- und Arbeitsmarktprobleme im eigenen Raum eine weitere Konkurrenz von "Billiglohnländern" in einer Freihandelszone leisten will. Die EU steht hier vor einem ähnlichen Problem wie die USA nach der Einbeziehung Mexikos in die NAFTA, aber auch vor einer Art von sozialer Vorwärtsverteidigung vor Gefahren, die *Samuel Huntington* (1993) in seinem "*Clash of Civilizations*" an die Wand malte.

2 Vgl. *Kappel* (1996).

Sicherheitspolitische Interessen sprechen für Kooperation, auch wenn sie mit wirtschaftspolitischen Risiken verbunden sein sollte. Was sich möglicherweise wirtschaftlich nicht rechnen mag, kann dennoch politisch und vor allem sicherheitspolitisch vernünftig sein und sich im langfristigen Eigeninteresse rechnen.

Dieses Plädoyer für eine Revitalisierung des moribunden Lomé-Modells bedeutet keineswegs eine Absage an die Kooperation mit Regionen außerhalb der "AKP-Familie". Europa darf sich nicht, wie ihm strategische Planspiele in den USA nahelegen, eine ausschließliche Verantwortung für Afrika aufbürden lassen, weil es weltweite Interessen hat, aber es hat sicherlich aus historischen und geopolitischen Gründen eine besondere Verantwortung für diesen Krisenkontinent.

3. APEC und ASEAN

Ein anderer sehr erfolgreicher Kooperationsraum *mit* und *zwischen* Entwicklungsländern entwickelte sich in Ost- und Südostasien mit dem Zentrum und Motor Japan: Hier entstand ohne vertragliche Kooperationsregime eine Verflechtung von Handel, Kapital, Managementmethoden und Wirtschaftsphilosophie, die sich zu einem dynamischen Pol in der weltwirtschaftlichen Triade entwickelte. Man kann hier von einer spezifischen Kooperationszone unter japanischer Dominanz sprechen, in der die Handels- und Kapitalverflechtung auch ohne institutionelle Arrangements einen hohen Grad erreicht hat. Wenn auch das Maß der regionalen Integration noch nicht mit EU-Europa vergleichbar ist, so wächst doch die *intra*regionale Austauschquote in Ost- und Südostasien sehr schnell, beschleunigt durch steigende Einkommen wachsender Mittelschichten, die industrielle Güter des gehobenen Bedarfs nachfragen, aber auch durch den schrittweisen Abbau intraregionaler Handelsbarrieren.

Wenn nun immer häufiger vom kommenden "*pazifischen Jahrhundert*" die Rede ist, kommt ein erweiterter Großraum ins Blickfeld, der drei Kontinente, hochentwickelte Industrieländer, aufholende Schwellenländer und nachhinkende Entwicklungsländer umschließt: nämlich der *APEC-Raum (Asian-Pacific Economic Cooperation),* dem inzwischen 18 Staaten angehören, unter ihnen neben den USA, Kanada und Mexiko auch Japan und China, Australien und Neuseeland. Als US-Präsident *Bill*

Clinton von der *New Pacific Community* sprach, bezog er den gesamten APEC-Raum in diese Vision ein, die spätestens bis zum Jahr 2020 die Gestalt einer Freihandelszone annehmen soll.

Wenn wir die atlantisch-pazifische Doppelfunktion der NAFTA-Region ignorieren und sie dem "pazifischen Raum" zuschlagen, erhalten wir auf einen Schlag gigantische weltwirtschaftliche Makro-Daten, die den APEC-Raum schon heute zum übermächtigen Gravitationszentrum der Weltwirtschaft machen würden. In der APEC-Region leben mehr als 2 Mrd. Menschen und werden bereits 40 % des Welthandels abgewickelt.

Für die USA und Kanada ist der Pazifikhandel wichtiger geworden als der transatlantische Handelsaustausch mit Europa: Er stieg im Fall der USA seit 1965 von 17 % auf heute über 45 %. Legt man die APEC-Region zugrunde, lag das Handelsvolumen mit den USA 1994 bereits 60 % höher als der Handelsaustausch mit der EU. Gleichzeitig erreichte der intraregionale Handelsaustausch der Staaten in Ost- und Südostasien den dreifachen Wert des Handels mit der EU. Die Verlagerung von Handels- und Investitionsströmen hat unweigerlich auch außen- und sicherheitspolitische Konsequenzen.

Prognosen gehen davon aus, daß der Umfang des Handels und der Investitionen, die aus den USA in die pazifische Region fließen werden, bis zum Jahr 2000 den doppelten Umfang des transatlantischen Handels- und Investitionsvolumens erreichen wird. Aber solche Prognosen sind mit einigen *Unsicherheitsfaktoren* behaftet:

- Die Defizite im Pazifikhandel der USA und die ungelösten Handelskonflikte zwischen ihnen, Japan und China können die prognostizierten Steigerungsraten im Pazifikhandel bremsen.

- China könnte nach Einschätzung der Weltbank schon im ersten Jahrzehnt des nächsten Jahrhunderts das BSP der USA erreichen. China ist aber, falls es seine stürmische Entwicklungsdynamik fortsetzen kann, nicht nur ein kommender Wirtschaftsgigant, sondern auch der große Unsicherheitsfaktor, der den Nachbarn als Militärmacht mit hegemonialen Ambitionen Angst macht. Seine rasante Aufrüstung setzte in der ganzen Region einen Rüstungswettlauf in Gang. China ist aber auch aufgrund seiner ungesicherten politischen Zukunft ein regionaler Unsicherheitsfaktor. Die ungleiche Entwicklung zwischen den boomenden Küstenzonen, in denen so etwas wie ein "Superschwellenland" entsteht, und dem zurückfallenden Hinterland schafft ein unberechenbares Konfliktpotential. Manche Sandkasten-Strategen schließen Bürgerkriege und sogar ein Auseinanderbrechen des Riesenreiches nicht aus.

- Es gibt auch unter APEC-Mitgliedern, vor allem in Malaysia und Singapur, aber auch in Japan (und allemal in China), zunehmend gewichtigere Stimmen, die das "*pazifische Jahrhundert*" ohne den US-Hegemon und auf der Grundlage von "*asiatischen Werten*" gestalten wollen.

Viele asiatische Intellektuelle begreifen das "pazifische Jahrhundert" als ein anti-westliches Projekt, das späte Rache am europäischen Kolonialismus und amerikanischen Imperialismus nehmen soll. Das auch ins Deutsche übersetzte Buch von *Shintaro Ishihara*, das eine "Re-Asianisierung" Japans fordert, war ein Bestseller. Die Diskussion über die "Asianisierung" Asiens überschätzt sicherlich solche Stimmen und die Fähigkeit eines Konglomerats von sehr unterschiedlichen Staaten und Kulturen, eine asiatische Identität aufzubauen, unterschätzt aber auch das wachsende Selbstbewußtsein, das eine Frucht des wirtschaftlichen Erfolges ist.

Man kann davon ausgehen, daß allenfalls die Unberechenbarkeit der Nuklearmacht China und das Sicherheitsrisiko, das von Nordkorea ausgeht, aber auch Ängste vor einer Remilitarisierung Japans, die USA als regionale Schutzmacht im Raum halten. Aber die Chancen der USA, ihre Sicherheitsgarantien als handelspolitischen Hebel zu gebrauchen, haben sich nach dem Ende des Ost-West-Konflikts verringert.

- Bisher gibt es in der APEC nicht einmal in Ansätzen multilaterale Strukturen, wie sie die EU bereits weit entwickelt hat und das bisher erfolgreichste regionale Kooperationsprojekt ASEAN zu entwickeln begann. Unter Regionalexperten ist die Auffassung weit verbreitet, daß die APEC aufgrund der sozio-ökonomischen und kulturellen Verschiedenheit ihrer Mitglieder allenfalls eine offene Wirtschaftskooperation *(Open Economic Association)* schaffen könne. Sie bildet nur die Vorstufe zu einer Freihandelszone und ist weit entfernt von einer Integrationszone à la EU, NAFTA oder ASEAN (wobei allerdings noch ungewiß ist, ob NAFTA und ASEAN sich tatsächlich - gewissermaßen in einer funktionalistischen Eigendynamik - zu Integrationsräumen weiterentwickeln, weil massive Interessenkonflikte auch regressive Entwicklungen auslösen können).

4. Kooperation und Integration zwischen Entwicklungsländern

Auf den stürmischen Nord-Süd-Konferenzen der 70er Jahre, auf denen die in der *Gruppe der 77* und in der *Blockfreienbewegung* organisierten Entwicklungsländer den Aufstand gegen die vom Westen beherrschte Weltwirtschaftsordnung probten, war die Rhetorik des Nord-Süd-Konflikts durch einige Schlagworte gewürzt. Zu ihnen gehörte auch die Idee der *Collective Self-reliance*, also der Versuch, durch eine Verstärkung der *Süd-Süd-Kooperation* mehr wirtschaftliche Unabhängigkeit zu gewinnen und durch die Bündelung der schwachen Kräfte mehr Verhandlungsmacht im Nord-Süd-Dialog aufzubauen. Aber diese plausible Idee war auch deshalb zur Illusion geworden, weil fast alle Experimente von regionaler Integration nach hoffnungsvollen Ansätzen gescheitert waren und die weltwirtschaftlichen Habenichtse ihre Stimmenmacht in UN-Gremien mit Verhandlungsmacht verwechselten.

So wurde die *Ostafrikanische Gemeinschaft* zwischen Tanzania, Kenya und Uganda unter maßgeblichem Zutun des afrikanischen Propheten von *Collective Self-reliance*, nämich *Julius Nyerere*, aufgelöst. Der Golf-Krieg zwischen dem Irak und Iran schwächte die OPEC, die den Westen in den 70er Jahren das Fürchten gelehrt und der *Blockfreienbewegung* politischen Rückenwind gegeben hatte. Verschiedene Regionalkonflikte hatten die OAU an den Rand von Spaltungen gebracht und sie zum Papiertiger abgewertet. Die Bürgerkriege in Zentralamerika demolierten den *Zentralamerikanischen Gemeinsamen Markt* (MCCA), der in den 60er Jahren große Hoffnungen geweckt hatte.

Die Regionen waren auch nicht in der Lage, regionale Systeme der kollektiven Sicherheit aufzubauen und Interventionen externer Mächte vorzubeugen. Die fatale Folge war, daß sich auch die ärmsten Entwicklungsländer teure Militärapparate zulegten und für sie mehr Mittel aufwendeten als für das Bildungs- und Gesundheitswesen. Sie hatten von den Kolonialmächten auch das Mißverständnis geerbt, daß Sicherheit auf Waffen beruht. Es muß hinzugefügt werden, daß die Industrieländer im Westen und Osten dieses Mißverständnis durch Militärhilfe und kommerzielle Rüstungsexporte stützten und nutzten - und durch diese "Kriegsentwicklungshilfe" (nach *Willy Brandt*) zur Vermehrung und Brutalisierung von kriegerischen Konflikten beitrugen.

Seit Beginn der 90er Jahre zeichneten sich freilich neue Entwicklungen ab. Die Veränderungen der weltpolitischen Rahmenbedingungen und die Folgen der Verschuldungskrise machten der Idee der *Collective Self-reliance* endgültig den Garaus. Der Bericht der von Julius Nyerere geleiteten *Süd-Kommission* (1990) unternahm noch einmal den verzweifelten Versuch, der Süd-Süd-Kooperation eine Zukunftsperspektive zu geben. Der *Süd-Süd-Handel* hatte sich zwar von 20 % (1970) auf 26 % (1990) des Außenhandelsvolumens aller Entwicklungsländer erhöht, aber hinter diesem Anstieg verbargen sich vor allem Ölpreissteigerungen und die Exportzuwächse einiger weniger Schwellenländer, die vor allem ihre Chancen auf den westlichen Verbrauchermärkten nutzten. Die 44 LLDCs haben dagegen nur noch einen Welthandelsanteil von 0,4 %.

Gleichzeitig beflügelte der Globalisierungsdruck, der durch den Abschluß der Uruguay-Runde verstärkt wurde, mehrere Versuche auf regionaler Ebene, alte Integrationsprojekte zu reaktivieren oder neue zu initiieren. Die Globalisierung befördert die Herausbildung von Großregionen als einer neuartigen Zwischenebene in den internationalen Beziehungen:

- Brasilien, Argentinien, Uruguay und Paraguay setzen große Hoffnungen in den *Mercosur* (Mercado del Cono Sur), der sich an den Integrationsstrukturen der EU orientiert, allerdings nicht nur alte machtpolitische Rivalitäten zwischen Brasilien und Argentinien, sondern auch Integrationsbarrieren überwinden muß, die in unterschiedlichen Ressourcenbeständen und Entwicklungsniveaus liegen. Noch ist der *Mercosur* ein Projekt in der Laborphase, das den Test von Interessenkonflikten noch nicht bestanden hat. Aber der zügige Abbau von Zollbarrieren läßt doch den politischen Willen der beteiligten Staaten und ihrer Wirtschaftsverbände erkennen, das Projekt voranzutreiben.

- Auch der moribunde *Andenpakt* startete Reanimierungsversuche. Die karibischen und zentralamerikanischen Staaten reaktivierten *Caricom* und den *MCCA* und gründeten 1994 die regionenübergreifende *Association of Caribbean States* (ACS), die den Anschluß an die NAFTA sucht, um nicht vom nordamerikanischen Markt abgekoppelt zu werden.

- Das Ende der Apartheid in Südafrika gab nicht nur den Plänen einer Wirtschaftsgemeinschaft im südlichen Afrika neue Impulse, sondern ermöglichte auch der *Organisation für afrikanische Einheit* (OAU), sich wieder mehr dem eigentlichen Gründungszweck zuzuwenden. Ihr *Lagos Plan of Action* visiert bis zum Jahr 2000 eine gesamtafrikanische Wirtschaftsgemeinschaft an. Die Marginalisierung Afrikas in der Weltpolitik und Weltwirtschaft verstärkt den Druck auf die afrikanischen Eliten, nach Möglichkeiten der Selbsthilfe zu suchen: Sie sind auf Gedeih und Verderb zur Zusammenarbeit verdammt.

- Der Tatbestand, daß 1990 der Anteil des Intra-Handels an den Gesamtexporten im Fall von Lateinamerika bei nur 13,4 % und im Fall von Afrika sogar nur bei 6,4 % lag (gegenüber 41,7 % im Fall Asiens unter Einschluß von Japan und gegenüber 72,2 % im erweiterten EWR), deutet darauf hin, daß Afrika und Lateinamerika einen großen Nachholbedarf an regionaler Kooperation haben. Dependenztheoretiker deuteten ihre vertikale Süd-Nord-Außenhandelsstruktur nicht ohne Grund als koloniales Erbe bzw. als Indikator für Dependenz.

- Das erfolgreichste Kooperationsprojekt bleibt, wie bereits erwähnt, die ASEAN, die Schritte von der Kooperation zur regionalen Integration eingeleitet hat. Wahrscheinlich ist gerade der pragmatische Gradualismus dieser Transformation von der Kooperation zur Integration das Erfolgsgeheimnis von ASEAN, weil Erfolge der Kooperation den qualitativen Sprung zur Integration erleichtern.

Nach dem Übergang von der Bipolarität zur Multipolarität der Weltpolitik und zur Herausbildung von Großregionen scheint geradezu ein Wettrennen um neue Kooperationsprojekte eingesetzt zu haben. Der verschärfte internationale Konkurrenzdruck verstärkt den Druck auf die Führungsgruppen, das Heil in der regionalen Kooperation zu suchen.

Die neuen Regionalisierungstendenzen finden nicht mehr hinter der Fahne der *Collective Self-reliance* oder im Begründungszusammenhang des Nord-Süd-Konflikts statt, weil sich - wie die NAFTA oder APEC zeigen - die Nord-Süd-Konfliktlinien verwischen. Die globalisierten Märkte lassen nur noch dort Nischen für eigenbestimmte Entwicklungen, wo sich der Weltmarkt mangels Anreizen in Angebot und Nachfrage zurückzieht.

5. Schlußfolgerungen

Die einleitende Frage lautete, ob regionale Kooperations- oder Integrationsprojekte innerhalb des Südens im *europäischen und deutschen Interesse* liegen. Sie tun dies aus mehreren Gründen:

- Sie leisten einen Beitrag zu Selbsthilfe - und dies war immer die Maxime sinnvoller Entwicklungspolitik;
- sie sind unter den Bedingungen kleiner Märkte und wenig komplementärer Wirtschaftsstrukturen sogar dringend notwendig, um einigermaßen wettbewerbsfähige Ökonomien aufzubauen;
- sie können auch zur politischen Stabilisierung von Regionen und zum Aufbau regionaler Sicherheitsstrukturen beitragen.

Dies gilt besonders für das "balkanisierte" Afrika, dessen Zukunftsperspektiven nicht im hoffnungslosen Versuch der Integration in den Weltmarkt liegen. Der Weltmarkt hat Afrika längst abgekoppelt. Hier liegt nicht nur ein Zwang zur Selbsthilfe, sondern auch eine Chance für regionale Kooperation, die Europa mehr als bisher im wohlverstandenen Eigeninteresse fördern sollte. Die imperialistische Maxime des Teilens und Herrschens ist kontraproduktiv. Afrika leidet nachhaltig unter dieser kolonialistischen Hypothek.

Der Versuch von Entwicklungspolitikern, ihren in das interessenpolitische Abseits geratenen Politikbereich als "präventive Sicherheitspolitik" aufzuwerten, ist überzeugend, weil den "neuen Bedrohungen" nicht mit militärischen Mitteln, sondern allenfalls mit einer Verstärkung der Kooperation begegnet werden kann. Dies gilt sowohl für die Kooperation mit den Entwicklungsländern als auch für die Kooperation zwischen den Entwicklungsländern.

Die Weltprobleme, die auch die "Wohlstandsinseln" nicht verschonen, können nur durch eine Intensivierung der internationalen Zusammenarbeit bewältigt werden. Diese Einsicht verbirgt sich auch hinter dem neuen Schlagwort *Global Governance*.[3] Die oben zitierte Analyse der sicherheitspolitischen Risiken, die das *Weißbuch 1994* anstellte, ist zutreffend. Nicht zutreffend ist die Erwartung, daß diesen Risiken mit "Krisenreaktionskräften" begegnet werden kann. Notwendig ist vielmehr eine "präventive Sicherheitspolitik" in Form einer aktiven Friedens- und Entwicklungspolitik, die auch in den Armutsregionen zur Herstellung von *human security* beitragen kann.

Literatur

Ferdowsi, M.A. (1994): Globale Bedrohungspotentiale - eine kritische Bestandsaufnahme; in: Ders., Die Welt der 90er Jahre. Das Ende der Illusionen, Bonn, S. 23-43.

Huntington, S.P. (1993): The Clash of Civilizations?; in: *Foreign Affairs*, vol. 72(3), S. 22-49.

Kappel, R. (1996): Die Europäische Entwicklungspolitik im Wandel (INEF-Report, Nr. 17), Duisburg.

Lübkemeier, E. (1995): Osteuropa und die Entwicklungsländer als sicherheitspolitische Herausforderungen für die Europäische Union; in: *Jorke, W.-U.*, Hrsg. (1995): Sicherheitspolitik an der Schwelle zum 21. Jahrhundert, Hamburg/Berlin/Bonn, S. 239-256.

Matthies, V. (1991): Neues Feindbild Dritte Welt: Verschärft sich der Nord-Süd-Konflikt?; in: *Aus Politik und Zeitgeschichte* B 25-26/1991, S.3-11.

---

[3] Vgl. *Messner/Nuscheler* (1996).

Messner, D./ F. Nuscheler (1996): Global Governance. Herausforderungen an die deutsche Politik an der Schwelle zum 21. Jahrhundert, Policy Paper 2 der *Stiftung Entwicklung und Frieden*, Bonn.

Wöhlcke, M. (1994): Der Aufwuchs globaler Gefährdungen in der "Dritten Welt"; in: Hein, W., Hrsg. (1994): Umbruch in der Weltgesellschaft, S. 125-148.

Eine Mittelmacht unter anderen: Deutschland kann nicht dominieren

Eckhard Lübkemeier

Zweimal in diesem Jahrhundert hat Deutschland versucht, Europas Hegemonialmacht zu werden, und beide Male wurden die USA als außereuropäische Macht gebraucht, um dies zu verhindern. Darin zeigte sich ein Strukturproblem des europäischen Staatensystems bis zum Zweiten Weltkrieg: Deutschland war für seine europäischen Nachbarn zu mächtig geworden.

Der Kalte Krieg beantwortete diese deutsche Frage auf seine Weise: Deutschland wurde geteilt und eingeordnet in zwei feindselige Blöcke mit eindeutigen Führungsmächten. Erleben wir nach dem Zerfall dieser Konstellation eine Rückkehr der Geschichte, weil das vereinte Deutschland erneut zu groß ist für Europa?

Solche Befürchtungen werden mehr oder weniger offen im Inland, vor allem aber im Ausland geäußert. Vor dem Hintergrund der Geschichte sind sie verständlich, dennoch aber unberechtigt.

I.

Das ist offensichtlich der Fall, sobald Europa nicht auf die Europäische Union reduziert wird. Rußland bleibt aufgrund seiner schieren Größe in einer Machtkategorie sui generis, selbst wenn es sein gewaltiges Potential nicht voll mobilisieren kann.

Mit Europa kann deshalb in unserem Zusammenhang nur das übrige Europa gemeint sein, und hier vor allem Staaten wie Frankreich, Großbritannien und Italien, die - gemessen an globalen Maßstäben - als Mittelmächte einzustufen sind. Überragt das vereinte Deutschland diesen Staaten in einem Ausmaß, das anderswo Unterlegenheitskomplexe und bei uns Überlegenheitsgelüste wecken könnte?

Mancher mag eine Antwort verweigern, weil er die Fragestellung am Ende des 20. Jahrhunderts für überholt hält. In der Tat und glücklicherweise leben wir nicht mehr im Europa klassischer nationalstaatlicher Rivalität, die eine strukturelle Ursache in der "Anarchie" hatte: Da die Staaten sich nicht auf den Schutz einer übergeordneten Instanz verlassen konnten, mußten sie Selbstvorsorge betreiben, was sie dann zu der Mißtrauen schürenden Maxime "Sicherheit durch militärische Stärke" verführte. Diese auch als "Sicherheitsdilemma" bezeichnete Konfliktkonstellation ist in der EU durch Demokratie und Integration entschärft worden. Erst recht ist keine Situation absehbar, in der ein Staat nicht etwa aus Unsicherheit über die Absichten anderer, sondern wie ehedem Nazi-Deutschland gezielt und planvoll die Unterwerfung anderer betreiben würde.

Gleichwohl hat sich damit die Frage, ob das vereinte Deutschland nicht zu groß ist für seine europäischen Nachbarn, noch nicht erledigt. So ist die deutsche Vereinigung nachdrücklich nur von den Vereinigten Staaten gefördert worden. Eine Quelle der Vorbehalte anderer war, das größer gewordene Deutschland könne die bilaterale und EU-interne Machtbalance auf Kosten des eigenen Landes verändern.

Dabei dürfte - bewußt oder unbewußt - viel Projektion im Spiel sein: Da in London und Paris stark in traditionellen Kategorien nationalstaatlicher Macht gedacht wird, ist man geneigt, dem vereinten und souveränen Deutschland Ambitionen zu unterstellen, die man selbst vielleicht verspürte, wäre man in Deutschlands Lage. Perzeptionen beeinflussen Politik: Deshalb müssen derartige Verdächtigungen, auch wenn sie aus deutscher Sicht unbegründet erscheinen, ernstgenommen werden.

Das Zeitalter der Nationalstaaten ist eben auch im EU-Europa noch längst nicht vorüber. Ob es jemals eine "Art Vereinigte Staaten von Europa" (*Bundespräsident Herzog*) geben wird, steht in den goldenen EU-Sternen. Auf "Angst vor Deutschland" als Föderator sollte man jedenfalls nicht setzen. Einige könnten sich aus Furcht vor einem deutschen Europa weiterer Integration verweigern; eben darin könnten andere zwar umgekehrt ein Mittel zur Entmachtung Deutschlands sehen, aber allein aus diesem Grund nicht bereit sein, die notwendigen eigenen Souveränitätsverzichte zu erbringen. Beides würde einer Renationalisierung und damit der Versuchung Vorschub leisten, rivalitätsschürende Gegenmacht zum vermeintlich übermächtigen Deutschland zu bilden.

Der Frage, ob das vereinte Deutschland in Europa eine kritische Größe hat, kann also nicht ausgewichen werden. Sie läßt sich auch nicht mit dem Verweis auf beste Absichten umgehen.

Wie Macht wahrgenommen wird, hat zwar durchaus nicht allein mit Fähigkeiten, sondern auch mit unterstellten Absichten zu tun: Wenn amerikanische Nuklearwaffen im Kalten Krieg als Schutz, sowjetische Nuklearwaffen hingegen als Bedrohung empfunden wurden, lag der Unterschied nicht in den Waffen, sondern in den der sowjetischen Führung unterstellten offensiven Absichten.

Vertrauen in das demokratisierte und integrierte Deutschland hat die Vereinigung seiner beiden staatlichen Teile ermöglicht. Das Ende des Kalten Krieges hat aber auch eine neue Lage geschaffen: Deutschland ist größer und voll souverän geworden. Es ist durch Teilung und Frontlage nicht mehr verwundbar.

Das hat objektiv, vielleicht aber noch mehr subjektiv in der Wahrnehmung durch das Ausland zu einem Machtzuwachs Deutschlands geführt. Ist dieser Eindruck gerechtfertigt?

II.

Gängige Indikatoren für die Macht von Staaten sind demographischer, territorialer, wirtschaftlicher und militärischer Art.

Von den 371 Mio. Einwohnern der EU lebten 1995 in Deutschland 22 % (81,5 Mio.), in Frankreich und Großbritannien jeweils 58 Mio. oder knapp 16 %, in Italien gut 15 % (57 Mio.).[1] Von der EU-Gesamtfläche entfallen auf Deutschland 11 %, auf Frankreich fast 17 %, auf Großbritannien 7,5 % und auf Italien 9 %.[2]

---

1 *Süddeutsche Zeitung*, 28.3.1996, S. 21.

2 Berechnet nach *Presse- und Informationsamt der Bundesregierung*, Europa.

Zwei häufig verwandte wirtschaftliche Indikatoren sind die jährlich erzeugten Güter und Dienstleistungen und die Exporte. Im Jahr 1995 betrug Deutschlands Anteil an der EU-Wirtschaftsleistung (Bruttoinlandsprodukt) von insgesamt 12 Bio. DM fast 3,5 Bio. oder 28,6 %. Frankreichs Anteil lag bei 18,4 %, Großbritannien und Italien hatten einen Anteil von jeweils 13 %. [3]Alle vier Länder gehörten 1995 zu den größten Exportnationen: Deutschland mit einem Anteil von 10,1 % am Weltexportvolumen, Frankreich mit 5,7 %, Großbritannien mit 4,8 % und Italien mit 4,7 %.[4]

Im militärischen Bereich fällt zunächst auf, daß Deutschland im Unterschied zu Frankreich und Großbritannien keine Nuklearmacht ist. Die Gesamtstärken der aktiven Streitkräfte betrugen 1994: Deutschland 340 000, Frankreich 409 000, Großbritannien 237 000 und Italien 329 000.[5]

Ein flüchtiger Blick auf diese Indikatoren scheint für die "Übermacht"-These zu sprechen: Im bilateralen Vergleich überragen Deutschlands demographische und ökonomische Ressourcen die seiner größten EU-Partner eindeutig.

Zwei weitere Zahlen stützen diesen ersten Eindruck: Deutschland ist in der EU der größte Nettozahler, es finanziert rund 30 % des EU-Haushalts.[6] Die D-Mark ist mit einem Anteil von fast 15 % die zweitwichtigste Reservewährung, nach dem US-Dollar mit 57 % und weit vor dem britischen Pfund und dem französischen Franc.[7]

Das vereinte Deutschland hat also in Europa eine wirtschaftliche Ausnahmestellung, die durch einen erfolgreichen Aufbau Ostdeutschlands noch stärker werden könnte. Aber lassen sich daraus Dominanzansprüche ableiten?

2000 - Die Europäische Union der fünfzehn Staaten, Bonn 1995, S. 9.

3 *Süddeutsche Zeitung*, 28.3.1997, S. 21.

4 *Frankfurter Allgemeine Zeitung*, 28.3.1996, S. 15.

5 *The International Institute for Strategic Studies*, The Military Balance 1995/96, S. 11.

6 *Süddeutsche Zeitung*, 27.3.1996, S. 11.

7 *The Economist*, 21.10.95, S. 131.

Ein erster Einwand könnte lauten, daß Deutschlands Macht unausgewogen ist. Wirtschaftlich überragt Deutschland selbst die größeren EU-Länder, militärisch aber nicht. Deutschland hat nicht die Absicht, dies zu ändern, und es wäre dazu auch gar nicht in der Lage, weil es damit eine überlegene Gegen-Koalition provozieren würde. Zudem ist die Situation heute umgekehrt: Deutschland muß sich zuweilen nicht zu viel, sondern zu wenig militärisches Engagement jenseits von NATO-Verpflichtungen vorhalten lassen.

Selbst wenn seine diesbezügliche Bereitschaft und Fähigkeit größer werden sollten, bleibt jedoch die generelle Frage nach der Bedeutung militärischer Macht in der Welt nach dem Kalten Krieg. Die Hoffnung auf "ein neues Zeitalter der Demokratie, des Friedens und der Einheit" (Pariser Gipfeltreffen der KSZE-Staaten im November 1990) hat sich zwar rasch verflüchtigt, ein "Ende der Geschichte" militärischer Abschreckung und Einsätze ist nicht erkennbar. Dennoch: Deutschland und seine westlichen Partner haben eine militärische Bedrohung, wie sie von der verblichenen Sowjetunion ausging, nicht zu fürchten. Und gerade der Niedergang des Kommunismus hat offenbart, daß militärische Stärke auf die Dauer kein Ersatz für wirtschaftliche Schwäche sein kann.

Macht und Militär sind also nach wie vor untrennbar, aber im Vergleich zu militärischen Fähigkeiten sind ökonomisch-technologische Ressourcen wichtiger geworden. Diese Entwicklung begünstigt zwar das vereinte Deutschland, eine Überlegenheit verleiht sie ihm jedoch gerade nicht.

III.

Eine solche Dominanz setzt eine soziale Beziehung voraus, in der entweder nur ein Akteur vom anderen abhängig ist (absolute Dominanz) oder eine asymmetrische Interdependenz vorliegt, weil ein Akteur ungleich abhängiger vom anderen ist (relative Dominanz).

Die erste Möglichkeit entspricht einer kolonialen Konstellation: Das absolut dominante Land hat unbeschränkten Zugriff auf die Ressourcen seiner "Kolonie" oder es kann die Verbindung jederzeit abbrechen, weil es die Ressourcen anderswo ohne nennenswerte Mehrkosten beziehen kann.

Sie scheidet im Verhältnis Deutschlands zu seinen europäischen Nachbarn offensichtlich aus.

Eine relative Dominanz oder wechselseitige, aber ungleiche Abhängigkeit bedeutet, daß derjenige im Vorteil ist, dem eine Unterbrechung oder eine massive Störung der Beziehung erheblich weniger schaden würde. Eine solche asymmetrische Interdependenz besteht zum Beispiel zwischen Deutschland und den USA: Beide Länder sind aufeinander angewiesen, aber die USA verfügen über ein ungleich größereres Machtpotential, das zu höheren Konfliktkosten für die Bundesrepublik führt.

Zwischen Deutschland und seinen EU-Partnern Frankreich, Großbritannien und Italien besteht keine vergleichbare Asymmetrie. Deutschland ist innerhalb der Europäischen Union zwar das wirtschaftlich stärkste Land, aber diese Stärke ist verwundbar: Sie hängt in hohem Maße davon ab, daß auch unsere EU-Partner, und allen voran die großen Länder wie Frankreich, Großbritannien und Italien, wirtschaftlich gesund und damit stark sind.

Deutschland ist ein außerordentlich exportabhängiges Land: Jede dritte Mark wird im Außenhandel verdient.[8] In den EU-Binnenmarkt gehen knapp 60 % der deutschen Exporte und über 60 % der deutschen Auslandsinvestitionen.[9] Allein Frankreich nimmt 12 % unserer Exporte ab und liefert 11 % unserer Importe. Konsequenterweise hat sich der Deutsche Industrie- und Handelstag im Juli 1995 gegen eine Boykott französischer Waren als Protest gegen die französischen Atomversuche ausgesprochen. [10]

Gewiß gilt umgekehrt ebenso, daß auch Frankreich, Großbritannien und Italien auf den deutschen Markt angewiesen sind. Aber das führt zu keiner Asymmetrie, die Deutschland eine Dominanz verschaffen könnte. Als "Handelsstaat" braucht Deutschland prosperierende Partner, und die findet es zuallererst in der Europäischen Union.

---

8 Bundesminister *Kinkel*, in: Auswärtiges Amt, Mitteilung für die Presse Nr. 1007/96, 15.1.1996, S. 3.

9 Bundesminister *Kinkel*, Bulletin, 21.3.1996, S. 250.

10 *Frankfurter Allgemeine Zeitung*, 21.7.1995, S. 1.

An dieser europäischen Basis deutscher Stärke wird auch die vielbeschworene Globalisierung der Märkte nichts Grundlegendes ändern. Deutschland muß als Exporteur und Investor vor allem in den Wachstumszentren Asien stärker Fuß fassen, was den EU-Anteil seines Handels und seiner Investitionen verringern könnte. Andererseits dürfte im Zuge der Globalisierung die Bedeutung des EU-Binnemarktes weiter wachsen, ist er doch ein Trumpf in der weltweiten Konkurrenz um mobile Produktionsfaktoren. Mit anderen Worten: Deutschlands Standortattraktivität hängt gerade davon aus, daß es durch Partnerschaft in Europa offene Grenzen sicherstellt.

IV.

Diese Überlegung wirft die grundsätzliche Frage nach dem Zusammenhang von wirtschaftlicher Stärke und politischer Macht auf. Von allen Machtressourcen sind wirtschaftlich-technologische Fähigkeiten am wichtigsten. Ein Land wie China kann demographisch und territorial ein Riese sein, sein wahres Machtpotential kann es erst durch wirtschaftliche Entwicklung erschließen. Die Sowjetunion hat zum Einsturz gebracht, daß sie eine militärische Supermacht auf tönernen wirtschaftlichen Füßen war.

China und Rußland als Nachfolger der Sowjetunion demonstrieren aber zugleich die politische Ambivalenz wirtschaftlicher Dynamik unter den Bedingungen der Globalisierung. Chinas rasantes Wachstum geht auch auf seine Exportoffensive und die Öffnung des Landes für ausländische Produkte und Investoren zurück. In Rußland vollzieht sich diese weltwirtschaftliche Integration langsamer, aber entziehen kann sich das Land ihr nur um den Preis verpaßter Wachstumschancen.

Politisch ambivalent ist diese Integration deshalb, weil sie einerseits ökonomisch-technologischen Fortschritt bringt und damit die nationale Machtbasis kräftigt. Andererseits jedoch schränkt wirtschaftliche Verflechtung nationale Handlungsfreiheit auch wieder ein, weil sie abhängig macht von ausländischen Akteuren staatlicher und privater Art, die Marktzugang, Kredite, Kapital und Know-how bieten.

Selbst China und Rußland können sich dieser Ambivalenz nicht vollständig entziehen. Ihr wirtschaftliches Nutzen- und politisch-militärisches Schadenpotential sichert ihnen jedoch nach wie vor ein relativ hohes Maß an Autonomie, wie zum Beispiel Chinas Einschüchterungsversuche gegenüber Taiwan oder die Entkoppelung von Menschenrechten und Wirtschaftsinteressen in der amerikanischen China-Politik zeigen.

Chinesische und russische Größenordnungen erreicht Deutschland allerdings bei weitem nicht. Um so mehr spürt das Exportland Deutschland, daß wirtschaftliche Verflechtung politische Macht einschränkt. Es gibt keine "deutsche Wirtschaft", die die politische Führung für deutsche Dominanzansprüche einspannen könnte. Die demokratische Legitimation und damit auch die Macht dieser Führung hängt am Zustand der "Wirtschaft in Deutschland" und nicht an der "deutschen Wirtschaft": erfolgreiches Wirtschaften in Deutschland heißt exportieren können und standortattraktiv sein, und zwar für deutsche und ausländische Investoren.

Damit soll Deutschland nicht politisch kleiner gemacht werden, als es ist. Soweit sich Macht überhaupt messen läßt, ist das vereinte Deutschland das mächtigste Land in der Europäischen Union. Das bedeutet jedoch kein "Vorwärts in die Vergangenheit": Deutschland ist nicht wieder, wie manchmal unter Hinweis auf die erste Hälfte dieses Jahrhunderts geraunt wird, "zu groß für Europa, aber zu klein für die Welt".

Der Grund, warum Deutschland nicht dominieren kann, ist einfach: Die Europäische Union macht Deutschland stark; jeder Versuch jedoch, die Europäische Union dominieren zu wollen, würde sie ruinieren und damit Deutschlands Machtbasis unterminieren.

V.

Das wirkliche Problem ist nicht die Stärke Deutschlands, sondern die Schwäche der Europäischen Union. Die fixe Idee von Deutschlands vermeintlicher Übergröße ist das Relikt einer spätestens mit dem Zweiten Weltkrieg untergegangenen Epoche, in der hochgerüstete europäische Nationalstaaten Weltmachtgröße erstrebten.

Diese Welt ist dahin: Mit Ausnahme Rußlands kann kein europäischer Staat mehr Weltmacht sein, die Souveränität der Nationalstaaten wird durch gegenseitige Verflechtung und transnationale Akteure (seien es Unternehmen, Interessenverbünde oder das Internet) ausgehöhlt, und noch nicht einmal die Atombombe garantiert mehr Großmachtstatus.
Vor diesem Hintergrund ist nicht die Kontrolle Deutschlands das europäische Problem des 21. Jahrhunderts, sondern EU-Europas Kontrolle über sein Schicksal. Das erfordert vertiefte Integration einschließlich des politischen Projekts der Währungsunion. Dabei braucht niemand Angst vor einem "deutschen Europa" zu haben, weil nur eine *europäische* Identität, die nationale Identitäten nicht ablöst, aber überlagert, diesen Prozeß tragen kann.

Diese europäische Identität stellt sich allerdings nicht von selbst ein, sondern ihr Entstehen muß gewollt und gefördert werden. "Angst vor Deutschland" sollte dem weder im Wege stehen noch kann sie als Katalysator dienen. Da sie unbegründet ist, ist sie kein wirkliches, sondern ein eingebildetes oder vorgeschobenes Hindernis; aus demselben Grund kann sie aber auch nicht ein verläßlicher Schrittmacher sein. Ein populäres und konsensfähiges Leitbild der EU-Integration wird also nach wie vor gesucht.

Kooperation und Integration: Die neuen Aufgaben der Bundeswehr[1]

Hartmut Bagger

1. Sicherheitspolitischer und militärstrategischer Rahmen

Sechs Jahre nach den umwälzenden Ereignissen in Europa müssen wir konstatieren, daß die Zeitenwende neben unübersehbaren Errungenschaften auch unvorstellbares Leid und schier unlösbare Probleme mit sich gebracht hat.

Wir leben mit neuen sicherheitspolitschen Herausforderungen und Risiken, die sich grundlegend von denen der Vergangenheit unterscheiden. Während des Kalten Krieges gab es nur eine große und existentielle Bedrohung: Die Gefahr eines massiven sowjetischen Angriffs, geführt mit nuklearen und überlegenen konventionellen Waffen. Die Front war identisch mit der Linie, die Deutschland und Europa spaltete. Jeder Konflikt, auch an der Peripherie, drohte zu einer Katastrophe zu werden. Die Möglichkeit eines Angriffs der Sowjetunion und des Warschauer Pakts auf Westeuropa bestimmte fast fünfundvierzig Jahre lang das sicherheitspolitische und militärstrategische Denken in der Bundesrepublik Deutschland und im Bündnis.

Heute ist unsere Lage eine völlig andere. In Europas Mitte liegt nicht länger die Trennlinie zwischen Ost und West. Niemand bedroht uns mehr unmittelbar und existentiell. Die Risiken liegen heute eher an den Flanken des Bündnisses, insbesondere im Süden und den angrenzenden Regionen. Politische Instabilitäten, wirtschaftlich, kulturell, religiös und ethnisch bedingte Konflikte in diesen Regionen haben aber immer auch

---

[1] Rede von *General Bagger* mit dem Titel „*Neue Aufgaben der Bundeswehr*" vor dem *Seminar für Sicherheitspolitik* am 16. April 1996 in Maria Laach.

mittelbare Auswirkungen auf die Sicherheit Gesamteuropas und damit auch Deutschlands.

Allein die verbreitete Verfügbarkeit weitreichender Trägermittel mit hoher Präzision läßt eine Regionalisierung von Konflikten zukünftig immer unwahrscheinlicher werden. Proliferation ist bereits heute eine der ernstzunehmendsten Bedrohung der internationalen Staatenwelt. Staaten an der Peripherie Europas sind bemüht, Massenvernichtungswaffen und Trägertechnologie selbst zu entwickeln oder sich durch kostengünstigen Erwerb anzueignen. Nich zuletzt der sich ausweitende Welthandel - zum Teil mit sogenannten "*Dual-Use-Gütern*", die zum zivilen und militärischen Gebrauch gleichermaßen geeignet sind - führt zu einer weiteren Verbreitung von Technologien, die der Entwicklung von Massenvernichtungswaffen und Trägermitteln dienen. Die Proliferationsproblematik macht deutlich, daß Technologieentwicklung und -transfer in besonderer Weise zukünftige Risiken und damit auch die zukünftige Rolle und Struktur von Streitkräften bestimmen werden.

Die Möglichkeit terrorähnlicher Angriffe auf die hochkomplexen Nervenzentren unserer modernen Industriestaaten wird die Lage noch verschärfen. Die rasante Zunahme weltweiter Informations- und Kommunikationsnetze und die Abhängigkeit entwickelter Gesellschaften und ihrer Streitkräfte von der ungestörten Funktionsfähigkeit dieser Verbindungen wird künftig deren Verwundbarkeit beträchtlich erhöhen. Dies beginnt bei erpresserischer Einflußnahme auf die politischen Entscheidungsgänge und führt über den Einsatz elektronischer und militärischer Mittel in abgestufter Eskalation von partieller Lähmung des öffentlichen Lebens bis hin zum Einsatz von Massenvernichtungswaffen.

Wir werden immer mehr von Entwicklungen bestimmt, die ihren Ursprung nicht in Europa haben. Wie immer Europa sich künftig gestaltet, seine Zukunft wird in einem hohen Maße durch Einflüsse bestimmt werden, die sich außerhalb unserer Grenzen entwickeln. Zu den für Europa relevanten Einflußgrößen zähle ich zunächst ungelöste territoriale und ethno-soziale Probleme, die rasch eskalierend zum Ausbruck kommen und Gewalt freisetzen können.

Extremismus und Radikalismus beeinträchtigen nicht nur die innere Stabilität der betroffenen Staaten, sondern wirken sich grenzüberschreitend destabilisierend aus. Die Verknappung von Ressourcen und damit einhergehend die Gefährdung der Existenzgrundlagen, eine Verschärfung des Gefälles zwischen armen und reichen Ländern führen zu unvorhersehbaren Wanderungsbewegungen mit unkalkulierbaren Auswirkungen auf die Stabilität ganzer Regionen. Hinzu kommt die wachsende Konkurrenz zu wirtschaftlich und militärisch aufstrebenden Nationen in entfernten Regionen dieser Welt, die mit ganz anderem ethnisch-moralischen Hintergrund in der Weltpolitik agieren könnten als die westlichen Industrienationen.

Zusammenfassend läßt sich feststellen, daß eine unmittelbare Bedrohung unserer Sicherheit zur Zeit nicht vorliegt. Es gibt jedoch Risiken unterschiedlicher Intensität, die sich auf die Sicherheit unserer Länder auswirken werden. Den wenigsten davon können wir allerdings ausschließlich militärisch begegnen.

Es ist eine interdependente, multipolare Welt, die wir beurteilen müssen, in einer Zeit, die sich durch große Gestaltungsmöglichkeiten auszeichnet, aber nur begrenzt Prognosen zuläßt. Um so wichtiger ist, daß den geschilderten Risiken die Sicherheitsinstrumente auf unserer Seite gewachsen sind.

Das Koordinatensystem, in dem wir auch im 21. Jahrhundert die Sicherheit Europas gewährleisten wollen, ist klar: Die NATO bleibt der Eckpfeiler unserer Sicherheit.Wir wollen die Europäische Union erweitern und den Grad der Integration vertiefen. Die OSZE ist ein unverzichtbares Instrument für dic Gestaltung kooperativer Sicherheitsstrukturen in Europa und die Vereinten Nationen werden uns vermehrt in die Pflicht nehmen wollen.

Die NATO ist zur Zeit die einzige, durch militärische und politische Strukturen abgesicherte, international handlungsfähige Verteidigungsorganisation. Allein sie ist absehbar in der Lage, auch im Auftrag der Weltgemeinschaft Ordnungsaufgaben mit größerem militärischen Umfang zu bewältigen. Der IFOR-Einsatz im ehemaligen Jugoslawien ist dafür ein eindrucksvoller Beleg. Wenn die NATO bis heute für ihre Mitglieder derart attraktiv ist, daß die Staaten Mittelost- und Südosteuropas nach Mitgliedschaft drängen, so liegt dies in erster Linie in den gemeinsamen Sicherheitsinteressen begründet. Sie allein garantieren die Funktion dieser

Organisation, die auf dem Kompromiß zwischen nationalstaatlichen Zielen seiner Mitglieder aufbaut und ihre Handlungsfähigkeit immer wieder über politische Konsensbildung unter Beweis stellt.

Der regionale Ansatz, der auf Europa und auf das Bündnisgebiet der Allianz beschränkt war, genügt aber nicht mehr. Das Bündnis muß über kollektive Verteidigung hinaus zur Krisenbewältigung befähigt werden, und dies nicht auf der Basis aufwendiger ad hoc-Strukturen. Andererseits darf keine Duplizierung von Strukturen entstehen; kein Land hätte dafür die erforderlichen Ressourcen, abgesehen von der Gefahr das transatlantische Bündnis zu sprengen.

Der erfolgreiche Abschluß des gegenwärtigen Anpassungsprozesses der NATO hängt wesentlich davon ab, wann und in welchem Umfang die bislang noch fehlenden politischen Vorgaben in der Frage der NATO-Öffnung und der Umsetzung des "*Combined Joint Task Force*"-Konzepts bereitgestellt werden können. Dieses Konzept unterstützt die sich entwickelnde europäische Sicherheits- und Verteidigungsidentität, indem es der WEU *"von der bestehenden NATO-Kommandostruktur zeitweise getrennte, aber nicht ständig separat existente"* Mittel und Fähigkeiten zur Verfügung stellt und damit die kostentreibende Duplizierung von Strukturen vermeidet.

Die WEU wächst damit in die Rolle eines Instrumentes, in dem sich eine europäische Sicherheits- und Verteidigungsidentität manifestiert. Eigenständiges militärisches Handeln in strategischer Größenordnung liegt allerdings außerhalb der Möglichkeiten der Europäer. Es ist auch nicht in ihrem vorrangigen Interesse, obwohl die französische Regierung dies z.Z. noch anders beurteilen mag. Das Handlungsspektrum wird beschränkt bleiben auf die sogenannten Petersberg-Aufgaben, also humanitäre Aufgaben und Rettungseinsätze, friedenserhaltende Aufgaben sowie Kampfeinsätze bei der Krisenbewältigung einschließlich der Maßnahmen zur Wiederherstellung des Friedens. Wir wollen eine WEU in Transparenz und Komplementarität zur NATO. Wir benötigen eine handlungsfähige WEU und eine europäische Verteidigungspolitik, die mit der Politik der Allianz harmonisiert ist.

Sowohl mit der gemeinsamen NATO/WEU-Operation "*Sharp Guard*" zur Embargo-Kontrolle in der Adria als auch mit der Weiterentwicklung der operationellen Fähigkeiten insbesondere für humanitäre Operationen erfüllt die WEU schon heute wichtige Koordinierungsfunktionen bei der Bereitstellung europäischer Fähigkeiten und kann dadurch die europäische Identität in der NATO und damit das Bündnis insgesamt verstärken. Die Handlungsfähigkeit der OSZE ist zur Zeit eher eingeschränkt. Sie bietet heute aber schon ein gutes Forum zur Diskussion und Konsultation über europäische Sicherheitsfragen. Sie besitzt das Potential, mittel- bis langfristig aktiv zur Konfliktvorbeugung, zur Krisenbewältigung und auch zur Stützung von friedenserhaltenden Maßnahmen beizutragen. Mit den Vereinbarungen zur regionalen Stabilisierung im Rahmen des Friedensabkommens von Dayton ergibt sich für die OSZE eine neue Herausforderung. Sie hat die Verantwortung für den Aufbau demokratischer Strukturen, für die Einhaltung der Menschenrechte und für das Rüstungskontrollregime im ehemaligen Jugoslawien übernommen. Damit leistet die OSZE einen wichtigen Beitrag zur dauerhaften Stabilisierung und Vertrauensbildung, der neben dem wirtschaftlichen und politischen Teil des Wiederaufbaus auch ein Wegweiser für die ehemaligen Konfliktparteien zurück in die europäische Wertegemeinschaft sein kann. Für die OSZE wird die Erfüllung dieser Aufgaben zu einem Testfall für ihre Handlungsfähigkeit sowie für ihre künftige Rolle und Bedeutung im Rahmen der europäischen Sicherheit.

Der beschriebene Rahmen schließt zwei Grundüberlegungen mit ein, die für unsere Sicherheit unerläßlich sind. Wir brauchen auch in Zukunft die USA als Stabilitätsfaktor in Europa, weil es ohne die amerikanischen strategischen Fähigkeiten keine strategische Balance in und für Europa geben kann, und wir können auf die Kooperation Rußlands bei der Gestaltung der europäischen Prozesse nicht verzichten, wenn wir Krisen, Konflikte und Konfrontation von Europa fernhalten wollen. Diese beiden Grundpfeiler deutscher und europäischer Sicherheit werden bei den vielfältigen Anpassungsprozessen an die künftigen Herausforderungen unser sicherheitspolitisches Handeln tragen müssen.

Nunmehr möchte ich vor dem Hintergrund der bisher dargestellten sicherheitspolitischen und militärstrategischen Veränderung in Europa einige Schlußfolgerungen ziehen, die sich auf das zukünftige Verständnis von Sicherheit, den Einsatz von Streitkräften und damit auf die neuen Aufgaben der Bundeswehr beziehen.

Zukünftig gilt es vermehrt, Krisen schon am Ort ihres Entstehens und vor ihrer Eskalation zu einem akuten Konflikt mit einer vorbeugenden Politik aufzufangen. Sicherheitsvorsorge muß als erweiterte Schutz-funktion verstanden werden. Krisenbewältigung und Konfliktverhütung in einem erweiterten geographischen Umfeld unter einem völkerrechtlich legitimierten Mandat werden zukünftig immer häufiger einen sichtbaren Teil unserer Sicherheitsvorsorge darstellen.

Die neuen Herausforderungen können von keinem Land allein bewältigt werden. Kooperative und kollektive Ansätze sind gefordert. Die Instrumente der Konfliktverhütung und Krisenbewältigung sind so auszubauen, daß Krisen künftig schon unterhalb der Ebene von Krieg und Gewalt rechtzeitig begegnet werden kann.

Im Rahmen einer ursachenorientierten Politik zur Krisen- und Konfliktlösung kann auch der Einsatz militärischer Mittel erforderlich werden, um Gewalt oder Krieg zu verhindern, einzugrenzen oder zu beenden. Die ursprüngliche Funktion der Landes- und Bündnisverteidigung wird heute ergänzt durch eine Bandbreite neuer Aufgaben. Die Streitkräfte werden multifunktional, und sie werden nicht mehr ausschließlich für die Verteidigung des eigenen Staatsgebietes genutzt.

Die den Einsatz von konventionellen Streitkräften nahezu ausschließende Bedrohung des nuklearen Schlagabtausches ist aufgehoben. Gefordert ist neue strategische Aktion bis hin zur Prävention, um das politische Ziel der Konfliktverhinderung durch flexible Nutzung des gesamten Spektrums politischer, wirtschaftlicher und als *ultimo ratio* auch militärischer Mittel zu erreichen. *Richard Holbrooke* schrieb in der F.A.Z.:

"Ich bin der festen Überzeugung, daß engagierte, präventive Diplomatie der beste Ansatz nicht nur für Bosnien ist, sondern für ein Dutzend, vielleicht sogar Hunderte großer und kleiner Probleme, die mit dem Ende des Kalten Krieges wieder aufgetreten sind."

Ein gutes Beispiel für solche politische Prävention ist auch die vorbeugende Stationierung von Friedenstruppen in Krisengebieten, wie sie in Mazedonien zum ersten Male erfolgreich angewandt wird.

Schließlich wird der Einsatz von Streitkräften in der Zukunft zunehmend durch ein Handeln in Koalitionen geprägt sein. Das gilt für Deutschland mit seiner klaren politischen Zielsetzung des Verzichts auf Alleingänge, aber auch für alle anderen Staaten, selbst für die USA.

2. Folgerungen für die Bundeswehr

2.1 Auftrag im Wandel

Wie im ehemaligen Jugoslawien ist der Einsatz militärischer Mittel zur Konfliktbeendigung und zur Durchsetzung elementarer humanitärer Pflichten in bestimmten Situationen oft die zunächst einzige Handlungsmöglichkeit. Durchsetzungsfähige und schlagkräftige Streitkräfte sind dafür heute und in Zukunft unabdingbar. Sie schaffen den Rahmen, in dem sich Politik gestaltend und bewahrend den Herausforderungen der Zukunft stellen kann.

Wie uns die Implemenierung des Abkommens von Dayton auch zeigt, ist es gerade der militärische Anteil an den Gesamtmaßnahmen, der schnell und wirksam greift. Die Umsetzung der zivilen Komponente benötigt aufgrund der Vielschichtigkeit der Aufgaben bei gleichzeitig nur in Ansätzen vorhandenen Organisationsstrukturen einfach mehr Zeit.

Der Einsatz im Rahmen der Internationalen Friedenstruppe (IFOR) kann damit zukunftsweisende Bedeutung für den Einsatz von Streitkräften erhalten. Die Leistung humanitärer Hilfe gehört dabei ohne Zweifel zu den Aufgaben, die auch durch Streitkräfte zu erfüllen sind. Sie müssen aber auch in der Lage sein, den ihnen Anvertrauten eine Sicherheitsgarantie zu geben und diese notfalls mit Waffengewalt einzulösen. Darüber hinaus müssen sie auf der Grundlage eine dazu erteilten Völkerrechtsmandats glaubhaft befähigt sein, Aggressoren von der Anwendung von Gewalt abzuhalten oder sie durch Anwendung von Gegengewalt notfalls in die Schranken zu verweisen.

Mit dem Verfassungsgerichtsurteil vom 12. Juli 1994 können wir grundsätzlich an militärischen Maßnahmen der Krisen- und Konfliktbewältigung im Rahmen der Staatengemeinschaft teilnehmen. Jeder deutsche Beitrag zur Sicherung des Friedens ist jedoch vor dem Hintergrund deutscher Wertvorstellungen und Interessen sowie mit Blick auf die politischen Zielsetzungen, Risiken und möglichen Folgen gewissenhaft zu prüfen und zu entscheiden. Unsere Hauptverantwortung liegt dabei zweifelsohne in Europa. Unsere Bereitschaft, für den Frieden im ehemaligen Jugoslawien einzutreten, ist deshalb keinesfalls der Einstieg in eine undifferenzierte Beteiligung an jedweder Friedensmission. Sie erwächst aber aus der Erkenntnis, daß ohne stabile Verhältnisse diese Region keine tragfähigen politischen Lösungen finden wird.

Der Kernauftrag der deutschen Streitkräfte lag bisher in der Landesverteidigung. Dies wird auch künftig so bleiben, denn es ist die Schutzverpflichtung des Staates gegenüber seinen Bürgern, die die Bundeswehr legitimiert. Moderne und motivierte Streitkräfte sorgen dafür, daß uns keine Gewaltlösungen von fremder Seite aufgezwungen werden können. Als zuverlässiges Mittel der Politik dienen sie dem Schutz unserer freiheitlich demokratischen Grundordnung und dem Schutz des Territoriums der Bundesrepublik Deutschland. Militärische Konflikte, die Deutschlands Existenz gefährden könnten, sind unbestritten unwahrscheinlicher geworden, vor allem solange sich Deutschland gemeinsam mit seinen Verbündeten die Fähigkeit zu seinem Schutz bewahrt. Hierin liegt auch künftig die Bedeutung der Nordatlantischen Allianz.

Die Fähigkeit zur kollektiven Verteidigung bleibt auch unter veränderten sicherheitspolitischen Rahmenbedingungen das Fundament unserer Sicherheit. Deutsche Sicherheitspolitik ist und bleibt Bündnispolitik. Die politische Großwetterlage kann sich ändern, - und zwar schnell, wie wir gesehen haben - darauf müssen die Streitkräfte als Instrument der Sicherheitspolitik eingestellt sein.

Zur Zeit der Ost-West-Konfrontation war ein Einsatz der Bundeswehr außerhalb Mitteleuropas eher unwahrscheinlich. Heute gehört ein Einsatz der Bundeswehr an den Flanken des Bündnisses zu den denkbaren Optionen.

Die NATO kann sich nicht mehr auf kollektive Verteidigung allein beschränken. Das vielfältige Konflikt- und Krisenpotential der nahen Zukunft ist die neue Herausforderung für die Allianz. Sie allein ist derzeit in der Lage, für großangelegte Maßnahmen zur Krisenbewältigung unter dem Mandat der Vereinten Nationen oder der OSZE die Mittel und die entsprechende Führungsstruktur verfügbar zu machen. Der Einsatz im ehemaligen Jugoslawien hat dies eindrucksvoll bestätigt.

Einsätze unter dem Mandat der Vereinten Nationen bedeuten auch Neuland für uns. Kritische Fragen stellen sich insbesondere bei friedenserhaltenden Maßnahmen. Dieses neue Aufgabenprofil wird unseren Armeen noch viel abverlangen. Ist es doch eine Sache, für militärische Kampfaufträge auszubilden, wie wir dies in der Vergangenheit getan haben, und eine völlig andere, Streitkräfte auf die Friedensvermittlung und - sicherung in fremden Ländern und Kulturen vorzubereiten.

Auch wenn ich der Auffassung bin, daß eine Ausbildung für den Krieg die beste Grundlage für die Krise ist, sehe ich doch das Erfordernis, daß wir Soldaten uns innerlich auch auf qualitativ neue Herausforderungen einzustellen haben:

- gilt im Krieg der Grundsatz, an entscheidender Stelle größtmögliche Überlegenheit zu erzielen und den Gegner zu schlagen, wäre dies im Bereich der Krisenbewältigung zumeist kontraproduktiv, - ist hier eher zu "de-eskalieren" und als "Berater" aufzutreten;

- standen wir früher als NATO-Partner Seite an Seite gegen einen gemeinsamen Gegner, ist heute in der Krisenbewältigung die Lage ungleich komplexer. Einsatzräume in und Verbündete aus den verschiedensten Kulturen oder unterschiedliche nationale Interessen verlangen ein grundlegend anderes Konzept;

- Gegnerschaft weicht Unparteilichkeit, Abschreckung der Vertrauensbildung und Überraschung der Transparenz.

Damit ergibt sich heute für die Bundeswehr ein anderes Anforderungsprofil als früher; es ist breiter, vielfältiger und abgestufter als unter den Bedingungen der eindimensionalen Bedrohung in der Zeit der Ost-West-Konfrontation. Unsere Streitkräfte werden jedoch konsequent darauf ausgerichtet, auch in Zukunft einen gezielten und wirksamen Beitrag zur Friedenswahrung, Friedenswiederherstellung und Sicherung eines lebenswerten Daseins der Menschen unserer Völkergemeinschaft zu leisten.

2.2 Personal

Die kostbarsten Ressourcen sind unsere Soldaten und zivilen Mitarbeiter. Sie - und nicht Maschinen, Waffensysteme, Strukturen oder Software - sind es schließlich, die anpassungsfähig, kreativ und erfolgreich Herausforderungen annehmen können. Lassen Sie mich aus der Gesamtthematik "Personal" den Aspekt herausgreifen, der von besonderer Beudeutung für unsere Planungen ist und der in letzter Zeit im Zusammenhang mit der Reorganisation der Streitkräfte einiger Verbündeter in der aktuellen Diskussion steht und großes Medieninteresse findet: die allgemeine Wehrpflicht.

Ohne wehrpflichtige Soldaten kann die Bundeswehr weder ihre derzeitigen noch ihre künftigen Aufgaben erfüllen, denn sicherheitspolitisch bleibt die Landes- und Bündnisvereinigung ihr Kernauftrag. Nur die allgemeine Wehrpflicht sichert den hierzu erforderlichen Verteidigungsumfang und schafft die erforderliche Flexibilität. Mit der Aufwuchsfähigkeit auf eine Verteidigungsstärke von fast 700.000 Soldaten stellen wir die Hauptkräfte für die Verteidigung Zentraleuropas. Wie *Bundesminister Rühe* im Zusammenhang mit der Debatte um die französischen Absichten zur Schaffung einer Berufsarmee kürzlich ausführte, ist Frankreich nur im Schatten dieses - unseres - konventionellen Kräftedispositivs in der Lage, sich auf andere Aufgaben vorzubereiten und Streitkräfte in Richtung Interventionsarmee zu entwickeln. Die Wehrpflicht ist auch heute das gesellschaftspolitische Signal, daß der Schutz von Frieden und Freiheit Aufgabe aller Staatsbürger ist. Intern sichert sie uns langfristig die Deckung unseres personellen Bedarfs an qualifizierten Unteroffizieren und Offizieren. Und die allgemeine Wehrpflicht sichert uns auch das Interesse von Politik und Gesellschaft an unserer Bundeswehr. So sagte die Wehrbeauftragte des Deutschen Bundestages nach ihrem Besuch beim deutschen IFOR-Kontigent in Jugoslawien:

"Wehrpflicht ist immer zu sehen im Zusammenhang mit unseren Grundsätzen der Inneren Führung, mit unserem Verständnis vom Umgang miteinander. Wenn man erlebt, welchen Umgang zum Teil andere Armeen pflegen, bietet das alleine schon für mich ausreichende Gründe, an der Wehrpflichtarmee in Deutschland festzuhalten".

Wir müssen alles unternehmen, um dem Dienst in der Bundeswehr den Stellenwert zu geben, der ihm von der Verfassung her zusteht. Handlungsbedarf besteht dabei auf folgenden Feldern:

- Begründung der anhaltenden Notwendigkeit der Wehrpflicht gegenüber den Bürgern, um die hohe Zustimmung zu erhalten,
- Garantie ihrer gerechten Durchführung,
- attraktive Gestaltung des Grundwehrdienstes und
- Erhöhung der sozialen und finanziellen Attraktivität.

Die Wehrpflicht ist seit Bestehen der Bundeswehr wesentlicher Bestandteil unserer sicherheitspolitischen Identität. Mit Einführung des freiwilligen zusätzlichen Wehrdienstes und der Verkürzung der Dauer des Grundwehrdienstes haben wir die Strukturen den politischen Veränderungen angepaßt. Mit dem Wehrrechtsänderungsgesetz wurden aber auch bereits wesentliche materielle Maßnahmen ergriffen. Weitere Maßnahmen sind mit der "*Leitlinie zur Verbesserung der Rahmenbedingungen und Steigerung der Attraktivität des Wehrdienstes*" eingeleitet; Bundesminister *Rühe* hat die Maßnahmen in einer Pressekonferenz Anfang März vorgestellt. Sie beruhen auf der klaren Erkenntnis, daß wir es künftig nicht mehr als gegeben hinnehmen dürfen, daß Grundwehrdienstleistende ganz selbstverständlich zu uns kommen. Wir werden uns auch um sie stärker als bisher werben müssen.

3. Künftige Entwicklung der Bundeswehr

Wir haben aus den beschriebenen Entwicklungen Folgerungen für die künftige Struktur der Bundeswehr gezogen. Die Bundeswehr wird künftig über mobilmachungsabhängige Kräfte verfügen, die Hauptverteidigungskräfte, die allein durch ihre Fähigkeit zur Landesverteidigung Angreifer abhalten sowie über rasch verfügbare Kräfte, die Krisenreaktionskräfte, die der Politik Instrumente an die Hand geben, Krisen fern zu halten und Konflikte zu verhindern.

Die Krisenreaktionskräfte sind das eigentlich neue Element. Wir wollen damit nicht wie Frankreich weltweit "Power Projection" entfalten, sondern wir schaffen uns mit ihnen die Möglichkeit, am bündnisweiten Krisenmanagement angemessen mitzuwirken und für internationale Friedensmissionen begrenzte Kontingente bereitzuhalten.

In erster Linie jedoch sind sie unser Mittel der ersten Stunde. Sie sind bereits im Frieden voll präsent, einsatzbereit und können wenige Tage nach einer politischen Entscheidung verlegt werden. Ein hohes Maß an Professionalität ermöglicht, sie im gesamten Aufgabenspektrum der Streitkräfte einzusetzen. Krisenreaktionskräfte sind deshalb - und das wird oft vergessen - die Kräfte zur Landesverteidigung, die Mobilmachung und Aufmarsch der Hauptverteidigungskräfte decken. Sie sind darüber hinaus Deutschlands rasch verfügbarer Beitrag zur Solidarität in NATO und WEU, wenn Krisenlagen dies erfordern.

Wir haben diese Kräfte aus vielerlei Gründen auf rund 53.000 Mann begrenzt, denken aber keineswegs daran sie außerhalb der Landes- und Bündnisverteidigung geschlossen und gleichzeitig einzusetzen.

Aufgabe der Hauptverteidigungskräfte bleibt der Schutz des eigenen Landes oder des Bündnisgebietes. Sie müssen dazu eine gewisse Präsenz haben, um abhaltend zu wirken, aber sie sind mobilmachungsabhängig und müssen erst in einer Spanne von wenigen Monaten nach Mobilmachung voll verteidigungsbereit sein.

Aus dieser Grundlage haben wir eine Planung für die Bundeswehr erarbeitet, deren Einzelheiten bereits vor einem Jahr veröffentlicht und inzwischen im Bundeswehrplan festgeschrieben wurden. Einerseits hat der Gesamtumfang der Streitkräfte von 370.000 auf 340.000 Soldaten abgenommen, im wesentlichen durch Reduzierung des Heeres von 8 auf 7 Divisionen; auf der anderen Seite wurde mittel- bis langfristig dafür Sorge getragen, daß die Bundeswehr modern ausgerüstet bleibt. Wir haben die politische Zusicherung der Verstetigung des Verteidigungshaushalts und damit wird es möglich, durch Reduzierung der Betriebskosten mittelfristig wieder das vernünftige Verhältnis von Betriebs- zu Investitionsaufwendungen von 70 zu 30 herzustellen. Dies erlaubt, die Bundeswehr in einem Prozeß von rund 15 Jahren Dauer umfassend zu modernisieren. Moderne Ausstattung für Krisenreaktionskräfte *und* Hauptverteidigungskräfte, ist Voraussetzung, um verantworten zu können, Soldaten einzusetzen, vor allem aber um abhaltende und damit konfliktverhindernde Wirkung zu erreichen.

Mit dieser Planung wird Deutschland leistungsfähige Streitkräfte behalten und den Soldaten wird eine Perspektive gegeben. Dies ist nötig, denn die Bundeswehr hatte in den letzten fünf Jahren Herausforderungen zu bewältigen, wie sie in dieser Dichte in Friedenszeiten an deutsche Streitkräfte noch nie gestellt wurden.

Wir hatten

- den Abbau von 600.000 auf 370.000 Mann von Ende 1990 bis Ende 1994 zu bewältigen,

- die Nationale Volksarmee der DDR aufzulösen, rund 11.000 ihrer Soldaten zu integrieren und die Bundeswehr im Osten aufzubauen. Die Bundeswehr hat damit einen Beitrag zur Einheit Deutschlands geleistet, auf den wir stolz sind,

- und schließlich hatten und haben wir uns der neuen Aufgabe UN-Einsatz gestellt. Auch zur Stunde sind etwa 4000 deutsche Soldaten im Dienst der Vereinten Nationen im Einsatz in Kroatien, in und über Bosnien, in der Adria, in Italien, in Georgien und im Irak.

Wir sind dabei, aus der ausschließlich auf Landesverteidigung ausgerichteten Bundeswehr eine Armee zu formen, die zwar unverändert zu kollektiver Landes- und Bündnisverteidigung befähigt bleibt; andererseits aber in der Lage ist, dem erweiterten Aufgabenspektrum zu entsprechen, das ich Ihnen in seinen Grundzügen beschrieben habe. Dies war eine schwierige organisatorische Aufgabe, die nun auf dem Wege ist. Wichtiger aber noch war die mentale Umstellung der Bundeswehr von der Begrenzung auf Landesverteidigung auf das neue, erweiterte Aufgabenspektrum. Dies ist weitgehend geschehen, eine Leistung, die in überraschend kurzer Zeit erbracht wurde. Die gelassene Selbstverständlichkeit mit der unsere Soldaten nach Kroatien gingen, ist Beleg dafür.

Ich habe bereits aufgezeigt, daß der Einsatz von Streitkräften in der Zukunft zunehmend durch ein Handeln in Koalitionen geprägt sein wird. Damit eng verbunden ist das Prinzip der Multinationalität. Multinationalität ist in der NATO nichts Neues - ihre integrierte Kommandostruktur, ihre schnellen Eingreifverbände und die integrierte NATO-Luftverteidigung sind Beispiele für eine bewährte und erfolgreich praktizierte

Multinationalität. Die Einsätze im Rahmen der Krisenbewältigung erfolgen heute mehr denn je in multinationalen Strukturen. Diese Einbindung erhöht nicht nur die Legitimität des Einsatzes von Streitkräften in den Augen der öffentlichen Meinung, sie ist gleichzeitig Garant für eine glaubwürdige, auf Konfliktbewältigung ausgerichtete Zielsetzung solcher Friedensmissionen. Durch Multinationalität wird die notwendige Vertrauensbasis für Verhandlungen geschaffen, die Gegnerschaften zu Partnerschaften wachsen lassen kann.

Arbeitsgruppe A

Welche zukünftigen Beziehungsstrukturen und Vorgehensweisen der sicherheitspolitischen Zusammenarbeit mit Nordamerika sind im deutschen Interesse?

Einführung

Einführung

Zum Ende des 20. Jahrhunderts verändert sich die Welt mit hoher Geschwindigkeit. Der ungebrochene Zuwachs der Weltbevölkerung, neue technologische Entwicklungen, wirtschaftliches Wachstum, ökologische Grenzen, Strukturwandel und tiefgreifende geopolitische Veränderungen zwingen zu einer umfassenden *Neubewertung*. Das gilt auch für die deutsche Sicherheitspolitik.

Der folgende Beitrag versucht eine generelle sicherheitspolitische Bestandsaufnahme unter besonderer Berücksichtigung der Beziehungen zwischen Nordamerika und Deutschland und gibt exemplarisch einige *Empfehlungen* für mögliche Weiterentwicklungen. Nordamerika wird dabei in weiten Teilen der Analyse mit den USA gleichgesetzt, da die USA im wesentlichen die Interessenpositionen Nordamerikas definieren und gestalten (genaugenommen umfaßt Nordamerika die USA, Kanada und Mexiko).

Das erste Kapitel beschreibt die veränderten *Rahmenbedingungen*, gekennzeichnet durch sich auflösende Grenzen, zunehmendes Wohlstandsgefälle, Entstehung neuer Nationen und neuer Wirtschaftszentren bei weltumspannender Kommunikation. Vor diesem Hintergrund wird Sicherheitspolitik neu und umfassend definiert, entsprechend sind deutsche Sicherheitsinteressen immer weniger national zu sehen.

Im zweiten Kapitel wird systematisiert dargestellt, daß die deutschen *Außenbeziehungen* zunehmend mehr durch Kooperation als durch Abschreckung gestaltet werden müssen. Dies muß auch bei den Streitkräften zu neuen Strukturen führen, die die dargestellten neuen Handlungsfelder und Risiken zugrunde legen, ohne dabei jedoch die klassischen Fähigkeiten zur territorialen Verteidigung zu verlieren.

Im dritten Kapitel werden die Risiken in ausgewählten Teilbereichen (Energieversorgung, Globaler Umweltschutz, Regionale Krisen, Friedenssicherung durch Einsatz von Streitkräften, Erhalt von Kultur und Werten) dargestellt und *Schlußfolgerungen* für notwendiges Handeln gezogen.

Das vierte Kapitel schließlich faßt die *Konsequenzen* für die sicherheitspolitische Zusammenarbeit zwischen den *USA und DEUTSCHLAND* zusammen. Die Empfehlungen konzentrieren sich auf die nächsten fünf bis zehn Jahre. Um die guten Beziehungen zwischen den USA und Deutschland auch bei der jüngeren Generation zu erhalten, ist nicht nur ein abgestimmtes Vorgehen bei der Stärkung von VN und NATO erforderlich; gerade auch die bilateralen Beziehungen im Bereich der kulturellen und technologischen Zusammenarbeit müssen aktiv von den Regierungen gefördert werden.

Allerdings wäre Deutschland allein mit der dargestellten umfangreichen sicherheitspolitischen Agenda überfordert, wenn es nicht gleichzeitig für eine Stärkung der europäischen Einheit innerhalb des bereits festgelegten Zeitplans eintreten würde. *Krisenprävention* und notfalls Krisenmanagement in Osteuropa, dem Mittelmeerraum und in Afrika werden zwar auch in Zukunft nicht ohne Nordamerika möglich sein, jedoch in zunehmendem Maße von Europa verantwortet und durchgeführt werden müssen.

1. Ausgangslage

1.1 Rahmenbedingungen

Seit dem Wegfall der Ost-West-Konfrontation und der damit verbundenen Auflösung der Blöcke hat sich ein rasanter Wandel in vielen Bereichen der Grundlagen für die Gestaltung von Politik vollzogen. Hatten bis dahin im wesentlichen Abschreckungsstrategien mit den dazu gehörenden Waffenpotentialen für Stabilität gesorgt und die gesellschaftspolitische Entwicklung in Deutschland in einer „sicheren und bequemen Nische der Weltpolitik" begünstigt, so sehen wir uns heute einer unübersichtlicher werdenden Welt gegenüber. Umso notwendiger erscheint es, Ziele und Interessen neu zu formulieren und zu vertreten.

Herkömmliche Grenzen verlieren zunehmend ihre Bedeutung oder werden mit neuen Inhalten gefüllt. Sie werden einerseits durchlässiger oder sogar praktisch abgeschafft – die Europäische Union schreitet mit gutem Beispiel voran – andererseits scheinen zum Beispiel die Staaten Osteuropas dem „Irrtum der Souveränität" zu erliegen und sich in einem Desintegrationsprozeß zu befinden, in dem das „weg von" noch wichtiger erscheint als das „hin zu". Nationale Grenzen werden dort in einem historisch übersteigerten Kontext gesehen, und Sicherheitsbedürfnisse werden in einfachen Strukturen definiert. Gegenteilig ist jedoch die Perzeption von Grenzen durch diese Menschen. Für sie existieren diese „Behinderungen" immer weniger – zur individuellen Zielerreichung sind viele zu *globaler Migration* bereit.

Die *Weltwirtschaft* ist nur ohne Grenzen weiter entwicklungsfähig. Märkte können am besten ohne protektionistische Eingriffe funktionieren. Wirtschaftsräume diktieren der Politik ihre Gesetze und Großkonzerne expandieren „grenzenlos". Sie sind verflochtener als Staaten. Darüber hinaus zwingt die regional unausgewogene Abhängigkeit von Ressourcen und von deren Verteilung zu grenzüberschreitenden Regelungen.
Religion und Kultur haben ihre eigenen Grenzen, die sich weniger denn je an politischen Landkarten orientieren. Gerade die Wiederbelebung fundamentalistischer Glaubensrichtungen mit ihren Vorstellungen von durch Religion bestimmten Staaten überschreitet Grenzen und exportiert ihre zum Teil undemokratischen Machtansprüche weltweit krisenhaft. Hier sehen wir uns mit einer neuen Bedrohung konfrontiert, die offensiv und zugleich unkalkulierbar in der Anwendung ihrer Mittel erscheint – eine möglicherweise explosive Mischung, die die neue Erscheinungsform des Staatsterrorismus beinhalten kann.

Eine entscheidende Bedeutung kommt den *Informationsflüssen* zu. Datenautobahnen und Internet verteilen ohne Bindung an Grenzen eine kaum zu kontrollierende Flut an Informationen weltweit. Die Schnelligkeit der Information garantiert Gewinne, der exklusive Zugang zu Informationen garantiert Macht. "Infotainment" manipuliert Bevölkerungen weltweit. Die Medien stellen einen neuen Machtfaktor dar mit der gleichzeitigen Fähigkeit zu Demagogie und Kontrolle. Moderne Informationstechnologie bedeutet jedoch auch eine völlig neue Dimension in der Politik: einerseits wird einseitige Information immer schwieriger, andererseits lassen sich die Ströme der Bedürfnisweckung nur noch schwer lenken.

1.2 Entwicklungen

Deutschland sieht sich international mit einer wachsenden Fragmentierung aller Bereiche der Politik konfrontiert. Handlungsfelder und Akteure verlagern sich zunehmend in andere Regionen. Zusammenhänge werden komplexer und Lösungen sind oft nur noch in weltweitem Kontext zu finden. Demgegenüber verlieren nationale Positionen und Interessen ihre bisherige Bedeutung.

In vielen Bereichen sind *neue Nationalstaatlichkeiten* zu erkennen, die mit eigenen und aus ihrer Sicht durchaus rationalen Begründungen Lösungen für ihre Lage anstreben – und Verständnis dafür erwarten. Für Polen zum Beispiel ist die Schaffung eines nationalen Sicherheitsgefühls von überragender Bedeutung. Das Streben in die NATO ist augenfälliger Beweis dafür. Diesem Streben kann Deutschland, aber auch die NATO als Ganzes sich nicht entziehen.

Bei bisher hochintegrierten Partnern deuten sich *isolationistische Tendenzen* an. Der amerikanische Präsident hat zunehmend Probleme, im Kongreß Unterstützung für die weltweiten Verpflichtungen amerikanischer Außenpolitik zu finden. Protektionismus für die Interessen der binnenamerikanischen Wirtschaft könnte zu Ungleichgewichten im Geflecht internationaler Beziehungen führen. Allerdings stehen die Vereinigten Staaten nicht alleine da. Studien belegen, daß auch die Eliten in Deutschland sich zunehmend auf nationale Probleme konzentrieren.

Möglicherweise *steigendes Wohlstandsgefälle* verbunden mit zunehmenden Stabilitätsproblemen der Weltwirtschaft einerseits und der Zwang zu erhöhten Transferleistungen andererseits könnten zu destabilisierenden Störungen der internationalen Beziehungen führen.

Die Zukunft wird *neue Machtzentren* in der Welt entstehen lassen, ohne daß bisher absehbar ist, ob die alten Strukturen dieser Herausforderung begegnen und ihre Stellung werden behaupten können. Auf absehbare Zeit werden jedoch nur die USA über die Position und die Mittel verfügen, die zur Beeinflussung dieser Entwicklungen dienen können. Daher bleiben die *Beziehungen zu den USA* von überragender Bedeutung für die deutsche Politik.

National wird *Deutschland zunehmende Probleme* zu lösen haben. Die wirtschaftliche Entwicklung ist gekennzeichnet durch den Versuch, den Standort Deutschland zu erhalten und zu festigen, die Gesellschaft zu einer Dienstleistungsgesellschaft umzubauen, den Sozialstaat zu erhalten und die Verhältnisse in den neuen Bundesländern an den Stand der alten anzugleichen.

Eine der am dringendsten zu lösenden Fragen scheint dabei zu sein, wie in einer *überalternden Gesellschaft* Arbeitsplätze zu erhalten sind. Dabei wird die politische Handlungsfähigkeit durch konkurrierende Ziele stark eingeschränkt. So erfordert zum Beispiel die drohende Überalterung ein Programm zur Förderung von Familienbildung, auf der anderen Seite ist zu verhindern, daß Kinder in die Arbeitslosigkeit hineingeboren werden. Der *Umbau zur Dienstleistungsgesellschaft* bedarf auch staatlicher Investitionen in Technologieförderung und Bildung; dem stehen Staatsverschuldung und hohe Steuerquote entgegen.

Im internationalen wie im nationalen Kontext wird aufgrund der dargestellten Entwicklungen ein *"präventives politisches Management"* zu entwickeln sein.

1.3 Aufgaben

Deutsche Politik wird durch das Grundgesetz verpflichtet:

- zum Erhalt des Weltfriedens beizutragen,
- bestimmte Werte, insbesondere die Menschenrechte zu vertreten, aber auch
- das Wohl des deutschen Volkes zu mehren.
  Das *Weißbuch 1994 der Bundesregierung zur Sicherheit der Bundesrepublik Deutschland* führt dazu aus, daß die Außen- und Sicherheitspolitik Deutschlands von fünf zentralen Interessen geleitet wird:
- die *Bewahrung* von Freiheit, Sicherheit und Wohlfahrt der Bürger Deutschlands und der Unversehrtheit seines Staatsgebietes;
- die *Integration* mit den europäischen Demokratien in der Europäischen Union;
- das dauerhafte, auf eine Wertegemeinschaft und gleichgerichtete Interessen gegründete *transatlantische Bündnis* mit den Vereinigten Staaten;
- eine auf Ausgleich und Partnerschaft bedachte *Heranführung* unserer *östlichen Nachbarstaaten* an westliche Strukturen und die Gestaltung einer neuen, alle Staaten Europas umfassenden kooperativen Sicherheitsordnung;

- die weltweite *Achtung des Völkerrechts* und der Menschenrechte und eine auf marktwirtschaftlichen Regeln basierende gerechte Weltwirtschaftsordnung.

Damit ist die Regierung zunächst und zuerst dem Souverän, d.h. dem deutschen Volk verpflichtet. Dieser Verpflichtung kann in Zukunft jedoch immer weniger national entsprochen werden. Die Ziele lassen sich nur noch in einem umfassenden Ansatz sicherheitspolitischer Dimensionen verwirklichen. Daher hat die Arbeitsgruppe eine eigene Definition von Sicherheitspolitik entwickelt.

1.4 Definition Sicherheitspolitik

Im Rahmen dieser Arbeit wird Sicherheitspolitik wie folgt definiert: „Sicherheitspolitik umfaßt alle Maßnahmen, die darauf hinwirken, daß die Menschen in Frieden und Freiheit ihr Leben menschenwürdig gestalten können." Die logischen Zusammenhänge dieses weitgefaßten Sicherheitsbegriffs werden in der Übersicht 1 dargestellt.

Übersicht 1 -
Terminologisches Gerüst einer deutschen Sicherheitspolitik

WERTE sind die Leitbilder unseres Denkens und Handelns
(im Grundgesetz festgelegte Grundrechte und tradierte Wertvorstellungen)

ZIELE

FRIEDEN

Innerer Frieden: Sicherung sozialen Friedens, Schutz vor Kriminalität, ...

Äußerer Frieden: Beiträge zu Konfliktregelungen durch Verhandlungen statt Waffen

WOHLFAHRT

Ökonomisch: Sicherung von Einkommen und Beschäftigung

Ökologisch: Sicherung der Produktionsfaktoren Wasser, Boden, Luft, Energie, Biosphäre

FREIHEIT

Erhaltung der Voraussetzungen für Entfaltung, Selbstbestimmung, Meinungs- und Organisationsfreiheit, Zugang zu Ämtern.

SICHERHEIT (im engeren Sinne): Schutz der Bevölkerung vor externen terroristischen Übergriffen und kriegerischen territorialen Angriffen

Der *Erweiterte Sicherheitsbegriff* umfaßt alle diese vier Ziele.

- *Interessen* sind zielorientierte zu erhaltende oder zu erreichende Zustände.
- *Risiken* sind Bedrohungen der Ziele oder der Interessen.
- *Strategien* sind die Kombination von Wegen und Mitteln und Akteuren zur Durchsetzung von Interessen und zur Verringerung von Risiken.
- *Macht* ist die Existenz und Mobilisierungsfähigkeit finanzieller, technischer, intellektueller und ggf. militärischer Kräfte zur Umsetzung von Strategien.

1.5 Deutsche Interessen

In einem solchen Umfeld erscheint es von besonderer Bedeutung, daß ein *Hauptinteresse deutscher Politik* darin liegen muß, Instrumente und Verfahren zu entwickeln und zu unterstützen, die Stabilität gewährleisten und Vertrauen wecken, da nur so die Durchsetzung nationaler aber auch übergeordneter Ziele möglich erscheint. Dabei muß Stabilität eine regionale und überregionale Dimension haben, da bei den Handlungspartnern das Gefühl der Gleichberechtigung auch im Sinne von Mitverantwortung entscheidend ist.

Aus den bisherigen Ausführungen leitet sich als *Hauptziel deutscher Sicherheitspolitik* ab, daß in und zwischen den Machtzentren der Welt ein fairer und tragfähiger Interessenausgleich, geschaffen werden muß. Dabei kann die kurzfristige Aufgabe nationaler Positionen sehr wohl in deutschem Interesse liegen, wenn dadurch langfristige Ziele erreicht werden sollen und können.

Für Deutschland ist es erforderlich, im europäischen und globalen Umfeld die Stabilität zu festigen und zu erhöhen ("wenn es der Welt gut geht, geht es Deutschland gut"). Alternativen zur Einbindung deutscher Interessen in multinationale Strukturen gibt es nicht. Daher muß die Einigung Europas in der EU vorangetrieben werden, die WEU als Europäischer Pfeiler der NATO muß als Sicherheitselement weiterentwickelt werden.

1.6 Interessen der USA und Erwartung an Deutschland

Nationale Interessen sind das, was der Nation gelegen, wichtig und nützlich ist. Für die USA stehen die eigene staatliche Sicherheit, die Sicherheit seiner Bürger und die Sicherung der weltweiten Wirtschaftsinteressen an erster Stelle. Daraus lassen sich fünf *aktuelle Hauptaufgaben* ableiten, die bei Regierung und Opposition Zustimmung finden:

- die Stärkung der wirtschaftlichen Interessen der USA im Ausland,
- die Unterstützung der Reformen in der ehemaligen Sowjetunion,
- die innere Erneuerung der NATO,
- ein umfassender Frieden im Nahen Osten,
- die Nichtverbreitung von Atomwaffen.

In Verfolgung dieser Interessen erwarten die USA von Deutschland die Erfüllung folgender Aufgaben:

- Motor bei der Vertiefung und Erweiterung der EU,
- Partner, gleichzeitig aber auch Anwalt für die Interessen der USA bei der Reform der NATO,
- Brücke zu Osteuropa und Rußland.
  Hierbei erwarten sie Unterstützung gerade in schwierigen Situationen. Dabei äußern die USA bereits Bedenken, ob Deutschland die ökonomische Basis für seine neue Rolle erhalten kann.

2. Instrumente und Aufgaben

2.1 Die Verschiebung des sicherheitspolitischen Risiko- und Aufgabenspektrums

Die Globalisierung der industriellen, ressourcenverzehrenden Produktionsweise im Zusammenwirken mit der Bevölkerungsexplosion haben das sicherheitspolitische *Risikospektrum* in den letzten Jahrzehnten deutlich *vom militärischen in den zivilen Bereich verschoben*. Obwohl auch im Bereich der Abrüstung noch eine umfangreiche Tagesordnung abzuarbeiten ist, gibt es doch über die generelle Zielsetzung "Mehr Sicherheit durch weniger Waffen" breiten Konsens. Diese sicherheitspolitische Verschiebung hat nicht nur Auswirkungen auf die zukünftige Aufgabe und Struktur des Militärs, das Gefüge der Außenbeziehungen als solches hat sich verändert.

Die Außenbeziehungen der Bundesrepublik Deutschland werden durch alle grenzüberschreitenden Aktivitäten von unabhängigen Individuen, privaten Unternehmen, gemeinnützigen Organisationen und staatlichen Institutionen gestaltet. Es gibt also *staatliche* und *nicht-staatliche Außenbeziehungen*. Die staatlichen Außenbeziehungen fallen zwar quantitativ und monetär weniger ins Gewicht, bilden aber den *Ordnungsrahmen* (zwischenstaatliche und internationale Vereinbarungen zum Schutz von Handel, Investitionen, Personenverkehr etc.) und damit die wesentliche Voraussetzung für Vertrauen und Sicherheit bei "Handel und Wandel" auch auf der nicht-staatlichen Ebene.

Die *staatlichen Außenbeziehungen* bestehen unter funktionalen Aspekten aus drei Komponenten: der *Diplomatie*, die der Kommunikation über Interessen mit dem Ziel ihrer Durchsetzung dient, sowie den beiden materiellen Komponenten, nämlich den Streitkräften, die der *Abschreckung* (und notfalls Verteidigung) dienen, sowie der *Zusammenarbeit*, die der Planung und Durchführung von staatlich finanzierten Aktivitäten im Ausland dient. Diese drei Elemente können als die drei Eckpfeiler der staatlichen Außenbeziehungen bezeichnet und zur Veranschaulichung als Spitzen eines Dreieckes dargestellt werden, dessen großer Innenraum dann im wesentlichen von den nicht-staatlichen Akteuren, Individuen und Unternehmen gestaltet und genutzt wird. Dieser staatliche Ordnungsrahmen gewährleistet also die Sicherheit der Außenbeziehungen aller Akteure.

Übersicht 2 - Staatliche Eckpfeiler der Außenbeziehungen

Diplomatie

HANDEL
KAPITALVERKEHR
KULTUR UND TOURISMUS

Abschreckung *Zusammenarbeit*

Diese drei Eckpfeiler eines so stark vereinfachten Schaubildes bedürfen einer Erläuterung:

- *Diplomatie* ist die Funktion der politischen Kommunikation und des Verhandelns, die zwar im wesentlichen vom Auswärtigen Amt strukturiert und ausgefüllt wird, in dieser Funktion sind aber auch *viele andere Akteure* tätig.
- *Streitkräfte* bilden zwar klassischerweise die abschreckende Komponente der Außenbeziehungen, die Bundeswehr öffnet sich aber auf der *Suche nach zeitgemäßeren Funktionen* zunehmend der Zusammenarbeit als Betätigungsfeld (Somalia, Bosnien). Das Monopol der Streitkräfte für den Waffeneinsatz wird von keiner Seite in Frage gestellt.
- *Zusammenarbeit* ist ebenfalls ein Bereich, auf dem die *verschiedensten staatlichen und nicht-staatlichen Akteure* tätig sind. Das BMZ hat die Federführung für die Entwicklungspolitik mit der Dritten Welt und einigen Transformationsländern. Zur Zusammenarbeit gehören aber auch die Wissenschafts- und Kulturpolitik, die Katastrophenhilfe sowie die vielfältigen anderen Formen staatlicher Zusammenarbeit mit Industrieländern und industriell fortgeschrittenen Transformationsländern.

2.2 Die Handlungsfelder

Der Konflikt zwischen steigenden Konsumerwartungen einer wachsenden Weltbevölkerung und den Risiken der damit verbundenen Umweltbelastung erscheint kaum auflösbar. Da aber weder eine Zementierung der Ungleichheit noch eine Umweltzerstörung akzeptable Lösungen sind, muß dieser Konflikt *von vier Seiten gleichzeitig* angegangen werden:

- Das *Weltbevölkerungswachstum* muß verringert werden (Bevölkerungsplanung, Bildung insbesondere von Frauen in der Dritten Welt, soziale Sicherungssysteme statt Kinder).

- Es müssen attraktive Modelle für eine *nach-industrielle Gesellschaft* erprobt werden, in der Wohlstand und Sicherheit sich we-niger als bisher durch den Besitz materieller Güter definieren (Wertewandel in Europa und Nordamerika).

- Die Forschung und Anwendung *umweltfreundlicher Energiequellen* muß intensiviert werden (Fusionstechnologie, Sonnenenergie).

- Absehbare *Umweltschäden* müssen verringert werden (Früherkennung, Verursacherprinzip, Effizienzsteigerung beim Energieeinsatz).

Es liegt auf der Hand, daß die wesentlichen Anstöße für den Aufbau einer globalen Sicherheitsstruktur bei den derzeit noch global dominierenden Mächten liegt, nämlich Nordamerika und Europa. In diesen Regionen sind wiederum die reichsten Nationen USA bzw. Deutschland in einer besonderen Verantwortung. Dies trifft sowohl für die Modellfunktion der eigenen Gesellschaft als auch für die Gestaltungsverantwortung in den internationalen Organisationen (EU, NAFTA, OECD, NATO, UN-System mit seinen Fach- und Sonderorganisationen) zu. Mit der Charta der Vereinten Nationen, den global grundsätzlich anerkannten Menschenrechten und dem erfolgreichen Modell der sozialen Marktwirtschaft sind die *Leitprinzipien* vorgegeben.

Die Aufgabe für das kommende Jahrhundert ist nun, diese Prinzipien in politisch und ökologisch verträglicher Weise global umzusetzen und die Gestaltungsmöglichkeiten zu nutzen, solange sie noch gegeben sind.

Um die Baustelle des internationalen Sicherheitsgebäudes überschaubarer zu machen, wurden in der Übersicht 3 die derzeit aus deutscher *Sicht erkennbaren Sicherheitsrisiken* (in Anlehnung an die im Kapitel 1 dargestellte Zieldefinition innerhalb des terminologischen Gerüsts) systematisch dargestellt.

Aus diesen Bereichen werden im folgenden Kapitel einzelne sicherheitspolitische Aufgaben exemplarisch herausgearbeitet. Diese sind nicht nur unter dem Gesichtspunkt ihrer Priorität, sondern vor allem unter dem Gesichtspunkt der fachlichen Vorkenntnisse der Mitglieder der Autorengruppe ausgewählt worden.

Übersicht 3 -
Klassifikation von Risiken - Derzeitige Bedrohungen von Zielen und Interessen der Gemeinschaft aus deutscher Sicht

Bereich ***Innerer FRIEDEN*** Kriminalität politischer Extremismus– Isolierung von Minderheiten langanhaltende Arbeitslosigkeit/Verlust der Arbeitsmotivation
Bereich ***Äußerer FRIEDEN*** Armuts-Migration Bürgerkriege internationaler Drogenhandel Kriege außerhalb des NATO-Territoriums
Bereich ***Ökonomische WOHLFAHRT*** Arbeitslosigkeit Einkommens-/Wohlstandsgefälle Abbau sozialer Sicherheit Kapitalabwanderung
Bereich ***Ökologische WOHLFAHRT*** Gesundheitliche Umweltrisiken Risiken ziviler Atomenergie Sinkende Bodenproduktivität / Wasserquantität und -qualität Gentechnologie Klimaveränderung Verbrauch fossiler Energien
Bereich ***SICHERHEIT*** *(im engeren, klassischen Sinn)* Angriffe externer Terroristen ABC-Waffeneinsatz (staatlich und terroristisch) Angriffe auf NATO-Territorium Embargo lebenswichtiger Ressourcen
Bereich ***FREIHEIT*** Monopolisierung der Medien Verbreitung religiöser autoritärer Sekten

3. Optionen in ausgewählten Bereichen der dargestellten Handlungsfelder

3.1 Handlungsfeld: Sicherung der Energieversorgung

Die Verfügbarkeit über ausreichend Energie ist eine zentrale Voraussetzung für ein menschenwürdiges Leben und für die wirtschaftliche Entwicklung. Zu den prioritären Zielen der Wirtschafts- und Energiepolitik aller Länder gehört daher die dauerhafte Sicherung der Energieversorgung.

Moderne Energieversorgungssysteme sind vor allem auf Mineralöl aufgebaut. Öl trägt heute mit rd. 34 % zur weltweiten Energiebedarfsdeckung bei. An dieser Größenordnung wird sich auf absehbare Zeit nichts ändern: Öl ist ein Energieträger, der auf mittlere Sicht reichlich verfügbar ist, kostengünstig gefördert, gut gelagert, leicht transportiert und auf der Endverbrauchsebene umweltfreundlich genutzt werden kann. Als Rohstoff für die petrochemische Industrie und als Treibstoff im Verkehrsbereich ist Öl heute praktisch nicht zu ersetzen.

Diesen vielfältigen Nutzungsvorteilen steht ein besonderer Nachteil gegenüber. Öl ist ein Energieträger, der in seiner allgemeinen Verfügbarkeit mit einem besonderen wirtschaftlichen Risiko behaftet ist: Seine breite Nutzung setzt einen freien Welthandel und Märkte voraus, die Angebot und Nachfrage nach marktwirtschaftlichen Prinzipien ausgleichen. Die Bedeutung dieser Voraussetzungen versteht man schnell, wenn man sich noch einmal die Entstehungsgeschichte der beiden Ölpreiskrisen 1973/74 und 1979/80 vor Augen führt und sich bei dieser Gelegenheit klarmacht, daß die großen Verbrauchszentren nach wie vor in den Industrieländern, die kostengünstigen Lagerstätten dagegen überwiegend in geopolitisch unsicheren Regionen, insbesondere im Nahen Osten, in Afrika, in Lateinamerika und in Rußland liegen.

Übersicht 4 -
Wirtschaftliche und energiewirtschaftliche Kennziffern 1994

	Bevölkerung (in Mio)	*BSP/Kopf (in US $)*	*Energie-verbrauch (in tOE)*	*Ölimportquote (in %)*
USA	258	22.400	7,9	48
Kanada	29	20.000	7,8	Ölexportland
Mexiko	91	2.900	1,5	Ölexportland
Deutschland	81	21.600	4,2	97
Nordamerika	378	17.500	6,3	33
OECD-Europa	440	16.700	3,3	65

Diese "versorgungspolitische Schieflage" beim Öl kann man für die USA, das wichtigste Land in der Region Nordamerika, und Deutschland durch die folgenden aktuellen Angaben illustrieren:

- Die USA greifen für ihre Energiebedarfsdeckung mehr und mehr auf Importe zurück (obwohl sie durchaus über erhebliche eigene Ölressourcen verfügen). Die gegenwärtige Ölimportquote liegt bei rd. 48 %. Es gibt Abschätzungen der Internationalen Energieagentur (IEA), die bis 2010 einen weiteren Anstieg bis auf mehr als 60 % erwarten. Die wichtigsten Lieferländer sind Saudi-Arabien (17 %), Venezuela (16 %) und Mexiko (14 %).

- Deutschland hat demgegenüber praktisch keine eigenen Ölquellen. Die deutsche Wirtschaft ist nahezu ausschließlich auf Ölimporte angewiesen. In den letzten Jahren sind die Importe mehr und mehr diversifiziert worden. Gegenwärtig kommt das Öl vor allem aus Norwegen (21%), Rußland (20%), Großbritannien (18%) und Libyen (11%).

Mit Blick auf die absehbare Entwicklung des internationalen Umfelds lassen sich folgende *Schlußfolgerungen* ableiten:

- Die sicherheitspolitischen Interessen der USA und Deutschlands zur Sicherung ihrer Energieversorgung sind weitgehend deckungsgleich. Bei der Gestaltung einer gemeinsamen Politik sind allerdings die unterschiedlichen ökonomischen und energiewirtschaftlichen Gewichte der beiden Länder zu beachten (der Energieverbrauch der USA ist gegenwärtig sechsmal so groß, der Ölimportbedarf dreimal so groß wie der Deutschlands).

- Größte Aufmerksamkeit verdienen alle Maßnahmen, die mitwirken, die politische Stabilität im Nahen Osten und in Rußland zu sichern. Stabilität in diesen Regionen ist eine notwendige Voraussetzung für eine störungsfreie weltweite Energieversorgung und bildet damit auch mehr oder weniger die Basis für Wachstum und Wohlfahrt.

- Die Beziehungen zwischen ölimportierenden und ölexportierenden Staaten können sich nur dann zufriedenstellend entwickeln, wenn offene und funktionsfähige Märkte existieren und die Sicherheit der Handelswege garantiert werden können. Hier gibt es Möglichkeiten der gemeinsamen Kooperation im größeren internationalen Kontext. Im Mittelpunkt steht hier der sog. "Consumer-Producer-Dialog", der darauf abzielt, die gemeinsamen Interessenpositionen deutlicher zu machen und auf diesem Weg mehr Vertrauen zu schaffen.

- Politische Krisen im Nahen Osten (und auch in Rußland) können nicht ausgeschlossen werden, auch wenn sie heute durch eine zunehmende Integration der Weltenergiemärkte weniger wahrscheinlich erscheinen. Zur Risikominimierung ist daher eine weitere Zusammenarbeit und die Fortentwicklung eines funktionsfähigen Systems der Krisenbewältigung in der Internationalen Energieagentur (IEA) ratsam.

3.2 Handlungsfeld: Globaler Umweltschutz

Globale Umweltprobleme sind Veränderungen in der Atmosphäre, in den Ozeanen und an Land, die dadurch gekennzeichnet sind, daß ihre Ursachen direkt oder indirekt menschlichen Aktivitäten zuzuschreiben sind und hierdurch Auswirkungen auf die natürlichen Stoffkreisläufe die aquatischen und terrestrischen Lebensgemeinschaften und auf Wirtschaft und Gesellschaft entstehen, die zu ihrer Bewältigung der internationalen Vereinbarung (Kooperation) bedürfen. Es liegt im deutschen Interesse, in diesem wichtigen Bereich Instabilitäten vorzubeugen.

Bereits 1972 hatte der Club of Rome in seinem Bericht zur Lage der Menschheit die Grenzen des Wachstums dargestellt und ein Weltmodell zum Verständnis der Gesamtzusammenhänge und zur Beurteilung von Lösungsmöglichkeiten entwickelt. Er kam zu folgenden noch heute gültigen Schlußfolgerungen:

- Wenn die gegenwärtige Zunahme der Weltbevölkerung, der Industrialisierung, der Umweltverschmutzung, der Nahrungsmittelproduktion und der Ausbeutung von natürlichen Rohstoffen unverändert anhält, werden die absoluten Wachstumsgrenzen auf der Erde im Laufe der nächsten hundert Jahre erreicht. Mit großer Wahrscheinlichkeit führt dies zu einem ziemlich raschen und nicht aufhaltbaren Absinken der industriellen Kapazität und der Bevölkerungszahl.

- Es erscheint möglich, die Wachstumstendenzen zu ändern und einen ökologischen und wirtschaftlichen Gleichgewichtszustand herbeizuführen, der auch in weiterer Zukunft aufrechterhalten werden kann.

- Je eher die Menschheit sich entschließt, diesen Gleichgewichtszustand herzustellen, und je rascher sie damit beginnt, um so größer sind die Chancen, daß sie ihn auch erreicht.

- Obwohl diese Probleme die ganze Menschheit betreffen, sind nur wenige Staaten und Akteure darum bemüht, diese Probleme überhaupt zu verstehen und nach Lösungsmöglichkeiten zu suchen. In den südostasiatischen Industriestaaten wird z.B. das erhebliche Wirtschaftswachstum mit einer viermal so schnell wachsenden Umweltzerstörung erkauft. Neben Deutschland, dessen Aktivitäten inzwischen zu gut 8.000 nationalen Umweltschutzregelungen geführt haben und dessen Energie- und Wasserverbrauch von der Wirtschaftsentwicklung abgekoppelt wurde, sind insbesondere die USA und Kanada für eine intensivere Zusammenarbeit auf dem Umweltschutzgebiet geeignet, da diese Länder über entsprechende Wissenschaftler, Ressourcen und Managementverfahren verfügen.

Klimaveränderungen und Schädigung der Ozonschicht

Die steigende Konzentration klimawirksamer Spurengase wie insbesondere Kohlendioxid, Methan, Fluorchlorkohlenwasserstoffe, Methylbromid und Stickoxide, wird in den nächsten Jahren zu einer signifikanten Erhöhung der durchschnittlichen Erdtemperatur führen.

Wissenschaftler erwarten einen Anstieg des Meeresspiegels je Grad Celsius Temperaturerhöhung um 20 cm. Die Tropen und die gemäßigten Zonen sollen feuchter und die Subtropen trockener werden. In Tundragebieten könnte der gefrorene Boden auftauen und durch vermehrte Verrottung zusätzliche Treibhausgase freisetzen. Für Europa kann eine in Anfängen bereits erkennbare Reduktion der thermohalinen Wasserzirkulation (Golfstrom) darüber hinaus zu einer deutlichen Abkühlung führen und damit die Lebensbedingungen zusätzlich verschlechtern.

Da ein Drittel der Weltbevölkerung innerhalb eines 60 km Streifens von der Küste aus lebt, kann ein Anstieg des Meeresspiegels Völkerwanderungen gewaltigen Ausmaßes bewirken. Die stratosphärische Ozonschicht reguliert die Temperatur in der Atmosphäre und filtert die gefährliche UV-B Strahlung aus. Insbesondere Fluorchlorkohlenwasserstoffe und Methylbromid schädigen die Ozonschicht. Als Folge sind Schäden bei Menschen, Tieren und Pflanzen zu erwarten.

Abhilfemaßnahmen sind die strikte Reduzierung der klimawirksamen Spurengase. Deutschland und Nordamerika müssen die Umsetzung der internationalen Vereinbarungen massiv unterstützen und mit gutem Beispiel vorangehen.

Zunahme der Weltbevölkerung

Zur Zeit leben knapp sechs Milliarden Menschen auf der Erde. In den nächsten 50 Jahren könnte sich diese Zahl verdoppeln. Der Bevölkerungszuwachs hängt mit Armut, fehlender Familienplanung und Ausbildung sowie einer untergeordneten Stellung der Frau in der Gesellschaft zusammen. Trotz verbesserter Anbaumethoden verringert sich die Nahrungsmittelproduktion pro Kopf infolge der Bevölkerungsexplosion, die sich hauptsächlich in den wenig entwickelten Ländern ereignet. Ein Wanderungsdruck aus diesen Ländern fällt mit einem Wanderungssog in den Industrieländern zusammen, der aus dem hohen Lebensstandard und der Veränderung der Altersstruktur resultiert (Konfliktpotential). Strategien zur Lösung dieses Problems sind Wissenstransfer, Verbesserung der Lebensbedingungen und der Stellung der Frau.

Erhaltung der Ressourcen

Ressourcen sind die Gesamtheit aller natürlichen Rohstoffe, Hilfs- und Produktionsmittel für die wirtschaftende Tätigkeit des Menschen. Die Ressourcen der Erde sind begrenzt und nehmen in kritischen Bereichen ab. Der Zugang zu Ressourcen ist überlebenswichtig und daher ein Konfliktpotential. Kriege um Wasser, Weidegründe oder Erdöl belegen dies.

Degradation und Verlust von landwirtschaftlich nutzbaren Böden

Mit Beginn des Ackerbaus haben sich Menschen in fruchtbaren Gebieten angesiedelt. Diese Siedlungen sind im Laufe der Geschichte immer weiter gewachsen und haben damit gerade fruchtbare Böden einer landwirtschaftlichen Nutzung entzogen. Durch Bewässerung mit Flußwasser, das immer gelöste Salze enthält, wurden große Flächen versalzen. Übernutzung und fehlender Schutz führten zu Erosionen. Schadstoffbelastung reduziert die Nutzungsmöglichkeiten. Weltweit sinkt daher die Anbaufläche für Nahrungsmittel und wird in ihrer Qualität beeinträchtigt.

Als Lösung kommen in Betracht: eine systematische Verbesserung der Böden, (z.B. durch den bei uns inzwischen so reichlich vorhandenen Kompost, der zu Absatzproblemen bei den Kommunen führt), die Verbesserung der Bewässerung nach israelischem Vorbild, die Optimierung von Düngung und die Zucht von Saatgut, das keine Pestizide benötigt.

Wasserverknappung und -verschmutzung

Wasser und seine Nutzung war Basis der ersten Staaten (Babylonien, Ägypten) und hat mit Anwachsen der Weltbevölkerung an Bedeutung gewonnen. In Deutschland liegt der Wasserverbrauch bei 140 Liter pro Einwohner und Tag; in den USA bei 300. Mit jeder Apfelsine aus Israel werden 50 Liter Wasser exportiert. Wasserprobleme treten zwar regional auf.

Da aber Häufigkeit, Ausmaß und Reichweite der lokalen Probleme rasch zunehmen, erwächst ein globaler Trend. Durch nicht kostengerechte Preise, Vergeudung, Verknappung und Verschmutzung kommt es zu Defiziten in der Ver- und Entsorgung von Süßwasser, die Armut und Unterentwicklung begünstigen.

Wassermanagement, Einsatz von Technologien zur Gewinnung (auch Meerwasserentsalzung), zum verlustarmen Transport, Recycling und zur sparsamen Nutzung sowie Wasserdiplomatie zur besseren grenzüberschreitenden Verteilung können die Probleme entschärfen.

Verschlechterung der Biosphäre

Der Mensch zerstört den Lebensraum vieler Pflanzen und Tierarten durch Rodung von Wäldern, Ausdehnung von Siedlungen, Einsatz von Pestiziden und Ausbringung von Schadstoffen. Beim gegenwärtigen Tempo der Zerstörung des Ökosystems wird in den nächsten 25 Jahren mit dem Aussterben von 1,5 Millionen Arten gerechnet, die z.B. bei der Entwicklung neuer Medikamente oder Naturstoffe fehlen werden. Naturparks, Aufforstungsprogramme, bessere Information und gezielte finanzielle Hilfe können dieses Erbe der Menschheit bewahren.

Schlußfolgerungen

- Die aufgezeigten Problembereiche stellen nur einen kleinen Teil der Umweltproblematik dar. Die Auswirkungen menschlichen Handelns und ihre komplexen Zusammenhänge mit der Umwelt müssen weiter erforscht (z.B. Wissenschaftlicher Beirat der Bundesregierung zu globalen Umweltveränderungen) und die Erkenntnisse allen Menschen zugänglich gemacht werden.

- Eine Kommunikationsrevolution wird erreicht, wenn Fortschritte in Umweltschutztechnologien weltweit kommuniziert werden. Durch eine Effizienzrevolution muß im technischen Bereich mehr Nutzen aus weniger Ressourcen erzeugt werden (v. Weizsäcker u. Lovins: Faktor Vier). Dabei sind z.B. durch neue Materialien wie Kohlenstoffasern leichtere, energiesparende und umweltschonende technische Geräte und Ausstattung zu entwickeln, die sich schnell amortisieren und einen neuen Bedarf zum Austausch alter Technik entstehen lassen (Schaffung von Arbeitsplätzen).

- Mit einer Innovationsrevolution sind nachhaltige Wirtschaftsmethoden zu entwickeln. So sind die Nutzung der Erdwärme, der Einsatz von Biotechnologie und der produktionsintegrierte Umweltschutz Schritte in diese Richtung.

- Da diese Aufgaben die Kraft eines Landes überfordern, bietet sich eine Arbeitsteilung an, die mit den am meisten umweltpolitisch sensibilisierten Ländern USA, Kanada und Deutschland beginnen sollte und offen für weitere Teilnehmer ist. Diese Aktivitäten wirken einerseits als Arbeitsbeschaffungsprogramm und können die müde Weltkonjunktur beleben; andererseits entlasten sie nachhaltig die Umwelt und schaffen neue Verteilungsspielräume. Dies sind wesentliche Beiträge zu weltweiter Sicherheit und Stabilität.

3.3 Handlungsfeld: Prävention regionaler Krisen

In den sechziger Jahren, dem Jahrzehnt der Dekolonialisierung, hat die Bundesrepublik Deutschland auf amerikanischen Wunsch (Kennedy/ Adenauer) begonnen, den *politisch-institutionellen Aufbau der neuen Staaten* Afrikas, Asiens und Lateinamerikas und ihre Integration in die Weltwirtschaft durch entwicklungspolitische Maßnahmen zu unterstützen. In einigen Regionen hat dies zu beachtlichen Erfolgen geführt. In anderen Regionen, die unter Bürgerkriegen, sinkenden Rohstoffpreisen oder korrupten Regimen zu leiden hatten, folgte der politischen Unabhängigkeit nicht immer auch die ökonomische.

Die *Folgen unzureichender Entwicklung* sind fehlende Legitimation von Regierungen und extrem ungleiche Verteilung von Einkommen und Bildungsmöglichkeiten. Damit existiert ein Potential von Unzufriedenheit, das sich in einem breiten Spektrum von Risiken wie sozialen Unruhen, fundamentalistischen Ideologien, steigender Kriminalität und Migration auswirkt. Dies gefährdet nicht nur die innere Sicherheit der jeweiligen Region, sondern angesichts der weltumspannenden Wirtschaftsbeziehungen und Kommunikationsmittel auch die Sicherheit in den Industrieländern.

Die Entspannung in Europa nach dem Ende des Kalten Krieges hat - auch angesichts geringerer finanzieller Spielräume von Regierungen - zu einem Nachlassen des Interesses an den wirtschaftlich weniger bedeutenden Weltregionen und zu einer *Konzentration auf wirtschaftliche und politische Brennpunkte* (Osteuropa, Arabischer Golf, Südafrika, Israel/ Palästina, Bosnien) geführt. Dies gilt in besonderer Weise für die USA, die im Haushaltsjahr 1995/96 über 70% ihrer Auslandshilfe (Foreign Aid) in die Länder Israel, Ägypten und Rußland lenkte.

Eine zu starke Orientierung der internationalen Zusammenarbeit an der jeweils aktuellen Krisen-Agenda lenkt allerdings die Aufmerksamkeit von der Aufgabe der sicherheitspolitisch prioritären Prävention von Krisen ab und führt zu einem *doppelten Risiko*: Zum einen verschärfen sich Krisenpotentiale über längere Zeit unbemerkt, womit sich die Kosten ihrer Bewältigung erhöhen. Zum anderen nutzen einzelne Gruppen die Erfahrung, daß Krisen nur von der internationalen Öffentlichkeit als Problem anerkannt werden, wenn internationale Aufmerksamkeit erregt wird. Die Konsequenz ist, daß regionale Konflikte allein aus taktischen Gründen von den Konfliktparteien auf die internationale Ebene gehoben werden, auch wenn eine Lösung innerhalb der Region ohne externe Beteiligung möglich wäre.

Langfristig geht es darum, die politische Zeitbombe zunehmenden Wohlstandsgefälles durch *Schaffung von Einkommensmöglichkeiten* zu entschärfen. Dazu ist intern eine den jeweiligen Ressourcen entsprechende Wirtschafts- und Sozialpolitik erforderlich; als externe Faktoren kommen Investitionen, Zugang zu internationalen Märkten und gezielte entwicklungspolitische Förderungsmaßnahmen dazu.

Aufgabe einer globalen Sicherheitspolitik muß es darüber hinaus aber sein, die *regionale Fähigkeit* und Bereitschaft zum *frühzeitigen Erkennen und Entschärfen von Krisen* zu stärken, so daß auch UN-Blauhelmeinsätze und Eingriffe externer Krisenreaktionskräfte minimiert werden können.

Schlußfolgerungen

- Die Prinzipien für regionale Sicherheitsbündnisse, die in vielen Fällen aus bestehenden regionalen Wirtschaftsbündnissen (wie etwa SADDC im südlichen Afrika oder MERCOSUR im südlichen Lateinamerika) hervorgehen könnten, müßten von den jeweils beteiligten Staaten selbst erarbeitet werden.

- Der Aufbau solcher Regionalorganisationen dürfte sich über jeweils einige Jahrzehnte erstrecken. (Auch bei der EU ging es nicht schneller.) Entsprechend der regionalspezifischen Problemlage sollten Regionalorganisationen vorrangig mit den drängendsten länderübergreifenden Problemen betraut werden. Dies könnten z.B. im Nahen Osten die Wasserverteilung, in Südostasien der Umweltschutz, im südlichen Afrika die Infrastruktur sein, aber auch Abrüstung oder Nahrungsmittelsicherung.

- Entscheidend für die Funktionsfähigkeit von Regionalorganisationen ist die Übertragung eines klaren Mandates, die Entsendung überdurchschnittlich qualifizierten Personals, eine aufgabengerechte Sachmittelausstattung sowie dem Mandat gerecht werdende Regelungs-, Kontroll- und Sanktionsinstrumente.

- Sofern die beteiligten Länder grundsätzlich dazu bereit sind, diese Voraussetzung zu erfüllen, sollten solche Regionalorganisationen durch internationale Hilfe unterstützt werden. Bestehende Institutionen wie EU, NAFTA oder NATO sollten Beratungshilfe leisten. Eine wesentliche Voraussetzung für die Wirksamkeit solcher sicherheitspolitischen Institutionen ist jedoch, daß sich auch im Innern der beteiligten Länder zunehmend demokratische Strukturen zur gewaltfreien Regelung von Konflikten etablieren.

- Deutschland und die USA sollten als große Entwicklungshilfegeber ihre Mittel und ihren Einfluß nutzen, sowohl bilateral als auch über die multilateralen Institutionen den Aufbau und die Wirksamkeit solcher Regionalinstitutionen zu fördern. Dazu ist es erforderlich, daß beide Länder ihre regionalen Entwicklungsstrategien stärker als bisher untereinander und mit anderen wichtigen Geberländern koordinieren.

3.4 Handlungsfeld: Friedenssicherung durch Einsatz von Streitkräften

Risikoanalysen der NATO und der Bundesregierung

Bezüglich der Risiken, denen sich die Sicherheitspolitik in Zukunft gegenübersieht, wurden dazu von Seiten der NATO und im Weißbuch 1994 folgende Aussagen getroffen:

Die Bedrohung durch einen groß angelegten, gleichzeitig an allen europäischen NATO-Fronten vorgetragenen Angriff ist praktisch nicht mehr gegeben. Die verbleibenden Sicherheitsrisiken der Allianz sind vielgestaltig und kommen aus vielen Richtungen. Diese Risiken sind eher Konsequenz aus den tiefgreifenden wirtschaftlichen, sozialen und politischen Schwierigkeiten, einschließlich ethnischer und Gebietsstreitigkeiten.

Gleichzeitig wird aber auch ein gewachsenes Risiko festgestellt, daß Krisen entstehen, die rasch eskalieren könnten und dann eine schnelle Reaktion erfordern, auch wenn sie zunächst nur geringes Ausmaß haben. Die Sicherheit Deutschlands ist unmittelbar von der weiteren Entwicklung in Zentral-, Ost- und Südeuropa berührt. Mittelbar betroffen ist die Sicherheit durch instabile Verhältnisse in der Mittelmeerregion und des Nahen und Mittleren Ostens.

Auftrag von Streitkräften

Aus diesen Risikoanalysen ergibt sich die Erkenntnis, daß durch den Wegfall des antagonistischen, ordnungspolitischen und weltanschaulichen Ost-West-Konflikts den militärischen *Abschreckungspotentialen* zu einem Teil ihre bisherige Legitimation entzogen wurde. Darüber hinaus ist festzustellen, daß die Waffentechnologie und ihre Wirkungen immer perfekter, während Industrie- und Informationsgesellschaften zunehmend "kriegsuntauglicher" geworden sind und sich militärisch ausgetragene Konflikte immer weniger "rechnen".

Ein besonderes Problem stellen die Massenvernichtungswaffen (ABC) dar. Trotz Versuchen, die Proliferation zu beschränken, haben zunehmend "normal" industrialisierte Staaten in immer kürzer werdenden Zeitspannen die Möglichkeit – bei Vorliegen eines entsprechenden politischen Willens – Massenvernichtungswaffen zu produzieren und durch Trägersysteme auch zu verbringen.

Soll ein Einsatz dieser Mittel auf staatlicher Ebene erfolgen, kann das Vorhandensein der gleichen Fähigkeiten vom Einsatz abschrecken. Dieser Abschreckungseffekt wird allerdings bei einem Einsatz mit terroristischem Hintergrund keine Wirkung zeigen.

Ein Problem, daß in seiner Bedeutung und seinen Auswirkungen noch nicht voll durchdrungen ist, stellt der "Information warfare" dar. In diesem Bereich sind die Konturen und Unterscheidungsmöglichkeiten zwischen Angriff und Verteidigung, staatlich oder terroristisch, zivil und militärisch völlig verschwommen. Erkennbar ist, daß dieser Bereich mit seinen technischen Möglichkeiten und damit zu implizierenden politischen Folgen in seiner Bedeutung stark gewachsen ist.

Streitkräfte und Kommandostrukturen

Die Auswirkungen der Risikoanalyse auf die Streitkräfte und Kommandostrukturen sind entsprechend: es werden Krisenreaktions-(KRK), Hauptverteidigungs- und Verstärkungskräfte gebildet. Den KRK-Verbänden werden dabei in der Rüstung Prioritäten eingeräumt. Da weder Ort, Zeit, Dauer und Intensität einer Krise vorhersehbar sind, müssen sich die Aufgabenfelder der KRK-Verbände eher an allgemeinen Vorgaben orientieren. Politisches Ziel ist es, daß deutsche Einheiten grundsätzlich nur bi- oder multinational eingesetzt werden.

Schlußfolgerungen

- Der neue, breiter angelegte Sicherheitsbegriff muß sich auch hinsichtlich seiner militärischen Implikationen an den Erfordernissen der in den Industrie- bzw. Informationsgesellschaften feststellbaren oder bereits festgelegten Sicherheitsdefiziten orientieren und Konflikte in anderen Regionen der Welt mit einbeziehen.

- Die bisherige klassische, nationalstaatlich organisierte und legitimierte Sicherheitspolitik mit *dem* wesentlichen Instrument militärischer Gewalt hat nur noch begrenzende Funktionen. Die eigentliche Funktion ist an regionale übernationale Organisationen oder derzeit auch an global wirkende Ordnungskräfte übergegangen.

- Krisenfrüherkennung und Konfliktregelung erfolgen aber aufgrund der sicherheitspolitischen Entwicklungsprozesse ungleichzeitig und sind aufgrund ihrer Komplexität nur begrenzt durch globale, zentralistische Organisationen zu steuern.

- Für Deutschland ergibt sich daraus das Erfordernis, neue, an einer umfassenden und aktuellen Risikoanalyse orientierte Sicherheitsstrukturen mit zu entwickeln. Militärische Kräfte sind zu unterhalten, die gemeinsam mit etablierten *regionalen* Kräften im Rahmen übernationaler Krisenfrüherkennung und Konfliktregelung weltweit intervenieren können.

- Bezüglich der Beziehungsstrukturen zu den USA ergibt sich daraus das Erfordernis im Falle, daß die USA die regionalen Kräfte für das Krisenmanagement stellen, diese grundsätzlich lageabhängig und abgestuft zu unterstützen.

3.5 Übergeordnetes Handlungsfeld: Erhalt von Kultur und Werten

Da die Metropolen, von denen Demokratie, Modernisierung, Säkularisierung und Industrialisierung ausgingen, sich überwiegend in westeuropäischen Ländern und in Nordamerika befinden, ist die Frage nach den Quellen der Wertegemeinschaft und der daraus erfolgten gesellschaftlichen, politischen und wirtschaftlichen Entwicklung wichtig. Ausschlaggebend für diese Entwicklung war die Gemeinsamkeit der auf den Traditionen der antiken griechischen Philosophie und der christlichen Tradition aufbauenden und von diesen nicht zu trennenden abendländischen Kulturen in der Vergangenheit. Die in der gesamten geschichtlichen Entwicklung grundlegende Wertegemeinschaft der Demokratie zwischen den westeuropäischen Ländern und den USA hat hier ihr Fundament.

Gerade die amerikanische Gesellschaft hat ihre demokratische Lebensform als eine im engen Zusammenhang mit den Traditionen des Christentums stehende immer wieder verteidigt. Gegenwart und Zukunft werden wie die Vergangenheit im entscheidenden Maße von der Erhaltung dieser Kultur sowie diesem religiösen Erbe und den daraus entstandenen kulturellen und gesellschaftlichen Werten bestimmt werden. Darum muß ein Ziel der erweiterten sicherheitspolitischen Maßnahmen und der europäisch-nordamerikanischen Zusammenarbeit in dem Erhalt und der Fortführung dieses kulturellen Fundamentes und dieser Wertegemeinschaft zwischen Deutschland und den USA liegen.

Entwicklungstendenzen

Die Wichtigkeit dieses Sicherheitsaspektes zeigt ein Blick auf die Entwicklungen in anderen Ländern und Kulturbereichen. Die Geschichte kultureller Unterschiede zeigt, wie die Kultur insgesamt die wirtschaftliche und soziale Entwicklung beeinflußt hat. *"Die Geschichte, die niedergeschrieben wird, ist die Geschichte von Völkern und Nationen, aber die Prägemerkmale, die dabei entstehen, sind die von Kulturen. Selbst in einem technologischen Zeitalter ist die Verbreitung der Technologie als solche nicht so wichtig wie die kulturelle Aufnahmebereitschaft der verschiedenen Nationen. Das Bedürfnis und das Vermögen, sich Technologie zu eigen zu machen, sie entsprechend den Bedürfnissen für künftige Zwecke umzuformen, sind von Kultur zu Kultur verschieden"* (Constantin von Barloewen).

Dagegen haben wissenschaftlicher Fortschritt, Industrialisierung und steigende Kommunikation (wie sich heute *weltweit* feststellen läßt) weder die nationalistischen Erhöhungen noch die religiöse Intoleranz eingeebnet. Kulturen verkörpern kein Tableau von Unterschieden, sondern vielmehr einen dynamischen Vorgang des Wettbewerbs. Kulturen sind als Quellen der Identität zu begreifen. *Constantin von Barloewen* macht deutlich, daß sich Kultur *"nicht in einer aseptischen Sphäre abspielt, gleichsam unberührt von der äußeren Welt, sondern sich an der historischen sowie aktuellen politischen und wirtschaftlichen Empirie reibt"*.

Westlicher Metropolitanismus und der Nationalismus der Staaten der Peripherie nähren sich gegenseitig. Der Nationalismus, den wir heute in den Ländern der Sowjetunion und in den arabischen Staaten oder in Asien erleben, ist im wesentlichen der Versuch, Identität zu bekräftigen und Gemeinschaft wiederherzustellen. Der Wunsch nach einer indigenen Form der religiösen Politik, die sich frei macht von den Imperativen westlicher Kultur, wird in diesem Zusammenhang immer wieder verdeutlicht.

Kulturelle und religiöse Unterschiede zwischen den Nationen waren also wesentlich im Blick auf die unterschiedliche Entwicklung der gesellschaftlichen, politischen und wirtschaftlichen Wirklichkeiten und spielen eine wichtige Rolle für deren Ausprägung in der Gegenwart. Sie spiegeln sowohl die wirtschaftlichen Unterschiede von Gruppen innerhalb eines Landes als auch größere Unterschiede zwischen den Nationen wieder.

Die Bemühungen um die Aufrechterhaltung der kulturellen und religiösen Unterschiede im Zusammenhang mit einem geistig-spirituellen Aufbegehren tritt heute immer deutlicher in Spannung zu der technischen Homogenisierung der Welt mit den wirtschaftlichen Imperativen. Die Dominanz der Wirtschaft und ihre zentrifugalen Kräfte rufen vielerorts archaische Traditionen im geistig-religiösen Raum hervor.

Die Zersplitterung erfaßt zunächst die großen multikulturellen Staaten, sie macht aber auch vor den Zivilisationen in Zentral- und Osteuropa und Rußland nicht halt. Beobachter dieser Szenen behaupten, daß die neuen religiösen Nationalismen das Potential in sich tragen, gemeinsame Sache gegen den säkularen Westen zu machen, was in einen neuen kalten Krieg münden könnte.

Ziele

Religion ist für den Menschen also nicht nur historisch, sondern aktuell von kardinaler Bedeutung. Das von den christlichen Traditionen herrührende Menschenbild, das sich sowohl in der amerikanischen als auch in der deutschen Verfassung widerspiegelt, darf nicht in Frage gestellt werden. *"Das Menschenbild des Grundgesetzes ist nicht das eines isolierten souveränen Individuums; das Grundgesetz hat vielmehr die Spannung Individuum-Gemeinschaft im Sinne der Gemeinschaftsbezogenheit und Gemeinschaftsgebundenheit der Person entschieden, ohne dabei ihren Eigenwert anzutasten"* (Bundesverfassungsgericht).

Ziel politischen Handelns kann aber nicht eine Art Weltreligion bzw. Weltkultur sein, sondern eine Koalition der unterschiedlichen Religionen und Kulturen. Das gilt nicht nur für die kulturellen und religiösen Werte, sondern auch für die daraus erwachsenen Werte der Menschenrechte, die für die freiheitlich-demokratische Gesellschaft westlicher Prägung unaufgebbar sind, auch wenn sie nicht ohne Rücksichtnahme auf die jeweilige soziale, politische, kulturelle und religiöse Situation auf jeden anderen Staat übertragen werden können.

Der in diesem Zusammenhang oft gebrauchte Begriff des Fundamentalismus christlicher und nichtchristlicher Prägung ist eigentlich eine ungenaue Kategorie, um Vergleiche zwischen Kulturen anzustellen. Das gemeinsame Ziel dieser religiösen Aktivisten in der ganzen Welt ist die Zurückweisung des modernen westlichen Säkularismus (vgl. Bericht des Bundesamtes für Verfassungsschutz zum islamischen Extremismus, Januar 1996: Der Fundamentalismus zielt *"auf die 'verderbliche Lebensweise' der westlichen Welt ab und hält diese mit den in diesem Fall eher streng ausgelegten islamischen Vorschriften für nicht vereinbar"*).

Bruce Lawrence gebraucht in diesem Zusammenhang den Begriff Antimodernismus, um den Fundamentalismus als ein globales Konzept zu beschreiben. Es geht um eine religiöse Revolte gegen die säkulare Welt, daher kann man auch vom Konservatismus oder eben vom religiösen Nationalismus (gegenüber einem säkularen Nationalismus) sprechen (die Feststellung in dem o.g. Bericht des BfV, den Vertretern des Islamismus ginge es "weniger um eine (neue) theologisch fundierte Exegese des Koran als vielmehr um eine Instrumentalisierung der Religion", ist in diesem Zusammenhang zu hinterfragen bzw. wäre zu konkretisieren).

Nicht zuerst um die politische Struktur des Nationalstaates geht es, sondern vielmehr um die politische Ideologie, die dem Nationalstaat zugrunde liegt. So war es das Ziel der iranischen Revolution, das Volk nicht nur von der politischen Macht des Schah zu befreien, sondern den Iran vom westlichen Gedankengut (der islamische Fundamentalist Muhammed al-Attag hat die Formel "Entwestlichung des Wissens" geprägt) zu trennen. *"Die Entzauberung der Welt soll rückgängig gemacht werden, um den Weg für den Glauben an die Autorität von Verkündung und Überlieferung und somit das sichere absolute Wissen zurückzuerobern"* (Bilger).

Schlußfolgerungen

- Religion und Kultur sind Ursprung und Förderer der Entwicklung und der (wirtschaftlichen, politischen und geistigen) Schöpfungskraft des Menschen. Sie sind nicht Diener der Ziele, sondern die soziale Grundlage der Ziele selbst. Sie bestimmen, wie Menschen sich zu ihrer Umgebung stellen. Der demokratische Staat darf den religiösweltanschaulichen Bereich weder dirigieren noch bagatellisieren. Die bewußte Bewahrung der überkommenen Werte und deren prägender Stellung in der gesellschaftlichen Öffentlichkeit muß ein grundlegendes Anliegen gemeinsamer deutsch-amerikanischer Politik bleiben.

- Durch den Ost-West-Konflikt der vergangenen Jahrzehnte und die dadurch bedingte Stationierung von Millionen Amerikanern (als Angehörige des Militärs bzw. deren Familien) in Europa hatten diese persönliche Kontakte zu dem Ausgangsbereich der grundlegenden Werte, der Demokratie und der Menschenrechte. Das wird sich zukünftig ändern, da die Berührungspunkte weniger werden. Sich darauf zu verlassen, daß diese Fundamente automatisch erhalten bleiben, kann verheerende Folgen haben aufgrund der immer stärkeren wirtschaftlichen Ausrichtung der USA nach Asien.

- Obwohl im Bewußtsein des amerikanischen Volkes die Wertegemeinschaft mit Europa noch verankert ist, wird es in Zukunft darauf ankommen, diese immer wieder neu ins Bewußtsein zu bringen, um sie im Denken und in den Entscheidungen zu erhalten. Politische, militärische und wirtschaftliche Entscheidungen müssen in Europa und Amerika an den Zielen dieser Wertegemeinschaft und ihrer Grundrechte gemessen werden, ebenfalls wissenschaftliche Forschungen (wie Gen- oder auch Atomforschung), da der Mensch heute in der Lage ist, das gesamte organische Leben auf dieser Erde zu verändern bzw. zu vernichten.

- Im Zusammenleben mit anderen Kulturen gilt auch hier wie auf allen anderen Gebieten: Sicherheit ist nicht einseitig zu haben. Es gibt sie – wie den Frieden – nur miteinander, nicht gegeneinander. Zur Friedensbewahrung auf diesem Gebiet müssen unterschiedliche Wege gegangen werden. Dazu gehören gegenseitiges Kennenlernen ebenso wie vertrauensbildende Maßnahmen.

- Zum Kennenlernen anderer Kulturen und Religionen in den eigenen bzw. in fremden Ländern, das eine Grundvoraussetzung für die Verringerung der Angst voreinander und für Vertrauen ist, ist die eigene Öffnung gegenüber Andersdenkenden nötig, um soviel als möglich interreligiöse und interkulturelle Kontakte und den Austausch von Erkenntnissen weiterzuentwickeln. Wenn wir jedoch unsere uns immer wieder neu zuwachsenden Erkenntnisse in Ideologien umwandeln und anderen Menschen auf Grund der technisch erreichten Nähe aufzudrängen versuchen, dann werden schließlich alle unsere technischen Entwicklungen nur zwischenmenschliche Entfremdung und Feindschaft fördern. Kultur läßt sich nicht technisch übertragen, sondern nur von Mensch zu Mensch vermitteln.

- Toleranz ist – auch im Blick auf fremde Kulturen und Religionen im christlich-abendländisch geprägten Bereich – ein grundsätzliches abendländisches Strukturelement, was jedoch nicht bedeutet, eigene Wertvorstellungen oder Überzeugungen aufgeben zu müssen. Die grundrechtlich begrenzte Demokratie verträgt nicht nur, sondern fördert unterschiedliche Lebensauffassungen, Überzeugungen und Lebensstile. Die rechtliche Gleichstellung aller Bürger verwirklicht sich trotz und gerade angesichts der Tatsache, daß die Menschen in vieler Hinsicht nicht gleich sind und unter ungleichen gesellschaftlichen Bedingungen leben.

- In jedem Fall muß verhindert werden, daß durch die Andersartigkeit oder durch fundamentalistische Erscheinungen der anderen Kultur oder Religion es zur Bildung eines neuen "Feindbildes" im Sinne des ehemaligen Ost-West-Konfliktes kommt. Die Bemühungen der westeuropäischen Demokratien in Kooperation mit den USA um die Erlangung der unverzichtbaren Freiheiten als Grundrechte in allen Teilen der Welt bleiben eine gemeinsam zu tragende Aufgabe, die nur durch Kooperation und vertrauensbildende Maßnahmen zu lösen ist.

4. Konsequenzen für Integration, Kooperation und Kommunikation

4.1 Grundsätze und Prioritäten der sicherheitspolitischen Zusammenarbeit Deutschland/USA

Die sicherheitspolitische Zusammenarbeit zwischen den USA und Deutschland kann auf unterschiedliche Weise gestaltet werden: In einfacherer Form durch einen kontinuierlichen und vertieften Informationsaustausch, auf höherem Niveau durch Kooperation und schließlich in noch weitergehender Form durch Integration, d. h. eine Zusammenarbeit, die auch eine Aufgabe nationaler Souveränitätsrechte beinhaltet. Ordnet man die in Kapitel 3 exemplarisch untersuchten Handlungsfelder nach der zweckmäßigsten Form der Zusammenarbeit und nach Prioritäten, so ergibt sich zusammengefaßt das folgende Bild:

- Höchste Priorität in der Sicherheitspolitik liegt bei der Prävention regionaler Krisen und den Bemühungen für einen globalen Schutz der Umwelt. Hierfür eignen sich vor allem kooperative Ansätze.

- Von geringerer Priorität sind aus heutiger Sicht die Friedenssicherung, die Sicherung der Energieversorgung sowie der Erhalt von Kultur und Werten durch den Einsatz konventioneller und nuklearer Waffen. Die Friedenssicherung sollte vor allem durch Integration (Weiterentwicklung der NATO) erfolgen. Zur Sicherung der Energieversorgung kommt vor allem eine verbesserte Kooperation in Betracht.

- Dem Erhalt von Kultur und Werten kann am besten ein breiterer Informationsaustausch zwischen USA und Deutschland dienen.

4.2 Zusammenfassende Empfehlungen

Die Beziehungen Deutschlands zu den USA sind gut. Vor dem Hintergrund zunehmender Tendenzen zum Isolationismus und der Betonung der Innenpolitik in den USA erscheinen weitere Verbesserungen nur schwer möglich. Vielmehr müssen Anstrengungen unternommen werden, um das hohe Niveau zu halten.

Zusammenarbeit in multilateralen Bündnissen

- Für Deutschland ist es erforderlich, im europäischen und globalen Umfeld die Stabilität zu festigen und zu erhöhen ("wenn es der Welt gut geht, geht es Deutschland gut"). Alternativen zur Einbindung deutscher Interessen in multinationale Strukturen gibt es nicht. Daher muß die Einigung Europas in der EU vorangetrieben werden, die WEU als Europäischer Pfeiler der NATO muß als Sicherheitselement weiterentwickelt werden.

- Die NATO als derzeit einzige funktionierende Sicherheitspartnerschaft muß gestärkt und in ihren Strukturen und Entscheidungsverfahren den neuen Herausforderungen angepaßt werden. Im Interesse Europas muß eine Öffnung für neue Mitglieder insbesondere aus dem ost- und mittelosteuropäischen Raum erfolgen. Dabei sind die Interessen Rußlands zu berücksichtigen.

- Die OSZE als überregionale Organisation für Sicherheit und Zusammenarbeit muß zur Entscheidungsfindung und zur Durchsetzungsfähigkeit über ein eigenes Instrument zur Krisenbewältigung verfügen.

- Die Vereinten Nationen müssen durch die Reform des Sicherheitsrates, durch interne Effizienzsteigerungen sowie durch eine solide finanzielle Basis in ihrer Durchschlagkraft gestärkt werden.

- Darüber hinaus muß Deutschland in allen Bereichen auch zur bi- und multilateralen Kooperation fähig bleiben – bis hin zu ad hoc Koalitionen. Hierzu ist es vorrangig, daß Deutschland sich eine neue Handlungsfreiheit verschafft und sich aus "bequemen" Vergangenheitsrestriktionen löst. Nur so kann es vollwertiges und durchsetzungsfähiges Mitglied der Völkergemeinschaft werden und bleiben. Die Verpflichtungen zukünftiger Politik können durch keinen Nationalstaat mit eigenen Mitteln mehr erfüllt werden. Es wird entscheidend darauf ankommen, durch gerechtes und ausgewogenes "burden- und responsibility-sharing" die Last, aber auch die Verantwortung gleichmäßig zu verteilen.

- Um die politisch deklarierten deutschen Sicherheits- und Friedensinteressen auch adäquat in die multilateralen Bündnisse einbringen zu können, muß der Anteil berufserfahrenen deutschen Personals in den entsprechenden Institutionen deutlich erhöht werden. Das Bundeskanzleramt sollte von den zuständigen Ressorts entsprechende Personalplanungen vorlegen lassen und deren Einhaltung überprüfen.

- Diese Aussage gilt auch für die Beziehungsstrukturen zu Nordamerika, d.h. vornehmlich zu den USA. Da es keine internationalen Organisationen gibt – seien sie politischer, finanzieller oder wirtschaftlicher Art –, in der wegen eines direkten oder versteckten Vetorechts Entscheidungen gegen die USA denkbar sind, kommt den bilateralen Beziehungen Deutschlands zu den USA aus vitalen nationalen Interessen überragende Bedeutung zu. Allerdings ist diese Beziehung so zu entwickeln, daß unsere europäischen Partner nicht das Gefühl einer "deutschen Sonderrolle" haben.

Bilaterale Zusammenarbeit mit den USA

- Besondere Bedeutung kommt insbesondere nach dem weitgehenden Abzug amerikanischer Truppen aus Deutschland dem gegenseitigen Kontakt der Menschen zu. Um den nachlassenden Interessen insbesondere der jüngeren Generation der Amerikaner an Deutschland und Europa entgegenzuwirken, müssen zusätzliche breitenwirksame Begegnungsmöglichkeiten geschaffen werden. Ein Ansatz dazu wäre die Bereitstellung von Mitteln für gemeinsame Einsätze in Deutschland im Rahmen des "freiwilligen sozialen/ökologischen Jahres" oder des Zivildienstes bzw. in den USA im Rahmen des von Präsidenten Clinton ins Leben gerufenen "Americacorps". Ein weiterer Ansatz liegt in der Förderung von Jugendaustauschprogrammen in der Verantwortung der christlichen Kirchen und anderen internationalen Gruppierungen.

- Neue Schwerpunkte der Zusammenarbeit können Umweltschutz und Forschung und Entwicklung im High-Tech-Bereich sein (Beispiel: "Information Warfare").

- Die Abstimmung von "Regionalverantwortlichkeiten" in sicherheitspolitischem Sinne in enger Kooperation erscheint denkbar.

- Die USA legen großen Wert auf ihre globale politische Führungssrolle und wollen auch bei europäischen Entwicklungen konsultiert, zumindest informiert werden. Die deutsche Position nach der Wiedervereinigung wird als gestärkt bewertet ("privileged partner"). Diesen Erwartungen muß Deutschland entsprechen.

Arbeitsgruppe B

Welche Schwerpunkte sollte Deutschland bei der zukünftigen Gestaltung einer kooperativen und integrativen Sicherheitsordnung im OSZE-Raum setzen?

1. Einführung

Unter dieser Fragestellung werden im folgenden Integrations- und Kooperationsformen im europäischen Teil des OSZE-Raumes sowie die dazu erforderlichen Strategien unter Beachtung der deutschen sicherheitspolitischen Interessen untersucht und bewertet.

Die für die europäische Sicherheitsordnung bedeutsamsten Entwicklungen seit dem Ende des Zweiten Weltkrieges waren der Fall des Eisernen Vorhangs, der Zerfall der Sowjetunion, die politische und wirtschaftliche Transformation der Länder Mittel- und Osteuropas und nicht zuletzt die Herstellung der deutschen Einheit. Die aktuellen Folgen des Zusammenbruchs der alten hegemonialen Ordnung im sowjetischen Imperium sind für Deutschland von größerer Bedeutung als für alle anderen westlichen Staaten. Deutschland liegt an der Schnittstelle zwischen West und Ost und hat deshalb ein besonderes Interesse an einer Fortführung der friedlichen Veränderung in Mittel- und Osteuropa.

Heute ergibt sich für Europa die historische Chance, durch Erweiterung der Kooperation und Integration mit den neuen souveränen Staaten Mittel- und Osteuropas zu einem freien und geeinten Kontinent zusammenzuwachsen.

Erste Schritte zu einer Öffnung nach Mittel- und Osteuropa sind bereits getan. Mit den Assoziierungsabkommen der Europäischen Union (Europaabkommen) sind Polen, Ungarn, die Tschechische Republik, die Slowakei, Rumänien und Bulgarien sowie die baltischen Staaten der Europäischen Union bereits ein erhebliches Stück näher gerückt. Mit der Initiative "Partnerschaft für den Frieden" (PfP), die im Januar 1994 auf dem NATO-Gipfel in Brüssel ins Leben gerufen wurde, konnte die Stabilität und Sicherheit durch eine militärische Kooperation zwischen der NATO, den Staaten Mittel- und Osteuropas und anderen OSZE-Staaten gefestigt werden.

Ferner steht die Erweiterung des Verteidigungsbündnisses der NATO sowie der EU durch Staaten aus Mittel- und Osteuropa auf der Tagesordnung. Die NATO hat dazu im Dezember 1994 ihre grundsätzliche Offenheit für neue Mitglieder bekundet. In ähnlicher Weise hat sich die Europäische Union auf dem Europäischen Rat in Kopenhagen 1993 festgelegt. Damit ist der Weg für die künftige Gestaltung einer integrativen Sicherheitsordnung in Europa vorgezeichnet.

Die folgenden Ausführungen konzentrieren sich auf Probleme der demokratischen Strukturen, der äußeren und inneren Sicherheit sowie der Sicherung der Wirtschaft und Sozialordnung im Hinblick auf die Erweiterung der NATO und EU bzw. auf die Kooperation mit den Staaten Mittel- und Osteuropas sowie mit Rußland.

2. Probleme und Schlußfolgerungen

2.1 Demokratische Strukturen

Die OSZE kann nur dann ein Stabilitätsraum werden, wenn die Entwicklung in Politik, Wirtschaft und Gesellschaft in demokratischen Bahnen verläuft. Vordringliches Sicherheitsinteresse Deutschlands ist es, den

OSZE-Raum zu einer Wertegemeinschaft westlicher Prägung auszubauen.

Wenn auch nicht davon ausgegangen werden kann, westliche Grundüberzeugungen in allen OSZE-Mitgliedstaaten kurzfristig zu verankern, so muß dennoch auf ein Mindestmaß an Staats- und Demokratieverständnis (Menschenrechte, Gewaltenteilung, Verfassungswirklichkeit) gedrängt werden. Unbewältigte Probleme mit nationalen Minderheiten müssen friedlich gelöst werden. Dieser Anspruch richtet sich gewiß in erster Linie an die Nachfolgestaaten der Sowjetunion, aber durchaus auch an bestimmte südosteuropäische OSZE-Partnerländer.

Von deutschem Interesse ist dabei vor allem, daß sich Rußland in diesem Sinne zu einem stabilen und verläßlichen Nachbarn und Partner entwikkelt. Ohne eine positive Entwicklung in Rußland kann die gesamteuropäische Situation nicht dauerhaft stabilisiert werden. Rußland kommt vielmehr eine Signalfunktion zu; von diesem Land gehen – im positiven oder negativen Sinne – Ausstrahlungseffekte in alle Bereiche der Sicherheitspolitik auf die näheren und weiteren Nachbarregionen aus.

Wenn von der Stabilisierung Rußlands die Rede ist, geht es um das Gesamtsystem, das in politischer, gesellschaftlicher, wirtschaftlicher und sozialer Sicht zunächst vor der Zerrüttung bewahrt werden muß, um sodann einen zukunftsweisenden Entwicklungspfad beschreiten zu können. Besondere Aufmerksamkeit kommt zudem der Beziehung zwischen der Moskauer Zentralregierung und den 89 Föderationssubjekten (Republiken, Oblaste) zu. Ob Rußland sein gegenwärtiges Gesicht beibehält oder seine Struktur ändert, ob gar bestimmte Teile sich verselbständigen, muß nicht notwendigerweise deutsche sicherheitspolitische Interessen berühren. Hingegen berührt uns sehr wohl die Art und Weise des Miteinander der diversen Verfassungs- und Föderationsobjekte innerhalb Rußlands. Ein zweites Tschetschenien könnte für die weitere Entwicklung verheerende Auswirkungen haben.

Rußland muß sich deswegen aus deutscher Sicht zu einem modernen, pluralistisch-demokratischen und dabei europäisch-weltoffenen Staat entwickeln, der zu einem berechenbaren und verläßlichen Partner des Westens und Deutschlands wird. Die Transformation in Rußland ist die größte Herausforderung der Weltpolitik seit dem Ende des Zweiten Weltkriegs, in ihren gesellschaftlichen Auswirkungen vielleicht sogar vergleichbar mit der französischen Revolution von 1789. Dabei ist insbesondere problematisch, daß die politische und die wirtschaftliche Transformation zum selben Zeitpunkt stattfinden.

Rußland hat in den vergangenen Jahren insbesondere seit Beginn der eigentlichen Wirtschaftsreformen 1992 gewaltige Fortschritte gemacht. Auf allen Ebenen hat sich der Wandel durchgesetzt: Die Pressefreiheit ist verwirklicht, die Privatisierung kleiner und mittlerer Betriebe abgeschlossen, der Außenhandel weitgehend liberalisiert, der Währungsverfall gestoppt, die Inflationsbekämpfung erfolgreich. Eine Wiederherstellung sowjetischer Verhältnisse in der Politik scheint wenig wahrscheinlich, eine Umkehrbarkeit zu überkommenen planwirtschaftlichen Methoden praktisch nicht mehr umsetzbar und eine militärische Bedrohung des Westens zumindest auf absehbare Zeit so gut wie ausgeschlossen.

Gleichwohl scheint der demokratische Weg Rußlands noch nicht gesichert, sind die Wirtschaftsreformen in vielen Teilbereichen Stückwerk geblieben und Rußland auf dem Weg zu einer offenen pluralistischen Gesellschaft, die sich westlichen Wertvorstellungen annähert, noch wenig vorangekommen. Ein übergeordneter gesellschaftlicher Konsens hat sich noch nicht herausgebildet. Die Regierung kann lediglich als Wirtschaftskabinett gelten, Entscheidungen außenpolitischer und verteidigungspolitischer Art werden in anderen, nicht ausreichend demokratisch legitimierten Organen, vor allem im Sicherheitsrat, vorbereitet. Somit ist eine klare Gewaltenteilung westlicher Prägung in Rußland gegenwärtig noch stark unterentwickelt.

In der Innenpolitik bietet insbesondere der geringe Erfahrungsschatz russischer Parteien mit demokratischen Umgangsformen und Spielregeln Anlaß zur Sorge. Der KPRF (Kommunistische Partei der russischen Föderation) kommt eine Schlüsselrolle zu. Kann sie den übernommenen internen Strukturen der Sowjet-KPdSU abschwören? Kann sie sich rasch in eine Partei wandeln, die in etwa den Euro-Kommunistischen Parteien Westeuropas oder gar der Sozialdemokratie ähnelt? Viel wird hier von Parteichef Sjuganow und seiner Überzeugungskraft abhängen. Gelingt es den marktorientierten Reformkräften, wie Jawlinskij, eine Parteistruktur aufzubauen, um auch landesweit Wähler gewinnen zu können, oder bleiben seine Thesen den Ohren Intellektueller in Rußland und im Westen vorbehalten?

Die politischen Entscheidungsprozesse in Rußland sind nach wie vor nicht ausreichend transparent und stark von Interessengruppen dominiert. Parallel zum öffentlichen Leben existieren starke inoffizielle Machtstrukturen, die von ehemaligen Parteikadern, alten Seilschaften, neuen Reichen und kriminellen Strukturen gebildet und mit einem regelrechten Netzwerk der Korruption im öffentlichen Dienst verbunden sind.

In der russischen Wirtschaftspolitik wechseln sich positive und negative Nachrichten in rascher Folge ab. Erfolge bei der (monetären) Stabilisierung stehen einem absolut unzureichenden Ordnungsrahmen gegenüber. Wenn man auch nicht von einem konzeptionellen und institutionellen Vakuum sprechen kann, so bleibt doch die Schaffung von Rechtssicherheit für in- und ausländische Investoren oberste Priorität.

Ein stabiles, demokratisches Rußland ist für Deutschland und für das nordatlantische Bündnis von größter Bedeutung. Ein Scheitern des Demokratisierungsprozesses kann nicht kompensiert werden.

Für Deutschland kommt es darauf an, die Kapazitäten Deutschlands in finanzieller, politischer und auch intellektueller Hinsicht auf die schwierige Lage Rußlands zu bündeln. Die deutsche Sicherheitspolitik muß sich des großen Problems Rußland annehmen, auch auf die Gefahr hin, andere politische Ziele in Mittel- und Osteuropa zumindest vorübergehend zurückzustellen. Die Partner Deutschlands in der EU müssen von der Priorität der "russischen Frage" überzeugt werden. Sie müssen für eine aktive Politik der Beteiligung an der Stabilisierung Rußlands gewonnen werden. Die Stabilität ganz Europas, auch und gerade Mittel- und Osteuropas, hängt von der Stabilität in Rußland ab.

Auf allen Ebenen muß somit der Kontakt zu Rußland und den Russen aufgenommen bzw. intensiviert werden. Dabei kommt es weniger auf die staatlich geförderten Integrationsebenen an, sondern auf alle gesellschaftlichen Kräfte wie Kirchen, Schulen, Gewerkschaften, Parteien etc. Eine besondere Rolle kommt dabei den Medien, vor allem der Presse zu. Die Berichterstattung über Rußland muß intensiviert werden. Das deutsche Interesse an der russischen Innenpolitik muß zu einer weiteren Stabilisierung der Rechte des Parlaments führen. Kontakte zu russischen Abgeordneten aller Parteien und Fraktionen sind auszubauen.

Hinsichtlich der Wirtschaftspolitik muß der russischen Führung, aber auch der Bevölkerung, die Kerngröße freien Wirtschaftens, die Eigentumsfrage, immer wieder ins Bewußtsein gebracht werden. Ohne ein eindeutiges Bekenntnis zu Privateigentum an Grund und Boden wird es keinen nennenswerten und anhaltenden wirtschaftlichen Aufschwung geben können. Die weitere Kreditvergabe im multilateralen und bilateralen Rahmen muß sich der Aufgabe einer Verknüpfung mit dieser Problematik stellen. Weitere wesentliche Forderungen bzw. Empfehlungen des Westens und Deutschlands müssen sich auf die Beschleunigung der Privatisierung, auf die Entwicklung der property rights, auf die Reduzierung des Monopolgrades in der Wirtschaft, auf die Gesundung des Bankensektors, die Schaffung effektiver Geld- und Kapitalmärkte und auf die Schaffung eines Handelsrechts und Wettbewerbsrechts sowie sozialen Frieden schaffenden Arbeits- und Sozialrechts beziehen.

Ein nachhaltiges Insistieren auf obige Punkte darf nicht nachlassen. Immerhin hat es fast drei Jahre bedurft, um in Rußland klar zu erkennen, daß die Inflation kein Mittel zur Stabilisierung der Wirtschaft ist. Das Prinzip des Eigentums bedarf sicher noch längerer Zeit, sich durchzusetzen, gerade deswegen muß in jedem Gespräch ein "ceterum censeo"-Appell an Rußland gerichtet werden.

Die dominierende Rolle des Soldatischen in allen Bereichen des öffentlichen Lebens war der Stabilität des sowjetischen Gemeinwesens letztlich zum Verhängnis geworden. Deshalb muß deutsche Sicherheitspolitik heute darauf drängen, daß dem Wiedererstarken der Militarisierung der russischen Wirtschaft und Gesellschaft vorgebeugt wird. Die Konversion der russischen Rüstungsbetriebe, die ja bislang noch ohne nachhaltige Erfolge geblieben ist, darf somit nicht zum Stiefkind der Wirtschaftsreformen verkommen. Nachhaltige Hilfe Deutschlands für russische Unternehmen wird längerfristig von beiderseitigem Nutzen sein.

Im deutschen Interesse liegt die Verbreitung der Idee der sozialen Marktwirtschaft, somit muß Deutschland versuchen, im Internationalen Währungsfonds (IWF), der Weltbank, der Europäischen Bank für Wiederaufbau und Entwicklung und in anderen Gremien mehr Einfluß zu gewinnen und die spezifisch deutsche Sicht der wirtschaftlichen Dinge zu verbreiten. Als Störfaktor kann sich der amerikanische Einfluß auf die wirtschaftspolitischen Leitlinien des IWF auswirken. Ein bestimmtes Modell für die russische Wirtschaftsentwicklung wie vom IWF vorgeschlagen kann in Rußland zu Enttäuschungen sowie sozialen Verwerfungen führen. Eine deutsche Stimme, die den IWF-Vorschlägen widerspricht oder sie ergänzt bzw. erweitert, mag zu gewissen Irritationen im Westen führen, wird jedoch das Vertrauen zwischen Rußland und Deutschland stärken.

Deutschland muß zudem den Handel auf allen Ebenen der Wirtschaft und mit allen zur Verfügung stehenden Mitteln fördern. Kurzfristige Bedenken dürfen keine Rolle spielen. Deutschland muß weiterhin der wichtigste Außenhandelspartner bleiben und der wichtigste Partner bei betrieblichen Kooperationen in allen Formen (joint ventures) werden. Deutschland kann und muß der spiritus rector eines sozialen Sicherungssystems werden, eines Rentensystems, eines Ausbildungssystems für Arbeitslose und einer tatsächlich wirksamen Arbeitslosenunterstützung. Ein Finanzausgleich nach deutschem Muster könnte künftige Spannung zwischen Moskau und den russischen Regionen mildern helfen.

2.2 Äußere Sicherheit

Der Schutz der Nation und die aktive Gestaltung von Stabilität und Frieden sind die übergeordneten, gleichrangigen Ziele deutscher Politik zur Herstellung, Gestaltung und Erhaltung der äußeren Sicherheit. Diese Ziele beinhalten alle Maßnahmen zur Sicherung der staatlichen Integrität gegen eine konventionelle militärische Bedrohung wie eine durch Massenvernichtungswaffen, eine umfassende Vorsorge zur Krisenerkennung und Krisenbewältigung, den Abschluß und die Ausgestaltung von Verträgen sowie die Bildung und/oder Weiterentwicklung von Allianzen und Bündnissen.

Seit dem Ende des Zweiten Weltkrieges und der Wiederaufnahme in die Völkergemeinschaft ist Deutschland mit den westlichen Staaten Europas durch enge, vielfältige bi- und multilaterale Verbindungen verknüpft und zu einem gewichtigen, aber auch anerkannten Partner der wesentlichen Bündnisse mit Berührungspunkten zur äußeren Sicherheit geworden (EU, WEU, NATO, OSZE u.a.). Auch wenn die Interessen der Hauptakteure

Frankreich, Vereinigtes Königreich, Italien und Deutschland nicht immer übereinstimmen, ist die äußere Sicherheit Deutschlands davon nicht berührt.

Nach dem Zusammenbruch der Sowjetunion und der Umgestaltung der Verhältnisse bei unseren östlichen Nachbarn ist die Konfrontation der Zeit des „Kalten Krieges“ verschwunden. Die Staaten Mittel- und Osteuropas sind an einer engeren Bindung zu Deutschland und seinen Verbündeten stark interessiert und streben die Aufnahme als vollwertige Mitglieder in die NATO an. Die bereits bestehenden Verträge und Abkommen wie OSZE, Partnership for Peace (PfP) und die bilateralen Bindungen werden von diesen Staaten als nicht ausreichend für die Erhaltung ihrer äußeren Sicherheit bewertet. Für Deutschland stellen die militärischen Fähigkeiten dieser Staaten keine Bedrohung dar; die vorhandenen Gebiete möglicher Krisen und Konflikte, wie Minderheitenprobleme und Gebietsansprüche (Slowakei-Ungarn), sind keine akute Gefahr, dürfen aber bei einer Bewertung der Sicherheitslage nicht außer Betracht gelassen werden. Für die Aufnahme in die NATO müssen allerdings noch eine Reihe von Bedingungen erfüllt werden, die weniger in Stärke, Organisation und Ausrüstung der Streitkräfte liegen, als vielmehr in der Angleichung demokratischer, rechtsstaatlicher, sozialer und wirtschaftlicher Bedingungen an diejenigen der NATO-Staaten.[1]

Die Situation in Rußland und seinen Nachbarstaaten (Estland, Lettland, Litauen, Weißrußland,Ukraine, Moldawien) ist vielgestaltig und unübersichtlich. Zwar bestehen mit allen Staaten bilaterale Verbindungen und multilaterale Abkommen zur Verbesserung der Sicherheitslage (OSZE, PfP); doch ist die Interessenlage der einzelnen Staaten sehr unterschiedlich und reicht vom Wunsch einer vollen Mitgliedschaft in der NATO bei den baltischen Staaten bis zu einer weiterhin ablehnenden Haltung Rußlands zur NATO-Erweiterung.

Während die genannten Nachbarstaaten Rußlands weder von ihren Fähigkeiten noch von ihren Absichten eine Bedrohung der deutschen Sicherheitsinteressen darstellen, ist die Zukunft in Rußland selbst noch

---

[1] Prinzipien für die Aufnahme sind festgelegt in der "*Study on NATO Enlargement*", die am 20.09.1995 vom Ständigen Rat abschließend gebilligt wurde.

nicht klar erkennbar. Das Wahlergebnis im Juni 1996 kann zu einer Beruhigung der Lage führen; aufgrund der schwierigen wirtschaftlichen und sozialen Situation und der gewaltigen Interessengegensätze im Lande ist jedoch nicht davon auszugehen, daß eine endgültige Klärung der Lage erfolgen wird. Auch wenn der Weg in die Zukunft noch nicht vorhersehbar ist und unterschiedliche Denkrichtungen festgestellt werden können, ist die derzeitige Gesamtlage doch als relativ stabil anzusehen, so daß mit keinem plötzlichen und überraschenden Umschwung zu rechnen ist. Außenpolitisch besteht die Gefahr, daß Rußland nicht nur selbstbewußt, sondern auch deutlich nationalistisch geprägt auf Distanz zum Westen geht und sich als "voll berechtigte Großmacht" am Weltgeschehen beteiligen will.

Bedenklich bleibt der russische Versuch, eine Gegenposition zu den USA zu suchen. Immer noch stützt sich der Anspruch, Gegenpol zu den USA zu sein, oder allgemeiner, eine besondere Rolle in der internationalen Weltpolitik zu spielen, auf das (nuklear-)militärische Potential.

Die Unsicherheiten in Rußland strahlen auf seine Nachbarstaaten aus und werden verschärft durch eine Reihe von Konfliktherden, die ihre Ursachen in der sozialen Lage, in ethnischen Gegensätzen, in "historisch begründeten" Gebietsansprüchen oder in wirtschaftlichen Interessen haben können. Der Ausbruch einer Krise an einem der vielen Konfliktherde oder eine andere Machtkonstellation in der Führung Rußlands könnte wieder zu einem Schwenk und einer akuteren Bedrohung führen.

Grundsätzlich besitzt Rußland ein militärisches Potential, das Deutschlands Sicherheit gefährden könnte. Dies gilt sowohl für die durch den Verfall der inneren Ordnung und den vorherrschenden materiellen Mängeln in ihrer Einsatzbereitschaft und ihrem Kampfwert stark geschwächten konventionellen Kräfte, wie auch vor allem für die nach wie vor einsatzbereiten strategischen Truppen mit ihren Nuklearwaffen. Wenngleich das Potential vorhanden ist, so ist derzeit keinerlei Absicht zu erkennen, dieses als Machtmittel zur Geltung oder gar zum Einsatz zu bringen. Wichtig für die weitere Entwicklung der Streitkräfte wird deren Reform sein, die in Ansätzen bereits in Angriff genommen worden ist, aber bisher zu keinem durchgreifenden Ergebnis geführt werden konnte. Erst nach der Neuordnung der Streitkräfte wird man aber ein eindeutiges Bild über Fähigkeiten und Absichten gewinnen können. Auch darf die mögliche

Gefahr einer Weiterverbreitung von Massenvernichtungswaffen an andere Staaten nicht übersehen werden, obwohl eindeutige Erkenntnisse hierfür nicht vorliegen.

Die derzeitige Bündnis- und Vertragslage umfaßt und berücksichtigt nicht alle Staaten in gleicher Weise. Betrachtet man die für die äußere Sicherheit ausschlaggebenden Bündnisse und Abkommen wie OSZE, NATO, PfP, North Atlantic Cooperation Council (NACC), EU/ WEU nach Mitgliedschaft, Ausrichtung als Sicherheitsbündnis und vorhandener militärischer Struktur, wobei insbesondere letzteres für ein Bündnis auf dem Gebiet der äußeren Sicherheit von besonderer Bedeutung ist, so läßt sich unschwer feststellen, daß auf dem Gebiet der äußeren Sicherheit nur die NATO und das eng mit ihr verknüpfte Programm PfP als weiter zu betrachtende und auszubauende Organisationen angesehen werden können.[2] Dies wird allerdings nicht ohne Schwierigkeiten erfolgen können. So kann beispielsweise die noch stark von der Zeit der Konfrontation geprägte Struktur und Organisation nicht bestehen bleiben, sondern muß verändert werden. Mit dem Konzept der „Combined Joint Task Forces" wurde dies bereits in Angriff genommen, aber sicher ist damit noch nicht der Endzustand der Neuordnung erreicht.

Für Deutschland besteht derzeit keine akute militärische Bedrohung und damit keine Gefährdung der äußeren Sicherheit, weder durch konventionelle Mittel noch durch Massenvernichtungswaffen. Ausbildungsstand und materielle Ausrüstung der Bundeswehr sind, unter Berücksichtigung der eingeplanten Modernisierungs- und Umgestaltungsmaßnahmen, angemessen. Maßnahmen zur Aufrüstung sind weder personell noch materiell erforderlich und zu vertreten.

Ein nicht zu übersehendes Risiko liegt jedoch in der unklaren Zukunft Rußlands und deren Auswirkung auf seine Nachbarn. Die Vielzahl von Krisenherden in diesen Bereichen kann zu einer weiten Spanne von Kon-

---

2 Das vom NATO-Generalsekretär *Solana* gerne benutzte Bild, *"man müßte die NATO jetzt erfinden, wenn es sie nicht schon gäbe"*, ist anschaulich, aber irreführend. Die jahrzehntelange Existenz der NATO mit ihren voll funktionierenden Strukturen und den handlungsbereiten militärischen Kräften ist gerade die besonders überzeugende Stärke des Bündnisses. Der Neuaufbau einer solchen Organisation in der derzeitigen sicherheitspolitischen Situation wäre wohl kaum, oder nur unter großen Schwierigkeiten möglich.

flikten führen, von lokalen, begrenzten Streitigkeiten bis zu offenen, grenzüberschreitenden Feindseligkeiten. Ob es, wie im Tschetschenien-Konflikt, gelingen kann, sich aus derartigen Verwicklungen herauszuhalten, darf nicht als sicher angesehen werden. Eine jederzeitige Gefährdung der Stabilität kann nicht ausgeschlossen werden, so daß ein Instrumentarium erforderlich ist, um Krisen frühzeitig erkennen und eindämmen zu können.

Die OSZE kann mit ihrem "Verhaltenskodex zu politisch-militärischen Aspekten der Sicherheit"[3] vom Dezember 1994 das geeignete Vehikel zum Austausch aller Informationen in Krisenlagen bilden, zur Lösung von Krisen durch militärisches Eingreifen ist die OSZE weder geeignet noch in der Lage. Hierfür bietet sich allein die NATO an, so daß deren weitere Gestaltung im besonderen Interesse Deutschlands liegt.

Auch die Aufnahme neuer Partner in die NATO liegt aus militärischer Sicht, vor allem durch den Zeit- und Raumgewinn und die Vergrößerung des sicherheitspolitisch stabilen Gebietes, im Interesse Deutschlands. Das Bündnis wird sich, aus seiner Charta und seinem Verständnis als rein defensive Verteidigungsgemeinschaft heraus, dem dringenden Wunsch nach einem Beitritt durch Staaten des betrachteten Raumes nur schwerlich verweigern können. Vor einer Aufnahme weiterer Partner ins Bündnis müssen jedoch zum einen die internen Widerstände und unterschiedlichen Vorstellungen der jetzigen NATO-Staaten überwunden werden und zum anderen die beitrittswilligen Länder eine Reihe von nicht einfach zu erreichenden Anpassungskriterien erfüllen. Die NATO muß vor allem darauf achten, sich durch den Beitritt keine neuen internen Krisen- und Konfliktgebiete zu schaffen.

Falls die weitere Entwicklung an der ostwärtigen Grenze Zeit gibt und kein beschleunigtes Handeln aus sicherheitspolitischen Überlegungen erfordert, wird der Auswahl- und Beitrittsprozeß daher ein langwieriger und schrittweiser sein. Erst nach einer sorgfältigen Prüfung sollte über die Aufnahme neuer Mitglieder entschieden werden, die sich zunächst voraussichtlich auch auf einige, wenige Staaten in der Nachbarschaft Deutschlands beschränken dürfte. Die ablehnende Haltung Rußlands zu einer Erweiterung der NATO muß in diplomatischer und vertrauens-

3 Hier insbesondere Kapitel VI und IX.

schaffender Kleinarbeit überwunden werden, mit der Zielrichtung, daß Rußlands Interessen berücksichtigt werden können, ohne daß den Russen eine Mitsprache oder gar ein "Veto-Recht" eingeräumt wird. Anzeichen sind erkennbar, daß Rußland bei Einhaltung bestimmter Voraussetzungen[4] einer Erweiterung der NATO zustimmen könnte, allerdings gibt es auch Stimmen aus Rußland, die sich nach wie vor eindeutig und entschieden gegen eine Erweiterung der NATO richten.

2.3 Innere Sicherheit

Die Garantie der öffentlichen Sicherheit macht eine wesentliche Komponente der individuellen Wohlfahrt und Lebensqualität aus. Für die Beurteilung der inneren Sicherheit ist u.a. neben der faktischen Kriminalitätsbelastung und den objektiven Risiken, Opfer eines Verbrechens zu werden, auch das subjektive Sicherheitsempfinden der Bürger zu berücksichtigen und Ängste und Besorgnisse, Gefühle der Bedrohung und Unsicherheit in der Bevölkerung einzubeziehen. Die Wichtigkeit des Schutzes vor Kriminalität dokumentiert sich in der Beurteilung ihrer Bedeutung: 56 % der Westdeutschen und 68 % der Ostdeutschen betrachten den Schutz vor Kriminalität als "sehr wichtig".

Es ist deshalb konsequent, wenn die Bekämpfung von Kriminalität ein Schwerpunkt deutscher Innen- und Rechtspolitik ist. Hierbei ist zu berücksichtigen, daß sich als Folge wachsender Freizügigkeit der europäische Raum mehr und mehr zu einem kriminalgeographisch offenen Bereich mit international organisierter Kriminalität entwickelt. Nach dem Zusammenbruch kommunistischer Gewaltherrschaft drängen aus den Staaten Mittel- und Osteuropas, Rußland und den übrigen GUS-Staaten neue Formen der Kriminalität (z.B. Schlepper- und Schleuserkriminalität, Menschenhandel, illegaler Rauschgift-, Waffen- und Nuklearmaterialhandel) in unser Land und nach Europa.

---

4 Solche Voraussetzungen könnten u.a. sein: Der Verzicht auf das Verschieben von Truppen und Infrastruktur nach Osten; der Verzicht auf die volle Integration der Truppen der neuen Mitgliedsstaaten in die volle Integration der NATO; der Verzicht auf die Stationierung von amerikanischen Nuklearwaffen in Deutschland und den anderen westlichen NATO-Partnern. (Vgl. J. Riedmiller: *"Moskau stellt sich dem Unvermeidlichen"*, *Süddeutsche Zetung*, Nr. 88 vom 16.04.1996, S. 4).

Zu den bestehenden Kooperationsbemühungen in der EU (intergovermentale Zusammenarbeit im sog. III. Pfeiler, Inneres und Justiz, Artikel K EUV) sind zusätzliche Kooperationsanforderungen mit den osteuropäischen Staaten hinzugekommen. Es liegt im deutschen Interesse, wenn die Staaten der Europäischen Union Verbrechensbekämpfung als gemeinsame Aufgabe verstehen und den Kooperationsprozeß mit den Staaten Ost- und Mitteleuropas konsequent unterstützen.

Indikator für noch vorhandene Defizite sind z.B. Auswertungsergebnisse, die zeigen, daß *Organisierte Kriminalität* in Deutschland und der EU von ausgeprägt internationalen Verflechtungen und einer starken Position ausländischer Tatverdächtiger gekennzeichnet ist. So sind u.a. Verbindungen zur italienischen Mafia, zur kurdischen PKK wie auch zur russischen "Mafia" und zu rumänischen Banden festzustellen. Der Anteil von Nicht-Deutschen unter den ermittelten Tatverdächtigen liegt mit über 50 % weit über dem Anteil an der Gesamtkriminalität von ca. 30 %. Besonders signifikant ist die Zunahme bei Staatsangehörigen aus den GUS-Republiken, aus der Tschechischen Republik und der Slowakei, aus Rest-Jugoslawien und Rumänien. Die grenzüberschreitende Dimension des Verbrechens vor allem bei schwerwiegenden Straftaten gewinnt weiter an Bedeutung. Kriminalität kennt keine Grenzen mehr, Verbrecherorganisationen operieren europa- und weltweit. Sie werden durch relativ offene Grenzen zu den Staaten Osteuropas begünstigt. Das gemeinsame Vorgehen gegen das international tätige Verbrechen darf deshalb nicht an den Grenzen der Europäischen Union enden. Es muß unsere Nachbarn im Osten mitumfassen.

Obwohl die Ratifizierungverfahren der EUROPOL-Konvention vom 26. Juli 1995 noch nicht abgeschlossen sind, das Ziel einer strategischen Zusammenarbeit bei der Verhütung und Bekämpfung internationaler Kriminalität im europäischen Maßstab noch nicht erreicht ist, müssen zusätzlich und gleichzeitig Initiativen ergriffen und unterstützt werden, die den Aufbau demokratischer Polizeistrukturen unter rechtsstaatlichen Bedingungen in den Staaten Mittel- und Osteuropas forcieren:

Die Aufgaben von EUROPOL (Informations- und Erfahrungsaustausch, zentrale Analyse und Unterstützung der nationalen Polizeibehörden) sind deshalb assoziativ auf Staaten Mittel- und Osteuropas auszuweiten und später im EU-Kontext um operative Handlungsbefugnisse und Ermittlungszuständigkeiten zu ergänzen.

Bis dahin besteht für die seit 1992 auf Beschluß der Innenministerkonferenz begonnene Ausstattungshilfe, die 1995 in bilateraler Abstimmung mit weiteren Geberländern erweitert und verlängert wurde, und zu dem 1992 vom Bundesinnenministerium mit dem Ziel eines verbesserten Informationsaustausches über die Organisierte Kriminalität mit Polen, der Tschechischen und Slowakischen Republiken, Ungarn, Bulgarien, Rumänien, der Ukraine und Rußland geschlossenen Verträge und Abkommen grundsätzlich keine Alternative. Bei der Vergabe von Ausstattungshilfen sollten aber den Staaten Mittel- und Osteuropas, insbesondere den Visegrad-Staaten weitere Priorität eingeräumt und die Hilfen um einen bilateralen Informations-, Erfahrungs- und Analyseaustausch erweitert werden. Hierfür kann als weitere Stufe ein ähnlicher Konsultationsprozeß wie die frühere formlose TREVI-Kooperation der für die innere Sicherheit zuständigen Minister der Europäischen Union Vorbild sein.[5]

Ein weiterer Indikator für noch vorhandenen Regelungsbedarf ist der deutlich gestiegene legale und illegale *Zuwanderungsdruck*. Er entsteht zunächst mit der individuellen Entscheidung von Menschen, die Heimat zu verlassen. Jedem Einzelfall liegt dabei ein Bündel höchst unterschiedlicher Motive zugrunde. Es lassen sich aber Lebensbedingungen als Grundmotive erkennen, die als unbefriedigend oder gar lebensbedrohend empfunden werden: Unmittelbare Gefahren für Leib und Leben aus Kriegen, Bürgerkriegen, gesellschaftlicher Gewalt und Terror. Andere Faktoren (Schubkräfte) entstehen durch repressive Regierungen, Arbeitslosigkeit, Armut und zerstörte Umwelt. Die Migrationsentscheidung wird ferner durch weitere "Zugkräfte" beeinflußt, insbesondere durch die Hoffnung, in einem anderen Land vergleichsweise bessere Lebensbedingun-

---

[5] Die Zusammenarbeit der Sicherheitsbehörden der EG-Staaten basierte bis 1992 nicht auf Staatsverträgen, sondern geschah im Rahmen einer formlosen TREVI-Kooperation (TREVI: Terrorisme, Radicalisme, Extrémisme, Violence Internationale) der Innenminister. Im Rahmen halbjähriger Zusammenkünfte der Minister und in vorbereitenden Arbeitsgruppen konnte vor allem eine Intensivierung des Informationsaustausches und der Zusammenarbeit in den Bereichen Terrorismus und schwere Kriminalität, zivile Luftsicherheit und Nuklearsicherheit, Brand- und Naturkatastrophen, Polizeitechnik und Ausrüstung erreicht werden.

gen vorzufinden als in der Heimat, insbesondere gut oder besser bezahlte Arbeitsplätze, soziale Aufstiegsmöglichkeiten, persönliche Freiheit und Sicherheit.

Unabhängig von anderen Krisen- und Konfliktzonen hat sich der Zuwanderungsdruck auf Deutschland und Europa durch die kriegerischen Auseinandersetzungen im ehemaligen Jugoslawien und durch den Zerfall der ehemaligen Sowjetunion verstärkt. Vorrangige Motive der legalen und illegalen Zuwanderer über oder aus den Staaten Mittel- und Osteuropas sind Hoffnungen auf verbesserte Arbeits- und Lebensbedingungen.

Als Konsequenz aus dem gestiegenen legalen und illegalen Zuwanderungsdruck auf die meisten EU-Staaten wird im Bericht von Maastricht über die Harmonisierung der Zuwanderungs- und Asylpolitik eine grundsätzliche Restriktion bekräftigt. Die Zuwanderung soll im wesentlichen auf Fälle des Familiennachzugs beschränkt bleiben. Drittstaatenangehörigen, die zur Ausübung einer Beschäftigung einreisen wollen, wird die Einreise in der Regel verweigert.

Mit der Inkraftsetzung des Schengener-Übereinkommens[6] ist bereits ein umfassendes Sicherheitspaket wirksam geworden. Dabei geht es um verstärkte Grenzkontrollen nach gemeinsamen Kriterien, die Angleichung der Vorschriften einer einheitlichen Einreise- und Visumspolitik für Drittländer, die Harmonisierung des Drogen- und Waffenrechts, Bestimmungen des für die Durchführung von Asylverfahren zuständigen Staates sowie Regelungen zur verstärkten Durchführung polizeilicher und grenzpolizeilicher Zusammenarbeit. Die engere polizeiliche Kooperation mit den benachbarten Staaten Mittel- und Osteuropas soll die Qualität der Außengrenzfilter steigern. Vertragswerke mit Polen und der Tschechischen Republik haben bereits einen Informations- und Unterstützerverbund geschaffen, der auf die benachbarten Drittländer erweitert werden muß.

---

6 Im Ort *Schengen* im Dreiländereck Deutschland/Frankreich/Luxemburg wurde 1985 zwischen diesen drei Staaten sowie Belgien und den Niederlanden das Übereinkommen auf den stufenweisen Abbau von Kontrollen im Personenverkehr über die gemeinsamen Grenzen vereinbart. In einem weiteren Übereinkommen vom 14. Juni 1990 wurden Sicherheitsmaßnahmen vereinbart, die den Abbau der Grenzkontrollen ausgleichen sollen. Mit Inkrafttreten am 26. März 1995 sind Spanien und Portugal hinzugekommen.

Das bestehende Informations-, Reflektions- und Austauschzentrum für Fragen im Zusammenhang mit dem Überschreiten der Außengrenzen (CIREFI) ist als operatives Instrument für die Bekämpfung illegaler Zuwanderung und Schleuserkriminalität zusätzlich auf osteuropäische Staaten auszurichten und eine verstärkte Zusammenarbeit der Polizei und des Zollwesens vorrangig im Grenzgebiet der östlichen Anrainerstaaten durch Aufbau einer effizienten Kommunikationsstruktur zu erreichen.

Angesichts der hohen Zahlen von Asylbewerbern, Bürgerkriegsflüchtlingen und Emigranten (1993/94 allein in Deutschland 2 Mio. Flüchtlinge) muß in der EU Einigung für eine gerechte Lastenverteilung erzielt werden. Hierfür sind gemeinsame Lageberichte und das gemeinsame statistische System des Informations-, Reflexions- und Austauschzentrums für Asylfragen (CIREA) heranzuziehen.

Parallel sind Maßnahmen geboten, die die demokratischen und wirtschaftlichen Strukturen in diesen Staaten verstärken, damit Wanderungsbewegungen unter Einfluß der "Zugkräfte" wie verbesserte Lebensbedingungen und besser bezahlte Arbeitsplätze nicht mehr wirken können.

Der Europäische Rat hat auf der Tagung der Staats- und Regierungschef der Europäischen Union 1995 in Cannes einen dritten Indikator für noch vorhandene Defizite erkannt und ein besseres Eingehen auf die Erfordernisse im Bereich der inneren Sicherheit gefordert:

Er hat die Partner speziell zur Anerkennung der Bedeutung einer gemeinsamen Vorbeugung und Bekämpfung von *Terrorismus* aufgefordert. Unterblieben ist jedoch, das Phänomen *Extremismus* mit einzubeziehen. Terrorismus und Extremismus sind aber im nationalen und internationalen Maßstab untrennbare Phänomene, weil Terrorismus in der Regel aus extremistischen Gruppierungen erwächst. Dieser Zusammenhang muß deshalb bei der weiteren Zusammenarbeit in der EU stärker berücksichtigt werden.

Die meisten der in Deutschland über 7 Mio. erfaßten Ausländer achten die Gesetze. Probleme bereiten allerdings solche Ausländer, die Konflikte aus ihren Heimatländern bei uns austragen. Sie verübten im letzten Jahrzehnt in der Bundesrepublik rund 250 politisch motivierte Terror- und sonstige schwere Gewaltakte, bei denen 37 Menschen getötet wurden.

Mit schrecklichen Anschlägen in aller Welt forderte der internationale Terrorismus in den letzten Jahrzehnten zahllose Opfer. In Deutschland mußten wir immer wieder terroristische Gewalttaten erleben, die auch von Staaten gesteuert wurden. Für Morde an politischen Gegnern wurden jugoslawische, syrische, libysche und irakische Regierungen verantwortlich gemacht. Auch im Fall der Ermordung von vier iranischen Oppositionspolitikern im September 1992 im Berliner Restaurant "Mykonos" wird ein staatsterroristischer Hintergrund vermutet, dem im laufenden Gerichtsverfahren nachgegangen wird.

Solche Gewalttaten im Auftrag fremder Staaten sind nicht nur kriminelle Akte, sie stellen auch einen Angriff auf die Souveränität der Bundesrepublik Deutschland, im Bewußtsein der Internationalität dieser Verbrechen auch einen Angriff auf die europäische und die transatlantische Gemeinschaft dar.

Für Deutschland stellen die terroristischen Aktivitäten der im November 1993 verbotenen "Arbeiterpartei Kurdistans" (PKK) ein besonderes Problem dar. Diese im Guerillakrieg gegen den türkischen Staat erfahrene Gruppierung verfügt über mehr als 7.500 Anhänger im Bundesgebiet und versuchte zunächst mit Militanz und zum Teil spektakulären Aktionen ihr Ziel - einen eigenen Kurdenstaat unter Führung der PKK - zu erreichen. Die Schwelle zum Terrorismus überschritt sie am 04. November 1993, als sie mehr als 50 Brandanschläge gegen türkische Einrichtungen in Deutschland und im benachbarten Europa verübte. Damit war ein Verbot unumgänglich.

Aufgrund der anhaltenden wirtschaftlichen und sozialen Probleme in den islamischen Ländern muß davon ausgegangen werden, daß extremistische islamische Gruppierungen weiteren Zulauf erhalten. Diese extremistischen Gruppen wollen den Islam nicht nur als Religion verstehen, sondern als Herrschafts- und Machtanspruch einsetzen. Für sie ist der Islam die alleinige, für alle geltende geoffenbarte Wahrheit und verpflichtet zum Kampf gegen alle "Ungläubigen".

Dieser Kampf ist mit den Mitteln der politischen und sozialen Revolution sowie des "Jihads" ("Heiliger Krieg") zu führen. Auch in den mehrheitlich von Muslimen bewohnten ehemaligen Sowjetrepubliken gewinnt der Islam als politische Kraft an Bedeutung. Sollten sich die Verhältnisse in den jeweiligen Heimatländern nicht spürbar verbessern, dürften auch militante Islamisten weiter an Boden gewinnen und damit die Stabilität des arabischen Raumes bedrohen. Mittelfristig könnte dies auch Auswirkungen auf die über 6 Mio. in Westeuropa lebenden Muslime und deren extremistisches Potential haben. Gleiches kann für die muslimischen ehemaligen Sowjetrepubliken gelten.

Die Zusammenarbeit zur Bekämpfung von Extremismus und Terrorismus muß deshalb zur weiteren Intensivierung des Informationsaustausches führen, zur Verbesserung der Ausbildung der für die Verhütung und Bekämpfung des Terrorismus zuständigen Dienststellen und zu genauer Bestimmung der einzelnen Aspekte dieses Phänomens, seiner Organisation, Finanzierung und Unterstützung. In den internationalen Informationsaustausch sind die osteuropäischen Staaten zu integrieren, insbesondere auch deshalb, weil vagabundierende radioaktive, nukleare und chemische Substanzen, Waffen und Waffenteile einem terroristischen (auch staatsterroristischen) Zugriff entzogen werden müssen.

Seit 1992 sind bereits zehn Fälle der Entwendung waffenfähigen Nuklearmaterials aus dem Bereich der GUS bekannt geworden. Das Risiko für Proliferation solchen Materials aus Lagerstätten, geschlossenen Städten, Laboratorien, zivilen Forschungs- und Anreicherungsanlagen besteht nach wie vor. Regionale Autoritäten, militärische Einheitskommandeure oder die Leiter von Produktions-, Lagerungs- oder Forschungsstätten könnten sich weiter versucht sehen, über den Export sensitiver Materialien ökonomische, finanzielle oder soziale Probleme in ihrem Verantwortungsbereich zu lösen, ohne sich darum zu kümmern, daß dies eine eklatante Verletzung des Nichtverbreitungsvertrages bedeuten würde. Der angelaufene Privatisierungsprozeß wird dieses Risiko aufgrund weiter zurückgehender Eingriffs- und Kontrollmöglichkeiten eher noch verstärken. Es erscheint deshalb zweckmäßig, zu prüfen ob Verbindungsbeamte der mit der Beobachtung beauftragten Sicherheitsbehörden in bestimmte Länder Europas und Nordamerikas entsandt werden, um dort für die angestrebte Intensivierung des Informationsaustausches aber auch für die genauere Bestimmung einzelner Aspekte zur Verfügung zu stehen.

Der Bekämpfung von *Rassismus und Fremdenfeindlichkeit* kommt angesichts der hohen Zahl fremdenfeindlicher, teilweise antisemitisch motivierter Gewalttaten und sonstiger Gesetzesverletzungen in den letzen Jahren im Rahmen der europäischen Integration besonderes Gewicht zu. Nach einer Erhebung des Europäischen Rates wurden 1994 21 Tötungsdelikte, 203 Anschläge und 779 Körperverletzungen registriert. Die schweren Straftaten haben in Deutschland (z.B. Mölln, Rostock, Solingen) Schrecken und Unsicherheit erzeugt und das Bild unseres Landes in der Welt in schlimmer Weise geschädigt.

Die typisch fremdenfeindliche Gewalttat[7] ist eine von Gruppen oder aus Gruppen heraus begangene Straftat. Sie wird ganz überwiegend von Jugendlichen zwischen 15 und 24 Jahren durchgeführt, die in der Mehrzahl einen niedrigen bis mittleren Bildungsabschluß besitzen. Deren Arbeitslosenquote liegt erheblich über der der Jugendlichen insgesamt. Die Mehrzahl der Jugendlichen kommt aus dem Arbeitermilieu und dem Kleinbürgertum, in denen Deklassierungsängste stärker ausgeprägt sind. Bei den Tätern handelt es sich um Rechtsextremisten, Fremdenhasser, Randalierer und Mitläufer.

Rechtsextremistische Parteien existieren auch in anderen europäischen und außereuropäischen Ländern und dort mit zum Teil wesentlich größerem politischen Einfluß. Das gilt auch für fremdenfeindliche Kriminalität in unseren Nachbarländern, wobei zahlenmäßige Vergleiche am mangelnden einheitlichen Verfassungsrecht scheitern. Simon Wiesenthal hat sich vor zwei Jahren[8] besorgt über die zunehmenden "ultranationalen und faschistischen Tendenzen in Osteuropa" geäußert. Mit Blick auf Deutschland erklärte er, daß dort besonders hart gegen jede Form des Rechtsextremismus vorgegangen wird. Rechtsextremisten sind zwar zunächst Nationalisten, gleichwohl gibt es Verbindungen nach Österreich, Südtirol, Frankreich, Spanien, USA, Kanada und Bosnien (Söldner). Bemerkenswert erscheint auch die Verbindung des DVU[9] -Vorsitzenden *Frey* mit dem exzentrischen, unberechenbaren russischen Nationalisten *Schirinowski*.

Die Staats- und Regierungschefs des Europarates haben 1993 einen Aktionsplan zur Bekämpfung von Rassismus und Fremdenfeindlichkeit beschlossen. Die von ihnen eingesetzte Kommission gegen Rassismus und

---

7 Untersuchungen der Universität Trier (*Willems/Würtz/Eckert*).

8 Bei der Verleihung der *Otto-Hahn-Medaille*.

9 *Deutsche Volksunion*.

Intoleranz (ECRI) hat eine Erhebung zur Lage in den Mitgliedsstaaten unter Nutzung des bestehenden Bekämpfungsinstrumentariums durchgeführt.

Auch in der EU spielt das Thema eine große Rolle. Eine vom Europäischen Rat eingesetzte "Beratende Kommission" hat in Cannes 107 Empfehlungen und Forderungen in den Bereichen Bildung und Erziehung, Information und Medien, Polizei und Justiz vorgelegt, die noch der Durchsetzung bedürfen. Es wird geprüft, ob die Einrichtung einer europäischen Beobachtungsstelle für rassistische und fremdenfeindliche Phänomene realisierbar ist.

Die Verfolgung rassistischer, extremistischer und fremdenfeindlicher Straftaten erfordert eine konsequente Fortsetzung der z.B. in Deutschland erfolgreich eingesetzten präventiven und repressiven Maßnahmen. Der Kern des Problems fremdenfeindlicher Kriminalität und Rechtsextremismus ist aber allein durch Maßnahmen der Sicherheitsbehörden und der Justiz (schnellere Verfahren, Lernprozeß) nicht zu lösen. Wesentlich hängt ein weiterer Erfolg auch von den Möglichkeiten ab, Zukunfts- und Existenzängste z.B. bezüglich der Arbeitsmarkt- und Einwanderungsprobleme nicht real werden zu lassen und irrationale Ängste von Bürgern in Deutschland und Europa abzubauen.

Entgegen aller Erwartungen zu Beginn der 90er Jahre ist die *Spionage* ein höchst aktuelles Thema für die innere und äußere Sicherheit unseres Landes. Ungeachtet aller politischen Veränderungen gibt es genügend Belege, daß Deutschland nach wie vor ein besonderes bevorzugtes Ausspähungsziel fremder Nachrichtendienste ist. Die traditionellen Felder der Informationsbeschaffung sind Innen-, Außen- und Sicherheitspolitik, Wirtschaft, Wissenschaft und Technik und der militärische Bereich. Bemerkenswert ist, daß manche Staaten des ehemaligen Ostblocks trotz der politischen Umwälzungen keinen Widerspruch darin sehen, zum einen politische und wirtschaftliche Zusammenarbeit mit Deutschland bis hin zur wirtschaftlichen Unterstützung zu suchen, andererseits aber die Bundesrepublik Deutschland auszuspionieren.

Nach wie vor zeigen die Nachrichtendienste der Russischen Föderation starke Präsenz und deutliche Aktivitäten auf deutschem Boden. Von den sieben eigenständigen, voneinander unabhängigen Nachrichten- und Sicherheitsdiensten operieren insbesondere der zivile Auslandsnachrichtendienst, der militärische Auslandsaufklärungsdienst und die föderale Agentur für Regierungsfernmeldewesen auf deutschem Gebiet.

Unter den russischen Diplomaten sind nach Erkenntnissen der Sicherheitsbehörden ein knappes Drittel mit nachrichtendienstlichem Bezug vertreten. Hinzu kommen etliche hundert Kundschafter in der Wirtschaft. Es gibt in Deutschland rund 2.500 deutsch-russische Firmen, bei denen auch Nachrichtendienst-Offiziere tätig sind. Durch Beteiligung an joint ventures setzen russische Nachrichtendienste ganze Firmen für ihre Zwecke ein.

Auch andere Länder (Kasachstan, Weißrußland, Ukraine) betreiben Spionage gegen die Bundesrepublik Deutschland. Die Intensität ihrer nachrichtendienstlichen Aktivitäten ist unterschiedlich und reicht von der Informationsbeschaffung aus offenen Quellen bis hin zur Anwendung verdeckter nachrichtendienstlicher Methoden und Agentenführung über Funk. Einzelne Staaten haben aber auch erklärt, daß sie auf Spionage gegen Deutschland künftig verzichten werden und dies durch die Auflösung ihrer Residenturen glaubhaft gemacht. Bulgarien, Polen und Rumänien unterhalten jedoch nach wie vor an den diplomatischen und konsularischen Vertretungen in Deutschland stark besetzte Residenturen.

Politische Annäherung mit den Staaten Osteuropas schließt Spionage nicht aus. Mit Beginn der schrittweisen Umgestaltung der alten sowjetischen Wirtschaftsordnung werden in besonderem Maße Informationen benötigt, um günstige Bedingungen für die Entwicklung der Länder im wirtschaftlichen sowie wissenschaftlich-technologischem Bereich zu schaffen und ihre Konkurrenzfähigkeit zu sichern.

Durch jahrzehntelange Zusammenarbeit mit den Sicherheitsbehörden der ehemaligen DDR verfügen die östlichen Nachrichtendienste, insbesondere Rußland, über einen Fundus an nachrichtendienstlichen Informationen über Deutschland und andere europäische Staaten. Dieses Material über Personen und Objekte wird auch in den kommenden Jahren ein unerschöpfliches Potential für nachrichtendienstliche Ausspähungen sein. Von Abrüstung kann bei der Spionage keine Rede sein. Es ist nicht hinnehmbar, daß die von Deutschland und anderen Staaten der Europäischen Union unterstützten östlichen Nachbarländer Spionageaktivitäten auf anhaltend hohem Niveau betreiben. Deutschlands Interesse muß es daher sein, darauf hinzuwirken, daß die Präsenz der angesprochenen ausländischen Nachrichtendienste in der Bundesrepublik drastisch reduziert bzw. ganz aufgegeben wird.

Industrie- und Wirtschaftsspionage verursachen jährlich Schäden in Milliardenhöhe. Betroffen sind davon nicht nur Konzerne, sondern in erheblichem Maße auch mittelständische Unternehmen, die oft nicht über die notwendigen Sicherheitsvorkehrungen verfügen, um sich wirksam gegen Spionage zu schützen, so daß Arbeitsplätze unmittelbar betroffen sind. Deshalb muß der Geheimschutz von der Wirtschaft sehr ernst genommen, die Beratungs- und Aufklärungsbemühungen der damit befaßten Behörden für eine erfolgreiche Prävention ausgebaut werden.

2.4 Wirtschaft und Sozialordnung

Bei der zukünftigen Gestaltung einer kooperativen und/oder integrativen Sicherheitsordnung im OSZE-Raum sind die deutschen Interessen an einer wirtschaftlichen und sozialen Sicherheit zu berücksichtigen. Deutsche Interessen sind dabei, die fundamentalen Bedürfnisse aller in Deutschland lebenden und arbeitenden Menschen. Dazu gehören die Sicherung der sozialen Marktwirtschaft, des sozialen Friedens, Erhaltung der kleinen und mittelständischen Unternehmen sowie der Arbeitsplätze in Deutschland und die Sicherung des bisherigen Lebensstandards.

Für die wirtschaftliche und soziale Sicherheit in Deutschland ist der seit 1. Januar 1993 geöffnete europäische Binnenmarkt von großer Relevanz, in dem der freie Verkehr von Waren, Personen, Dienstleistungen und Kapital gewährleistet ist. Somit bedeutet der Binnenmarkt einerseits eine größere Produktauswahl, andererseits einen günstigeren Erwerb von lohnintensiven Produkten bis zur freien Wahl des Produktionsstandorts. Zum freien Verkehr von Personen gehört nicht nur grenzenloses Reisen, sondern auch freies Wohnrecht, freie Wahl des Arbeitsortes und Freiheit zur Niederlassung. Der freie Verkehr von Dienstleistungen ermöglicht den Bürgern bzw. Unternehmen, sich aus dem europaweiten Angebot an Dienstleistungen das günstigste Angebot herauszusuchen, insbesondere bei Versicherungen, Kreditinstituten, Telekommunikation, Transportwesen sowie freiberuflichen Leistungen. Die wirtschaftlichen Folgen für

Deutschland sind unter anderem erhöhte Konkurrenzfähigkeit deutscher Unternehmen sowie der Transfer der Arbeit in andere Länder der EU.

Nach den tiefgreifenden Veränderungen in Ländern Mittel- und Osteuropas setzen viele Millionen Menschen dieser Länder große Hoffnungen auf Deutschland und die Europäische Gemeinschaft. Sie wollen die Integration ihrer Länder in die Europäische Union und möchten vor allem ihre Produkte und Dienstleistungen im europäischen Binnenmarkt verkaufen. Um dieser Forderung entgegenzukommen, sind mit Polen, Ungarn, der Tschechischen Republik, der Slowakei, Bulgarien und Rumänien Europaabkommen geschlossen worden, die eine neue Art bilateraler Beziehungen schaffen. Damit wird der Zugang zu den Waren-, Dienstleistungs- und Kapitalmärkten geöffnet. Im Hinblick auf den Beitrittswunsch zur EU hat der Europäische Rat in Kopenhagen im Juni 1993 beschlossen, daß diese assoziierten Länder Mitglieder der Europäischen Union werden können, sobald sie die wirtschaftlichen und politischen Bedingungen erfüllen; dies sind unter anderem eine funktionsfähige Marktwirtschaft, die Fähigkeit, dem Wettbewerbsdruck innerhalb der EU standzuhalten, die Einhaltung von demokratischen und rechtsstaatlichen Prinzipien sowie die Wahrung der Menschenrechte.

Für die wirtschaftliche und soziale Sicherheit Deutschlands bietet die Erweiterung der EU sowohl Chancen als auch Risiken. Die Erweiterung des gemeinsamen europäischen Binnenmarktes ist tendenziell von wohlstandssteigernder Wirkung für alle Teilnehmerländer. Die exportorientierte Industrienation Deutschland dürfte langfristig von einer EU-Erweiterung ökonomisch sogar mehr profitieren als die meisten anderen EU-Mitgliedsländer.

Die positiven Effekte einer Integration der Länder Mittel- und Osteuropas werden sich allerdings erst dann einstellen, wenn die Beitrittskandidaten ihre Volkswirtschaften endgültig monetär und realwirtschaftlich stabilisiert sowie weitere Fortschritte bei den Wirtschaftsreformen (Privatisierung, Wirtschaftsrecht, Ordnungsrecht) erreicht haben. Diese schwierige Leistung muß – trotz Hilfestellung intellektueller und materieller Art der westlichen Länder – letztlich allein von ihnen erbracht werden.

Wenn die Transformation in den Staaten Mittel- und Osteuropas nicht zügig voranschreitet, bleibt eine EU-Erweiterung ökonomisch gesehen ein unverantwortliches Abenteuer. Ohnehin muß davon ausgegangen werden, daß – auch nach erreichter Stabilisierung im Osten (in 2-5 Jahren?) – die ökonomischen Nachteile einer EU-Erweiterung für Deutschland kurz- bis mittelfristig deutlich größer sind als die Vorteile. Problematisch ist bereits jetzt, daß die Produktionskosten, die Steuerbelastungen und Auflagen im Umweltbereich für die Unternehmer in den Ländern Mittel- und Osteuropas grundsätzlich günstiger sind als in den Ländern der EU, insbesondere Deutschland. Damit besteht die Gefahr einer erheblichen Produktionsverlagerung aus Deutschland in Länder Mittel- und Osteuropas, verbunden mit einem nicht unerheblichen Verlust an Arbeitsplätzen im produzierenden Bereich in Deutschland. Auch ist angesichts des starken Lohn- und Sozialgefälles zwischen den Staaten der EU und den Ländern Mittel- und Osteuropas bei Gewährung der Freizügigkeit mit einer einseitigen Massenwanderung von Arbeitnehmern aus den Ländern Mittel- und Osteuropas nach Deutschland zu rechnen.

Soziale Spannungen in Deutschland sind dann zu erwarten, wenn diese Arbeitnehmer sich zu niedrigeren Löhnen und schlechteren Arbeitsbedingungen auf dem angespannten deutschen Arbeitsmarkt zur Arbeitsleistung bei Arbeitgebern mit Firmensitz in Deutschland bereit finden (wie dies heute bereits bei vorübergehender und oft illegaler Beschäftigung aus diesen Ländern geschieht). Darüber hinaus wird es im Dienstleistungssektor auch zu einer verstärkten Entsendung von Arbeitnehmern durch Arbeitgeber aus diesen Ländern kommen, so daß Arbeitsplätze im deutschen Dienstleistungssektor verlorengehen.

Hinzu tritt die Notwendigkeit, daß Deutschland und die anderen EU-Länder nicht unerhebliche Gemeinschaftsmittel bereitstellen müssen, damit der Aufholprozeß der Länder Mittel- und Osteuropas beschleunigt wird. Diese Mittel müssen durch Steuerzahler in den EU-Ländern aufgebracht werden. Die Mittelaufbringung bedeutet deshalb, eine Erhöhung der Steuerlast oder eine andere Verteilung der Mittel zu Lasten der bisherigen EU-Länder. Allein für den Agrar- und Strukturfond würden jährlich Zusatzmittel von ca. $ 80 Mrd. notwendig. Betrachtet man die Kosten für die Integration der neuen Bundesländer, so bekommt man einen weiteren Anhaltspunkt für die gewaltigen Kosten, die auf die EU zukämen.

Um die wirtschaftliche und soziale Sicherheit in Deutschland dauerhaft zu erhalten, ist es notwendig, das bestehende Gefälle in Arbeits- und Wirtschaftsbedingungen innerhalb Europas auszugleichen. Im deutschen Interesse liegt dabei, die Prinzipien der sozialen Marktwirtschaft zum Gemeinschaftsziel und damit zum Grundprinzip für die Wirtschafts- und Sozialordnung für alle Mitgliedsstaaten der EU zu machen. Diese Forderung gilt insbesondere für diejenigen Staaten, die in die EU integriert werden wollen. Eine funktionsfähige Marktwirtschaft allein, wie vom Europäischen Rat 1993 als Beitrittskriterien festgelegt, reicht nicht aus. Denn in der bestehenden EU hat sich bereits gezeigt, daß das Fundament der *sozialen Marktwirtschaft* in Deutschland nur durch Nachbesserungen (wie z.B. die sog. Entsende-Richtlinie der EU und das nationale Entsendegesetz, um einem sozialen Dumping durch aus dem Ausland entsandte Arbeitnehmer entgegenzuwirken) sichergestellt bleibt.

Vor einer Erweiterung der EU sind somit zum einen in diesen Ländern die Strukturen nicht nur für eine Marktwirtschaft sondern für eine *soziale Marktwirtschaft* zu schaffen (d.h. privates Unternehmertum, freier Wettbewerb, freie Gewerkschaften, Arbeitgeberverbände etc.). Zum anderen ist in der Europäischen Union möglichst umgehend die Festlegung eines Katalogs europäischer sozialer Mindeststandards zu vereinbaren. Dazu gehören Mindestrechte der Arbeitnehmer (z.B. Anspruch auf Mindesturlaub sowie Anspruch auf eine Grundversorgung bei Krankheit, Invalidität, Arbeitslosigkeit und Alter) und Mindestrechte der Bürger (z.B. zum Schutz der Gesundheit, der Umwelt und seiner Persönlichkeit). Bei Ausweitung der wirtschaftlichen Kooperation ist ebenfalls darauf hinzuwirken, daß die Kooperationsländer die beschriebenen Mindeststandards garantieren.

In Anbetracht der enormen Kosten einer EU-Erweiterung und der derzeitigen wirtschaftlichen Situation der bestehenden EU 15 wird die Verwirklichung der o.g. Ziele einen weitaus längeren Zeitraum in Anspruch nehmen, als zum einem die potentiellen EU-Beitrittskandidaten erwarten und zum anderen ihnen durch die EU-Politik signalisiert wird.

3. Fazit

Für die zukünftige Gestaltung einer integrativen und kooperativen Sicherheitspolitik im OSZE-Raum sollte Deutschland in bezug auf die mittel- und osteuropäischen Staaten und Rußland folgende Schwerpunkte setzen:

- Weiterführung der vorbereitenden Maßnahmen zur Erweiterung der NATO. Dieser Prozeß muß jedoch parallel durch wirksame vertrauensbildende Maßnahmen gegenüber Rußland gestützt werden.

- Definition und Umsetzung weiterer bilateraler und EU-Maßnahmen zur Bekämpfung von Organisierter Kriminalität, Terrorismus und Proliferation, Reduzierung der Zuwanderung und Abwehr von Spionageaktivitäten. Übertragung entsprechender Bekämpfungsstrategien auf die mittel- und osteuropäischen Staaten und Rußland.

- Durchführung von EU-Erweiterungen erst, wenn die notwendigen Voraussetzungen hinsichtlich wirtschaftlicher und sozialer Strukturen der Kandidaten erfüllt sind und die Kosten entsprechend der Wirtschaftskraft auf die bestehenden EU-Mitglieder verteilt werden. Damit die bestehende und erst recht eine erweiterte Union nicht die Dynamik der europäischen Integration verliert, ist eine Reform der Funktionsweise und der Entscheidungsprozesse der EU-Organe notwendig. Anderenfalls besteht die Gefahr, daß die Erweiterung zur Handlungsunfähigkeit oder sogar zum Zerfall der Union führt. Es gilt, die Institutionen zu verschlanken und die Entscheidungswege zu straffen, die Identität auf internationaler Ebene zu stärken und die Akzeptanz bei den Bürgern zu erhöhen.

Arbeitsgruppe C

Deutsche Sicherheitsinteressen an der Südperipherie des OSZE-Raumes im Handlungsrahmen uni-/bilateraler Aktion, multinationaler Kooperation und überstaatlicher Integration

1. Problemstellung

Die Sicherheitsinteressen eines Staates sind herkömmlich weitgehend militärisch definiert worden. Wachsende Interdependenz und Globalisierung lassen diese enge Sicht heute nicht mehr zu. Wirtschaftliche Destabilisierung, Bürgerkrieg, menschenrechtswidrige Zustände und ökologische Katastrophen im Ausland können die komplexen politischen, gesellschaftlichen und ökonomischen Strukturen unseres Landes ebenso bedrohen wie ein umfassender kriegerischer Konflikt, der nach Ende des Ost-West-Konfliktes zumindest in Mitteleuropa unwahrscheinlich geworden ist. Das deutsche Interesse an sicheren und stabilen Verhältnissen im Innern bedeutet daher zugleich ein Interesse an sicheren Verhältnissen und an Stabilität im internationalen Umfeld, nicht im Sinne des Festschreibens des Status quo, sondern dem einer konflikt- und gewaltfreien Entwicklung.

Die beschriebene Interdependenz schmälert den Wirkungsgrad einzelstaatlicher Aktion. Deutschland ist dementsprechend in ein vielfältiges Netz internationaler Kooperation verwoben, das als System konzentrischer Kreise mit abnehmender Kohäsion verstanden werden kann. Am engsten ist die Zusammenarbeit in Europa in der supranationalen Europäischen Union. Die meisten ihrer Mitgliedsstaaten sind Teil der NATO, die den euro-atlantischen Raum umgreift. OSZE (in der Verteidigungspolitik Nordatlantischer Kooperationsrat (NAKR) und Partnership for Peace (PfP)) fügen den euro-asiatischen Raum hinzu. Weltweiter Träger internationaler Kooperation sind die Vereinten Nationen mit ihren Unterorganisationen. Eine Sonderstellung nehmen OECD und G7 ein. Sie vereinen - so die OECD - die Industriestaaten ohne regionales Kriterium, die G7 die wichtigsten unter ihnen.

Die Zusammenschlüsse regionaler Zusammenarbeit, denen Deutschland angehört, umfassen die nördliche Hemisphäre, den "Sicherheitsraum zwischen Vancouver und Wladiwostok". Er hat mit der Zusammenarbeit der Hauptkontrahenten des Kalten Krieges in der OSZE sein Gesprächs- und Handlungsforum gefunden. Die südliche Hemisphäre, die südliche Peripherie der OSZE, bleibt außen vor. Mit ihr bestehen lockerere Formen der Zusammenarbeit, oft vermittelt durch die Europäische Union, etwa in den Vereinbarungen EU-AKP und EU-ASEAN.

Für viele Länder der südlichen Hemisphäre wird der geringere Grad der Zusammenarbeit nicht als Defizit bzw. als Sicherheitsproblem empfunden. Dies mag an der räumlichen Distanz liegen, aber auch daran, daß wir mit vielen Staaten dieses Teils der Welt eine geringere Breite und Tiefe der Beziehung haben und damit auch weniger Interessenkonflikte. So sind etwa die Kontakte mit den aufstrebenden Wirtschaftsräumen in Süd- und Südostasien überwiegend - zugegeben immer wichtigerer - wirtschaftlicher Natur. Ähnliches gilt auf niedrigerem Niveau für unsere Beziehung zu Lateinamerika, der südlichen Peripherie des amerikanischen OSZE-Teils. Beide lassen sich mit dem bestehenden Instrumentarium nationaler und europäischer Aktion, ergänzt durch themenbezogene Zusammenarbeit in OECD und ggf. G7 und im weltweiten Rahmen der VN-Organisationen (z.B. WTO und IWF) zufriedenstellend angehen.

Weitgehend unauffällig erscheinen unter dem Gesichtspunkt der Sicherheit auch die Beziehungen zum subsaharen Afrika. Ihre entwicklungspolitische Dimension wird bilateral und über die Institute des AKP-Abkommens erfaßt. Die zahlreichen Konflikte des Kontinents, die unsere Medien immer wieder beschäftigen und die uns unter humanitären Kriterien erregen und erregen sollten, schlagen ansonsten kaum nach Europa durch. So ist etwa die Rohstoffversorgung aus Afrika, einmal Mitursache des kolonialen Wettlaufs bis hin zu kriegerischer Auseinandersetzung, heute trotz aller Krisen problemlos. Und die massiven Bewegungen der Bürgerkriegsflüchtlinge verlassen den Subkontinent kaum: Mehr als eine halbe Million liberianischer Vertriebene leben etwa im benachbarten Guinea; nur wenige gelangen nach Europa.

Ganz anders ist unsere Einschätzung des Mittelmeerraums und seiner südlichen Anrainer, der südlichen Peripherie des europäischen Teils der OSZE. Hier sind die Konfliktzonen im Krisenbogen von Tanger bis zum Persischen Golf mühelos zu orten: Nahost, Mittelost, gefolgt von Nordafrika. Eine waffenstarrende Region mit dem schon klassisch zu nennenden Palästinakonflikt und dem Hegemoniekampf am Persischen Golf, von dem wir einen Großteil unseres Erdöls beziehen. Eine Region mit insgesamt stagnierendem Wirtschaftswachstum bei rapide wachsender Bevölkerung und steigender Umweltproblematik bis hin zu gewaltigen Wasserproblemen. Dies alles mit substantiellen Defiziten bei Demokratie und Menschenrechten einschließlich der Rechte der Wahrung der Minderheiten, dafür aber mit schneller Zunahme fundamentalistischer Tendenzen. Insgesamt also ein nahezu "ideales" Terrain für Konflikt und Instabilität in einer Region, die unmittelbar an Europa grenzt.

Die Arbeit wird versuchen, zunächst das Risikoszenario zu konkretisieren, das der weit verstandenen Sicherheit Deutschlands aus der südlichen Peripherie Europas droht (Ziffer 2). Da die Türkei trotz ihrer Mitgliedschaft in der NATO und ihrer besonderen Stellung zur EU vielfältig mit dem Nahen und Mittleren Osten und seinen Problemen verflochten ist, ist sie in die Betrachtung mit einbezogen. Es folgt die Diskussion der nationalstaatlichen, kooperativen und integrativen Handlungsmöglichkeiten gegen diese Bedrohungen unserer Sicherheitsinteressen (Ziffer 4), ausgehend von der Darstellung der gegenwärtigen Ansätze kooperativer Zusammenarbeit im und für den Mittelmeerraum (Ziffer 3). Eine Zusammenfassung schließt die Überlegungen ab (Ziffer 5).

2. Risikoszenario

2.1 Einführung

In der Einschätzung der Risiken aus dem Krisenbogen des südlichen Mittelmeerraums und ihrer Ursachen besteht weitgehende Übereinstimmung: Wirtschaftliche und politische Instabilität, verschärft durch eine anhaltende Bevölkerungsexplosion, kennzeichnen die Region. Wo die Ölrente nicht für Wohlstand gesorgt hat, ist – mit Ausnahme Israels – der Übergang zu einer wettbewerbsfähigen Wirtschafts-, vor allem Industriestruktur, die die Versorgung der Bevölkerung sicherstellen könnte, bisher nicht gelungen. Ökonomischer Ineffizienz entsprechen verkrustete politische Strukturen, deren Führungsschichten oft mehr am Erhalt der eigenen Macht als an der Entwicklung ihres Landes unter Teilhabe der Bevölkerung gelegen ist. Die Schonzeit der Ost-West-Polarität für diese meist hochgerüsteten Regimes ist vorbei. Inner- und zwischenstaatliche gewaltsame Konflikte drohen vor dem Hintergrund langjähriger Konfrontation und entsprechenden Mißtrauens. Verschärfend wirkt bei all dem zunehmende ideologische Mobilmachung unter religiösem Vorzeichen und Vorwand.

An vorderer Stelle des Risikoszenarios aus dieser Lagebeschreibung wird für die europäischen Staaten oft die Bedrohung ihrer inneren Sicherheit genannt, und zwar durch unkontrollierte Migration als Konsequenz von Bevölkerungsexplosion, Drogenproduktion, -distribution und -konsum sowie durch Terrorakte, die die politischen Konflikte vor Ort nach Europa tragen (2.2). Dann die Abhängigkeit unserer Wirtschaft von den Ölquellen des Mittleren Ostens und Nordafrikas, die nur das herausragendste Beispiel der Unwägbarkeiten unserer wirtschaftlichen Beziehungen ist (2.3). Weiter die "ideologische" Gefahr, die oft durch den undifferenzierten Gebrauch der Schlagworte "Islam", "Islamismus" oder "Fundamentalismus" gekennzeichnet ist (2.4). Zunehmend bedrohlich entwickelt sich die Gefährdung der Umwelt im Mittelmeerraum (2.5). Schließlich noch das militärische Element: In spätestens einem Jahrzehnt droht ganz Europa in die Reichweite ballistischer Trägerraketen mit Massenvernichtungswaffen aus dem Mittleren Osten und Nordafrika zu geraten (2.6). Die genannten Risiken wirken sich nicht gleichermaßen auf alle europäischen Staaten aus. Maßstab ihrer nachstehenden Konkretisierung werden deutsche Betroffenheit und Interessen sein.

2.2 Migration, Terrorismus, Kriminalität

So wie der erweiterte Sicherheitsbegriff nicht mehr eindimensional militärisch angelegt ist, so kann auch Innere Sicherheit nicht mehr eindimensional kriminalitätsbezogen auf die Bundesrepublik Deutschland hin betrachtet werden. Das "Programm Innere Sicherheit" 1994 formuliert über die Innere Sicherheit als "fundamentale Voraussetzung für den Bestand und die Funktionsfähigkeit unserer demokratischen Gesellschaft" das deutsche Sicherheitsinteresse mit. Der neue erweiterte Sicherheitsbegriff löst die vormals starren Grenzen zwischen Äußerer und Innerer Sicherheit zunehmend auf.

Migration

Seit 1989 hat sich die Zahl der Ausländer in Deutschland um 2,3 Mio. auf 7,17 Mio. (Stand: 31.12.95) erhöht. Dies entspricht knapp 9 % der Wohnbevölkerung. Die derzeitige ausländische Bevölkerung nach Staatsangehörigkeit beträgt aus EU-Staaten 1.811.748, aus dem übrigen Europa 4.108.576, darunter aus der Türkei 2.014.311 Personen. Aus Afrika beträgt sie 291.169, darunter aus Marokko, Algerien, Tunesien, Ägypten insgesamt 145.000 Personen sowie aus Asien 702.923, darunter aus dem Iran 106.979, aus dem Nahen Osten 32.000 Personen.

Ein verfassungs- wie geopolitischer Aspekt, der mit dem gerade genannten Wanderungsdruck zusammenhängt, ist die Entwicklung der Asylbewerberzahlen in Deutschland. Unbeschadet des starken Rückgangs der Zugangszahlen seit Inkrafttreten der Asylrechtsnovelle zum 01. Juli 1993 hat bislang kein anderes Land der Europäischen Union, des europäischen Wirtschaftsraums sowie der Vereinigten Staaten von Amerika mit Abstand so viele Asylbewerber aufnehmen müssen wie Deutschland. 1995 haben 127.937 Personen Asyl beantragt. Dies entspricht in etwa der Vorjahreszahl (1994: 127.210). Hauptherkunftsländer der zu untersuchenden Region im Zwei-Jahres-Vergleich 1994/95 waren: Türkei: 19.118 (1994), 25.514 (1995), Iran 3.445 (1994), 3.908 (1995), Irak 6.880 (1995). Nachdem die Zahl der türkischen Asylbewerber in Folge der Asylrechtsänderung zum 01. Juli 1993 von 1992 auf 1993 um 9.223 Personen (32,6 %) zurückgegangen war und sich 1994 auf diesem Stand hielt, nahm sie 1995 wieder um 6.396 Personen (33,5 %) zu und näherte sich dem Stand vor der Asylrechtsänderung wieder an.

Im Vergleich zur Türkei spielen die Staaten des Nahen Ostens und des Maghreb derzeit keine wesentliche Rolle. In Nordafrika ist allerdings bis zum Jahre 2010 ein Bevölkerungszuwachs von 58 Mio. auf 90 Mio. zu erwarten, d.h. um 55%. Dies hätte zur Folge, daß sich die Armutslücke zwischen der EU und den Ländern des Maghreb vom gegenwärtigen Verhältnis 1:10 auf 1:20 verschlechtern und die Wanderungswahrscheinlichkeit erhöhen würde.

Aus der großen Zahl der in Deutschland lebenden Türken sowie türkischer Asylbewerber ergibt sich mit Ausnahme der noch anzusprechenden Kurdenproblematik keine besondere Gefährdung der Inneren Sicherheit. Die Mehrheit der Türken lebt seit den 60er Jahren als frühere Gastarbeiter im Lande. Sie sind überwiegend sozial integriert, ca. 40% leben länger als 15 Jahre in Deutschland. Die Zahl der Asylbewerber begründet sich auch in der Anziehungskraft bestehender familiärer und kultureller Bindungen zu den 2 Mio. bereits hier lebenden Türken, ohne daß ausreichende Möglichkeiten des legalisierten Zuzuges gegeben sind.

Noch keine Erkenntnisse gibt es darüber, ob in Folge des Wegfalls der Grenzkontrollen zwischen Frankreich und Deutschland seit März 1995 nennenswerte Zuwanderungen von Nordafrikanern aus Frankreich in die Bundesrepublik zu erwarten sind. Gegenwärtig leben 620.000 Algerier,

585.000 Marokkaner und 210.000 Tunesier in Frankreich, das damit die Hauptlast nordafrikanischer Zuwanderung trägt.

Extremismus/Terrorismus

Die häufigsten Konfliktursachen für Extremismus und Terrorismus liegen in separatistisch-nationalistischen Bestrebungen (Beispiele: Kurden/ PKK), in ideologisch/religiösen Abweichungen (Beispiel: türkische kommunistische Partei/Marxisten-Leninisten), in bi- oder multilateralen Konflikten zwischen Staaten (Beispiel: staatsterroristische Aktivitäten). Dies führt zur Verlagerung von politischen Auseinandersetzungen (z.B. kurdische, palästinensische Gruppen), zur Missionierung mit Gewalt (z.B. islamisch-fundamentalistische Gruppen), zu verdeckter Kriegs-führung (Staatsterrorismus) und zur Verfolgung von Dissidenten (z.B. libyscher, iranischer Staatsterrorismus). Diese Konflikte äußern sich zum einen auf einer gewalttätigen, die Sicherheitslage unmittelbar und offen berührenden Ebene: 1995 haben insbesondere türkische Gruppen (Kur-dische Arbeiterpartei (PKK), revolutionäre Linke (DEV SOL), TKP/ML) Straftaten in der Bundesrepublik Deutschland verübt: allein 261 Brand-anschläge, 33 Sachbeschädigungen, 31 Eingriffe in den Straßenverkehr sind kurdischen bzw. türkischen Extremisten zuzurechnen.

Bedeutung haben für die Bundesrepublik neben anderen Gruppen weiter die FIS (Islamische Heilsfront), die im Verdacht steht, auch durch Angehörige in Deutschland Waffen und Munition zu beschaffen, militante fundamentalistische Gruppen in Ägypten, die ähnlich wie in der Türkei die PKK, Anschläge gegen Touristen begehen (deutsche Interessen im Ausland) und möglicherweise die Bundesrepublik als Unterstützungsraum betrachten, Gegner des Nahost-Friedensprozesses (Hamas), die sich in der Bundesrepublik Deutschland propagandistisch betätigen und staatsterroristische Aktivitäten in die nach bisherigen Erkenntnissen Iran und Libyen verwickelt sein dürften. Auf einer zweiten Ebene ist die Bundesrepublik – zum Teil durchaus strafrechtlich relevant – eher ein Raum, in dem Propaganda betrieben wird, der Ruheraum ist, in dem Spendengelder zumeist erpreßt werden, um den Kampf gegen den Gegner in der Krisenregion zu finanzieren. Nach Erkenntnissen des Verfassungsschutzes verfügen islamistisch-extremistische Gruppen über das größte Mitgliederpotential und verzeichnen auch weiterhin Zulauf.

Kriminalität

Staaten des Nahen- und Mittleren Ostens und Staaten Nordafrikas haben weiterhin große Bedeutung im Rauschgifthandel. So ist die wichtigste Herkunfts- bzw. Transitregion des in der Bundesrepublik sichergestellten Heroins die Türkei. Große Mengen von Cannabis gelangen aus Marokko in die Bundesrepublik.

Der bisherige deutliche Anstieg und die Vernetzung von organisierter Kriminalität führen zu einer wenig positiven Lagebeurteilung; spezifische Verbrechensformen vom Rauschgiftschmuggel über die Kfz-Verschiebung, den Waffenhandel bis hin zur Schleuserkriminalität lassen ein erhebliches Gefahrenpotential erkennen. Die Gefährdungen, die sich aus diesen Formen der Kriminalität ergeben, dürfen unter nationalen Bekämpfungsgesichtspunkten nicht verharmlost werden. Sie sind freilich nicht Ausdruck krisenhafter Instabilität im Mittelmeerraum. In der weiteren Betrachtung treten sie daher zurück.

2.3 Wirtschaftliche Beziehungen

Kennzeichnend für die untersuchte Region ist unter wirtschaftlichen Gesichtspunkten, daß ihre Länder pro Kopf ein sehr unterschiedliches Bruttosozialprodukt, und die Volkswirtschaften untereinander eine sehr geringe Integration aufweisen.

Von den mannigfaltigen wirtschaftlichen Verflechtungen Deutschlands mit dem nordafrikanischen und Nah-Ost-Raum ist der Import von Rohöl in die Bundesrepublik Deutschland, die 97 % des Erdöls importieren muß, an erster Stelle zu nennen. Zweidrittel der Welterdölreserven befinden sich im Untersuchungsgebiet. Auch wenn z.Zt. rund 60 % der deutschen Rohölimporte nicht aus Nordafrika und dem Nahen Osten kommen, ist die Region langfristig jedoch der wesentliche Lieferant für diesen Rohstoff. Der Verkehrssektor und die Petrochemie sind in Deutschland zu fast 100 % mineralölabhängig. Da eine langfristige Substitution gegenwärtig nicht möglich ist, würde ein langfristiger Lieferausfall, anders als ein kurzfristiger Boykott, die deutsche Volkswirtschaft und damit die hiesige Wohlfahrt in empfindlicher Weise treffen. Freilich ist zu bedenken, daß die Kaufkraft der Region zum großen Teil aus den Exporterlösen für Erdöl resultiert. Insofern ist bei rationeller Betrachtung ein langfristiger Ausfall auszuschließen, da er diese Länder stärker treffen würde als die Bundesrepublik und die anderen europäischen Industriestaaten.

Die stagnierenden Volkswirtschaften der Region mit ihrer sehr geringen Verflechtung untereinander sind für die exportorientierte deutsche Wirtschaft ein nicht unbedeutender Absatzmarkt. Ein Verlust dieser Märkte durch Konflikte jedweder Art würde zu direkten Auswirkungen auf die deutsche Industrieproduktion und damit den deutschen Arbeitsmarkt führen. Bei der Heterogenität der Staaten ist von einem generellen Zusammenbruch dieses Absatzmarktes jedoch nicht auszugehen.

Freilich würde eine Abnahme der Konflikte innerhalb der Region diese Staaten in die Lage versetzen, ihre Rüstungsausgaben (in Kuwait 1992 etwas über 60 % des BSP) zu reduzieren und die freigesetzten Mittel für ihre wirtschaftliche Entwicklung einzusetzen. Da dieser Mitteleinsatz in erster Linie für Investitionen genutzt würde, könnte die deutsche Wirtschaft, die in der Produktion von Investitionsgütern eine ihrer Stärken hat, in hohem Maße von dieser friedlichen Mittelverwendung profitieren.

Ein weiterer Gefahrenpunkt kommt hinzu: Durch das Mittelmeer und das Rote Meer verlaufen wichtige Schiffahrtsverbindungen zwischen Europa und dem asiatischen Raum. Eine Störung dieser Handelswege könnte durch die Wahl anderer Schiffahrtswege abgefedert werden, auch wenn dies teurer und zeitaufwendiger wäre. Insofern stellt die Führung dieser Handelswege durch die Krisenregion Nordafrikas und des Nahen Ostens für die Bundesrepublik Deutschland kein unkalkulierbares Sicherheitsrisiko dar.

2.4 Fundamentalismus

Der Islam gilt als eine große Weltreligion, dessen Entstehen auf das 7. Jahrhundert zurückgeht. Mohammed gilt als Prophet, der das Wort des alleinigen Gottes abschließend, vollständig und richtig verkündet hat. Im Zuge des Nachfolgestreites nach dem Tode Mohammeds vollzog sich die erste Trennung in die beiden Hauptrichtungen, Sunniten (800 Mio.) und Schiiten (200 Mio.).

Der *erweiterte Sicherheitsbegriff* könnte es nahe legen, den im Islam ausgetragenen Konflikt um die richtige Interpretation der Religion und die möglichen mittelbaren und unmittelbaren Auswirkungen auf die Stabilität in der Region und darüber hinaus zu analysieren. Freilich darf es in diesem Zusammenhang nicht um eine generelle Anklage des Islams als Religion oder aller Muslime als Gläubige gehen, solange es sich bei diesem Interpretationsstreit um einen selbstverständlichen theologischen Diskurs innerhalb des Islams handelt, der ähnlich auch in anderen Religionen vorkommt. Nicht der Islam als Religion, sondern dessen ideologisch-extremistische Instrumentalisierung bedarf der Aufmerksamkeit.

"Islamismus" bzw. "Fundamentalismus" sind solche politische Doktrinen (Ideologien), die die Untrennbarkeit von Religion und staatlicher Macht hervorheben und bereit sind, dieses Prinzip militant durchzusetzen. "Islamisten" geht es heute weniger darum, gegen den abendländischen Westen aktiv zu werden. Sie verfolgen vielmehr das Ziel, die politische Macht vor Ort in den islamischen Staaten selbst zu erringen. Die Ereignisse um die 1991 in Algerien ausgesetzten Wahlen belegen die Aussage.

"Islamismus" und "Fundamentalismus" als politische Bewegungen bedeuten daher in aller erster Linie eine Gefährdung der Stabilität der Regierungen und Staaten in der Region selbst. Die Entwicklung verläuft nicht einheitlich: Im (noch ?) laizistischen Staat Türkei wird es in Zukunft darum gehen, wieviel traditionelle islamische Werte und Vorstellungen zugelassen werden, ohne die laizistische Verfassung des Staates zu gefährden. Die Wahlerfolge der fundamentalistischen "Wohlfahrtspartei" (Refah-Partisi-RP) bei den türkischen Kommunal- und Parlamentswahlen 1994 und 1995 sind dabei ein ernstzunehmendes Signal. Umgekehrt wird es in der islamischen Republik Iran darum gehen, wieviele säkulare Elemente durchgesetzt werden können, und zwar von einer Bevölkerung, die zunehmend von den "Erfolgen" der islamischen Revolution enttäuscht ist, in der zum ersten Mal in der Geschichte des Islams der Klerus selbst – mit dem Risiko seiner Diskreditierung beim Scheitern des Experiments – die Staatsführung übernommen hat.

Fundamentalistische Aktivitäten in der Region schlagen auf die deutsche Sicherheitslage nur mittelbar durch. Nach Erkenntnissen der Verfassungsschutzbehörden betreiben derzeit dreizehn islamistische Gruppen in unterschiedlichen formellen und informellen Strukturen Agitation und

Propaganda für den Export der "islamischen Revolution" (siehe 2.2). Während sich der überwiegende Teil der zwei Millionen Muslime als Anhänger eines gemäßigt traditionellen Islam versteht und gesetzestreu verhält, wird eine kleine und militante Minderheit (ca. 1,5 %) weiterhin durch spektakuläre Aktionen auf sich aufmerksam machen wollen. Ihre religiös-ideologischen Strategien stellen aber kein Potential dar, daß die innere Sicherheit erheblich gefährden könnte.

2.5 Umwelt

Das Mittelmeer und die gesamte Mittelmeer-Region haben seit rund 3.000 Jahren – in erster Linie durch die Abholzung der Wälder und die nachfolgende Bodenerosion – tiefgreifende Veränderungen erfahren, doch war dadurch der Wasserkörper nie gefährdet.

Die letzten dreißig Jahre haben mehr verändert als die 3.000 Jahre zuvor, wobei ein Indikator die seit 1959 beobachtbare signifikante Erwärmung des Tiefenwassers des Mittelmeers ist. Die Ursachen dafür sind vielfältig, aber eng verknüpft mit dem Mittelmeer als Seeweg und seiner Funktion als Müllhalde bzw. Abwasserreservoir für jene Abfälle, die von den Bevölkerungen und Industrien der nahen und ferneren Anrainerstaaten direkt oder über die Mittelmeer-Zuflüsse ins Mittelmeer geleitet werden. Zehn Millionen Tonnen Abfälle fließen jedes Jahr ins Meer.

Jedes Jahr durchfahren rund 220.000 Schiffe das Mittelmeer, darunter 250 bis 300 Öltanker, die 30 % der Welttonnage an Erdölfracht durch den Suez-Kanal oder von den nordafrikanischen Förderzentren zu den europäischen Häfen transportieren. Die Schiffe lassen jährlich 650.000 t ölverseuchte Ballaststoffe ab.

Allein von den 120 Mittelmeer-Städten mit über 100.000 Einwohnern (600 Städte mit über 10.000 Einwohnern) werden derzeit immer noch 80 bis 85 % der Abwässer ungeklärt in das Mittelmeer abgeleitet.

Eine erhebliche Belastung der Umwelt erfolgt zusätzlich durch die Touristen. Ihre Anzahl soll von derzeit durchschnittlich 100 Millionen jährlich auf 250 bis 400 Millionen im Jahr 2025 gesteigert werden.

Das rasche Bevölkerungswachstum wird in den südlichen Anrainerstaaten in den kommenden Jahrzehnten die Umweltbilanz weiter verschlechtern. Lebten 1950 in den nördlichen Anrainerstaaten 68 %, in den südlichen 32 % der Gesamtbevölkerung der Region, so hatte sich 1990 die Relation auf 42 % zu 58 % verändert und wird im Jahr 2010 34 % zu 66% betragen.

Dies führt auch zu einer wachsenden Deckungslücke in der Wasserversorgung. So haben nur fünf aller Anrainerstaaten erneuerbare Wasserreserven, die den Bedarf übersteigen; im Durchschnitt sind die erneuerbaren Frischwasserreserven von 3.500 m^3 pro Kopf (1960) auf 1.500 m^3 (1990) zurückgegangen und werden im Jahr 2025 nur noch 700 m^3 betragen.

2.6 Militärische Bedrohung

Das Ende des Ost-West-Gegensatzes hat dazu geführt, daß Europa und die NATO insgesamt für vorhersehbare Zeit in ihrer Existenz nicht militärisch bedroht sind; direkte oder indirekte Risiken können sich aber ergeben, wenn sich in einer angrenzenden Region Krisenpotential ansammelt und in Verbindung mit einer gegen Europa gerichteten politischen Absicht zur Bedrohung wird. Voraussetzung zu ihrer Verwirklichung sind aber entsprechende militärische Mittel.

Die größte derzeit denkbare Bedrohung entsteht, wenn biologische, chemische und nukleare Fähigkeit zur Kriegsführung außer Kontrolle geraten. Die Dual-Use Güter, die sowohl zur zivilen wie militärischen Nutzung geeignet sind, tragen in einem sich ausweitenden Welthandel zur Verbreitung von Technologien, die zur Entwicklung entsprechender Waffensysteme und Trägermittel führen, entscheidend bei. Dabei gewinnt die nachrichtendienstlich gesteuerte Wirtschafts- und Industriespionage Bedeutung. Krisenländer werden unter geheimdienstlicher Steuerung versuchen, sich entsprechende Güter und Know How zu beschaffen (Proliferation).

Die Betrachtung der Streitkräfte in Maghreb zeigt, daß weder Marokko noch Algerien oder Tunesien über ein offensivfähiges Potential verfügen, zumal die Modernisierung des teils alten Materials durch finanzielle und wirtschaftliche Schwierigkeiten behindert wird.

Dies gilt auch für Ägypten, dessen Armee im Bereich der Landstreitkräfte als einzige Armee Nordafrikas zum Gefecht verbundener Waffen fähig ist. Anders stellt sich die Situation in Libyen, Syrien im Irak und Iran dar. Zwar sind die Streitkräfte im Irak und Libyen aufgrund der verhängten VN-Embargos nur noch bedingt einsatzbereit. In allen vier Staaten entsteht durch die Entwicklung von Massenvernichtungswaffen (Syrien, Irak und Libyen haben das C-Waffen-Übereinkommen nicht unterschrieben) und deren Trägermitteln jedoch ein Risiko für Europa, das insbesondere dann nicht zu unterschätzen ist, wenn man mit politischen Hazardeuren rechnen muß. Zwei Bedrohungsszenarien sind denkbar, nämlich die Bedrohung mit oder der tatsächliche Einsatz von Massenvernichtungswaffen.

Man muß davon ausgehen, daß die europäischen Staaten um die Jahrtausendwende im Bereich ballistischer Trägerraketen liegen werden, da mindestens Libyen, Syrien und Iran dann über Flugkörper mit einer Reichweite über 2000 km verfügen werden.

Im Nahen und Mittleren Osten besteht, gemessen am Bruttosozialprodukt, eine Überrüstung mit einer Konzentration konventioneller Bewaffnung, die zu den höchsten in der Welt zählt. Auch wenn der dort begonnene Friedensprozeß mit den erzielten Vereinbarungen zwischen Israel, der PLO, Israel und Jordanien eine Grundlage für einen dauerhaften Frieden bilden kann, sind die alten Antagonismen noch nicht beseitigt. In diesem Umfeld ist die Türkei zu sehen, die mit ihrer im Vergleich zu anderen Staaten der Region (Ausnahme Israel) gut ausgerüsteten und ausgebildeten Armee von 630.000 Soldaten den Süd-Ost-Pfeiler der NATO bildet.

2.7 Zusammenfassung

Die Untersuchung des Risikoszenarios zeigt, daß der Krisenbogen südliches Mittelmeer, in der Verursachung seiner Krisen und Konflikte weitgehend autark, sie zu einem großen Teil auch in der Region selbst austrägt. Sieht man von terroristischen Akten ab, so werden sie zur Zeit nicht unmittelbar nach Deutschland getragen. Die Bedrohung Deutschlands aus dem südlichen Mittelmeerraum ist daher weitgehend (noch) potentieller Natur. Anderes gilt zum Teil heute schon (etwa Stichwort Umweltschutz) für die Mittelmeerländer der EU. Ihre Gefährdung trifft uns mittelbar. Für die EU und alle ihre Mitgliedsstaaten besteht damit zumindest aus dieser mittelbaren Gefährdung gemeinsamer Handlungsbedarf, für Deutschland zusätzlich aufgrund des Umstandes, daß wir von unseren Partnern in der EU Solidarität zum Ausgleich auch dort erwarten, wo unsere Sicherheitsinteressen am unmittelbarsten betroffen sind: im Osten Deutschlands.

3. Gegenwärtige Kooperation

Kooperation im und für den Mittelmeerraum setzt auf drei verschiedenen Ebenen an:

- der Zusammenarbeit der Nordanrainer (3.1.),
- der Zusammenarbeit zwischen den Südanrainern (3.2.) und
- der Kooperation beider (3.3.).

3.1. Zusammenarbeit der Nordanrainer

Thema hier ist die Zielsetzung der Nordanrainer in Europa, auch, aber nicht ausschließlich mit Wirkung auf den Mittelmeerraum, durch Kooperation und Integration ihre Handlungskraft nach außen zu verstärken, sei es zum Schutz der eigenen Integrität oder zur Durchsetzung ihrer auswärtigen Interessen unterhalb der Schwelle institutionalisierter Zusammenarbeit (dazu 3.3.). Als Instrumente kommen in erster Linie EU (die WEU steht noch im Anfangsstadium ihrer Kooperationsüberlegungen) und NATO in Betracht, kaum aber die OSZE, deren satzungsmäßige Kompetenz auf Handeln innerhalb des OSZE-Raumes angelegt ist.

Europäische Union

In der Europäischen Union sind, sieht man einmal vom Nutzen einer gemeinsamen Wirtschafts- und Währungspolitik für Wohlfahrt und Handlungsstärke ihrer Mitglieder ab, in erster Linie die Gemeinsame Außen- und Sicherheitspolitik (GASP) sowie die Gemeinsame Innen- und Rechtspolitik (GIRP) angesprochen. Beide sind im Vertrag von Maastricht über weite Strecken nur in Absichtserklärungen festgelegt. Die bisherige, zugegebenermaßen kurze Praxis beider Politiken zeigt, daß sie weiterhin in hohem Maße als Domäne nationalen Vorgehens verstanden werden. Für die Außenpolitik im Mittelmeerraum belegt dies beispielhaft das französische Vorgehen in der letzten Libanonkrise. Und in der Frage der inneren Sicherheit der Mitgliedstaaten ist etwa eine gemeinschaftliche Ausländer- und Asylpolitik, um einen Bereich mit internationalem Bezug und großem Handlungsbedarf herauszugreifen, nicht zu erkennen. Uni- und bilaterale Aktion, z. T. gestützt durch zwischenstaatliche Absprachen, werden daher in beiden Politikbereichen auf absehbare Zeit noch eine wichtige Rolle spielen. Für die Migrationsproblematik sei an das Schengener-Abkommen erinnert. Bei der Bekämpfung des Terrorismus hat die zwischenstaatliche Zusammenarbeit schon immer eine große Rolle gespielt. Die intergouvernementale Zusammenarbeit in der EU-Arbeitsgruppe Terrorismus soll künftig um ein Gremium der GASP ergänzt werden, das Fragen des internationalen Terrorismus behandeln soll. Unter deutscher Präsidentschaft wurde 1994 die Entwicklung eines europäischen Planes zur Drogenbekämpfung initiiert, der von der Notwendigkeit einer einheitlichen Strategie der Rauschgiftbekämpfung ausgeht und einen konkreten Aktionsplan vorschlägt. In jüngerer Zeit ist die Bekämpfung des internationalen Terrorismus schließlich auch Thema der Zusammenarbeit der G 7 (P 8)-Staaten geworden.

NATO

Die NATO war in der Zeit des Ost-West-Gegensatzes ausschließlich auf den Bündnisfall, die Verteidigung der Integrität ihrer Mitglieder gegen Angriffe von außen, ausgerichtet. Er ist mit dem Wegfall der sowjetischen Bedrohung heute unwahrscheinlich. Schon früher sprach wenig dafür, daß ein militärischer Ost-West-Konflikt im Mittelmeerraum ausbrechen würde.

Heute sieht unsere Risikoanalyse eine nadelstichartige militärische Bedrohung Europas durch Raketenangriffe politischer Hasardeure aus dem Nahen und Mittleren Ost erst in einiger Zeit im Bereich des Wahrscheinlichen.

Freilich ist mit dem Ost-West-Gegensatz auch seine "domestizierende" Wirkung auf den Austrag von Interessengegensätzen der NATO-Mitgliedstaaten sowie den Ausbruch kriegerischer Konflikte in den Regionen entfallen, die für Ost und West von essentiellem Interesse waren. Damit nehmen einerseits Zweifel zu an der aplanierenden Kraft der NATO zum Ausgleich der türkisch-griechischen Streitpunkte, einer

Quelle der Instabilität im östlichen Mittelmeerraum. Zum anderen ist für die Türkei - auch im Zusammenhang mit dem Kurdenproblem - die Gefahr gewachsen, in einen bewaffneten regionalen Konflikt im Nahen und Mittleren Osten hineingezogen zu werden und damit über Art. 5 Nordatlantikvertrag den Bündnisfall auszulösen.

Nach dem Ende des Kalten Krieges hat die NATO damit begonnen, ihre Aufgabenstellung und Struktur den neuen Anforderungen eines veränderten Sicherheitsszenarios anzupassen, das gekennzeichnet ist durch vielfältige Risiken, Krisen und Konflikte unterhalb der Schwelle der kollektiven Verteidigung, und zwar in erster Linie an der Peripherie, nicht mehr im Herzen Europas. Der Blick ist dabei auch auf den Nahen und Mittleren Osten sowie auf Nordafrika gerichtet. Die NATO geht bei der Festlegung ihrer neuen Struktur von einem weiten Sicherheitsbegriff aus: Ziel ist der Erhalt stabiler Verhältnisse, die Verhinderung und Eindämmung von Konflikten. Die Frühjahrskonferenz des Nordatlantikrates soll im Juni 1996 in Berlin politische Richtlinien für die Strukturreform verabschieden, im Anschluß dann sollen die Verteidigungsminister die Konsequenzen aus der neuen Aufgabenstellung für die militärische Kommandostruktur der NATO ziehen.

3.2. Zusammenarbeit zwischen den Südanrainern

Es fehlt nicht an kooperativen Zusammenschlüssen der Südanrainer des Mittelmeers. So sind die Staaten des Maghreb in der Arabischen Maghreb-Union (UMA) vereint, die des Golfs im Golfkooperationsrat (GCC) und alle zusammen – mit Ausnahme Israels – in der Arabischen Liga, wobei die letzten beiden auch als Bündnisse gegenseitiger Verteidigung konzipiert sind.

Sie sind an dieser Aufgabe eklatant und definitiv bei der Invasion Kuwaits gescheitert und seitdem faktisch auf die Rolle politischer Diskussionsforen zurückgeschnitten, im Falle des GCC ergänzt durch Ansätze wirtschaftlicher Kooperation. In Sicherheitsfragen haben sich die Golfstaaten – wie übrigens auch Ägypten und Jordanien – für enge Allianz und militärische Zusammenarbeit mit den USA entschieden, deren führende Rolle durch ihre exklusive Mittlerrolle im Nahostkonflikt noch verstärkt wird, während die Europäische Union vor allem die Aufgabe des Finanziers übernimmt: *"The US will broker it and the EU will pay for it"*.

Die Südanrainer selbst scheinen nicht in der Lage zu sein, die Sicherheitsprobleme ihrer Region unter sich effizient anzugehen. Bei der Zusammenarbeit mit wichtigen Partnern von außen, vor allem den USA und der EU, treten sie weitgehend ohne solidarischen Zusammenhalt an.

3.3. Zusammenarbeit Nord-Süd

Europäische Union

Wichtigster Träger der Kooperation Nord/Süd im Mittelmeerraum auf Seiten des Nordens ist die Europäische Union. Ihre schrittweise Erweiterung nach Süden (Griechenland, Spanien, Portugal in den 80er Jahren) hat bei weiteren Mittelmeerstaaten Hoffnung auf Mitgliedschaft in der EU, und damit auf volle Integration, geweckt. Für Zypern und Malta soll diese Hoffnung auch Wirklichkeit werden. Die Beitrittsverhandlungen mit ihnen werden im Herbst 1997 eröffnet.

Für die Türkei, die unter Berufung auf ihre Verdienste als treuer NATO-Partner gleichfalls die Mitgliedschaft reklamiert und einen Antrag gestellt hat, ist hingegen keine konkrete Beitrittsperspektive zu erkennen. In viel stärkerem Maße gilt dies für die übrigen Südanrainer des Mittelmeers.

Die Europäische Union hatte schon früh erkennen lassen, daß sie mit ihnen nicht auf Integration, sondern vertraglich abgesicherte Kooperation setzt. Sie schloß in den sechziger Jahren mit den meisten von ihnen Handelsabkommen, die in den siebziger Jahren durch Vereinbarungen über wirtschaftliche und finanzielle Zusammenarbeit erweitert wurden. Mit der Türkei, Malta und Zypern entstanden Assoziationsabkommen mit dem Ziel einer Zollunion (für die Türkei erst sehr spät am 1. Januar 1996 in Kraft getreten), mit den übrigen Südanrainern Kooperationsabkommen. Die Auswirkungen des Beitritts Spaniens und Portugals im Agrarsektor wurden durch Zugeständnisse bei der Einfuhr von Agrarerzeugnissen in die EU teilweise aufgefangen.

In einer ersten Reaktion nach Öffnung der Mauer beschloß die EU Anfang der neunziger Jahre eine "Neue Mittelmeerpolitik", die zu einem "erheblichen Qualitätssprung" in der regionalen Zusammenarbeit mit den

Ländern des Maghreb und des Nahen Osten führen sollte. Mit ihnen sollten Assoziationsabkommen mit den folgenden Schwerpunkten geschlossen werden: politischer Dialog, Freihandel im Bereich der gewerblichen Waren, wirtschaftliche, soziale und kulturelle Zusammenarbeit sowie finanzielle Zusammenarbeit. Zielvorstellung war eine "bedeutsame Vertiefung des Partnerschaftsprinzips" in der Zusammenarbeit. Bis heute sind solche Abkommen mit Tunesien, Marokko und Israel geschlossen worden. Verhandelt wird mit Algerien, Ägypten, Jordanien und dem Libanon. Mit Syrien und den Palästinensern dürften die Verhandlungen noch in diesem Jahr aufgenommen werden.

Trotz der Fortschritte der Neuen Mittelmeerpolitik sah die Union Ende 1994 die Bilanz ihrer Kooperation im Mittelmeerraum als "nicht sonderlich positiv". Konsequenz war – aufbauend auf dem bisher Erreichten – ihr Vorschlag einer umfassenden "Euro-Mittelmeer-Partnerschaft" in den drei Teilbereichen eines verstärkten regelmäßigen politischen Dialogs (Zielvorstellung: politische und Sicherheitspartnerschaft in einem gemeinsam definierten Friedens- und Stabilitätsraum), verstärkter wirtschaftlicher und finanzieller Zusammenarbeit (Zielvorstellung: Wirtschafts- und Finanzpartnerschaft zur Schaffung einer Zone gemeinsamen Wohlstandes) sowie stärkerer Herausstellung der sozialen, kulturellen und menschlichen Dimension (Zielvorstellung: Partnerschaft zur Entwicklung humaner Ressourcen, Förderung des gegenseitigen Verständnisses der Kulturen und des Austausches gesellschaftlicher Gruppen). Die EU will die angestrebte Partnerschaft in den Jahren 1995-1999 mit einer Finanzhilfe in Höhe von 4,685 Mrd. ECU unterstützen. Die EIB wird langfristige Darlehen etwa in derselben Höhe bereitstellen. Inzwischen liegt bereits der Vorschlag einer höheren Stufe der Kooperation am Mittelmeer vor: der von Frankreich vorgeschlagene, im Detail freilich noch nicht durchstrukturierte "Europa-Mittelmeer-Pakt".

NATO

Die Zusammenarbeit der NATO mit den Südanrainern des Mittelmeers befindet sich noch im Anfangsstadium. Der NATO-Außenministerrat beschloß im Dezember 1994 auf Initiative Spaniens die Aufnahme eines Dialogs mit ihnen, der nach anfänglichem Informationsaustausch alle Aspekte eines umfassenden Sicherheitsbegriffes einschließen soll. Gedacht ist auch an die Durchführung konkreter Maßnahmen zur Stärkung der regionalen Sicherheit (Besucheraustausch, Entsendung von Manöverbeobachtern). Die NATO begann im Februar 1995 nach der Beilegung gewisser Irritationen (GS Claes hatte Islamismus und Fundamentalismus als Hauptherausforderung der NATO bezeichnet) diesen Dialog mit Ägypten, Israel, Marokko, Mauretanien und Tunesien. Inzwischen hat auch Jordanien sein Interesse bekundet. Die Phase erster Information und Überlegung zur weiteren Fortführung des Dialogs dauert noch an.

OSZE

Die OSZE ist seit der Schlußakte von Helsinki 1975 in Mittelmeerfragen engagiert. Algerien, Ägypten, Israel, Marokko, Syrien und Tunesien besaßen zunächst den Status der "Non-Participating Mediterranean States", seit Dezember 1995 sind sie "Mediterranean Partners for Cooperation" (MPC). Auf israelischen Vorschlag wurde Jordanien im November 1995 in diese Gruppe aufgenommen. Die MPC sind zu den Überprüfungstreffen der OSZE eingeladen, "um Beiträge betreffend Sicherheit und Zusammenarbeit im Mittelmeerraum zu leisten". Sie nehmen an Sitzungen des Ständigen und des Hohen Rates der OSZE zu Mittelmeerfragen teil, ebenso an Treffen des Forums für Sicherheitskooperation zu diesem Fragenkreis. Unterstützt wird diese Teilnahme durch die Bildung einer informellen Mittelmeer-Kontaktgruppe, die neben den MPC allen Teilnehmerstaaten der OSZE offensteht.

Das Interesse der Zusammenarbeit gilt in erster Linie Fragen von Sicherheit, Terrorismus, Migration und wirtschaftlicher Zusammenarbeit. Vertrauensbildende Maßnahmen waren Thema eines gemeinsamen Seminars im September 1995 in Kairo.

4. Handlungsmöglichkeiten

Die geschilderte Bedrohung europäischer und deutscher Sicherheitsinteressen durch die Südanrainer des Mittelmeers ist die Folge der instabilen Verfassung dieser Länder. Eine erfolgversprechende Politik dagegen sollte sinnvollerweise an dieser Ursache anzusetzen versuchen, das Übel gleichsam an der Wurzel zu packen durch einen substantiellen Beitrag zu umfassender politischer, wirtschaftlicher und sozialer Sanierung dieser Länder. Dies auch in der Überlegung, daß Stabilität in ihrem Innern vertrauensbildend im zwischenstaatlichen Bereich wirken und damit zu größerer Stabilität in der gesamten Region beitragen kann.

Wo dieser Ansatz umfassender Kooperation (Ziffer 4.1.) zu kurz oder zu langsam greift, kann er seine Ergänzung finden in gezielter Einwirkung in genau umrissenen Problembereichen (Ziffer 4.2.), nötigenfalls auch in einseitiger Aktion zur Verteidigung bedrohter Interessen (Ziffer 4.3.).

4.1 Umfassende Kooperation

Europäische Union

Die Barcelona-Initiative der EU vom November 1995 kommt der Zielsetzung umfassender Kooperation am nächsten. Die mit ihr begründete "Mittelmeerpartnerschaft" bedeutet für beide Seiten eine große Herausforderung. So haben sich die Südanrainer zu weitreichenden Reformen mit der Zielsetzung einer dauernden Umgestaltung ihrer politischen und wirtschaftlichen Rahmenbedingungen verpflichtet. Der Schutz der Menschenrechte einschließlich der eigens anerkannten Schlüsselrolle der Frauen, gesellschaftlicher Pluralismus und demokratische Verhältnisse sind ebenso vereinbart wie die Umwandlung bisher hochprotektionistischer und administrativ gegängelter Volkswirtschaften in wettbewerbsfähige Marktwirtschaften. Die Schaffung einer Freihandelszone bis zum Jahr 2010 mit schrittweiser Liberalisierung auch des Agrarhandels wird interessanterweise gerade die südlichen EU-Staaten fordern, die Hauptprotagonisten der neuen Partnerschaft. Sie ist bisher freilich, sieht man vom Finanzteil ab, mehr Programmatik als konkrete Handlungsabsprache. Ihre Umsetzung soll in einem intensiven Dialog zwischen den Partnern erfolgen. Einfach wird dies nicht werden. So geht die europäische Seite bisher mit großer Behutsamkeit an eine der Kernfragen der Initiative, die Schaffung rechtsstaatlicher und menschenrechtswürdiger Verhältnisse in den Südanrainerstaaten heran. Ziemlichen Sprengstoff birgt in islamischem Umfeld die Absprache, Gleichberechtigung und Selbstbestimmung der Frau durchzusetzen, ohne die ein Rückgang des rapiden Bevölkerungswachstums, einer der Hauptursachen der Migrationsgefahr, unerreichbar scheint. Behutsames Vorgehen in diesen Fragen mag im Anfangsstadium des ambitiösen Vorhabens einer umfassenden einvernehmlichen Stabilisierung des Mittelmeerraums angebracht sein. Auf Dauer wird Klärung aber unumgänglich sein.

Denn die autoritären Regimes werden bei Demokratisierung und Garantie der Menschenrechte, die sie in der Barcelona-Erklärung zugesagt haben, um ihre beherrschende Stellung fürchten müssen. Auf der anderen Seite wird es ohne diese rechtsstaatliche Öffnung nicht zu politischer Neugestaltung und wirtschaftlicher Stabilisierung kommen. Die Machtfrage in diesen Regimes wird sich also stellen müssen.

Ob die EU – die Erfahrung des KSZE-Prozesses scheint das erhoffen zu lassen – dabei wesentlich auf fortschrittliche Kräfte in den Regimen selbst bauen kann, ist fraglich. Zwar werden sie zahlreicher und sie werden sich sicherlich in ihrem innenpolitischen Anliegen auf die menschenrechtlichen Passagen der *Barcelona*-Erklärung berufen, zumal die Förderung gesellschaftlicher Gruppen ausdrücklich Zielsetzung der Vereinbarung ist. Dennoch zeigt das Beispiel des KSZE-Prozesses auch, daß sie in wichtigen Momenten der nachhaltigen Unterstützung von außen bedürfen, einschließlich der Bereitschaft zur Austragung von Konflikten. Ob die EU und ihre Mitgliedstaaten dazu bereit sein werden, mag bezweifeln, wer etwa ihre bisherige menschenrechtliche Bilanz gegenüber der Türkei gründlich betrachtet.

Die Handlungsfähigkeit der EU im Mittelmeerraum ist zudem bereits durch innere Differenzen gemindert. So blockiert Griechenland wegen seiner Streitigkeiten mit der Türkei zahlreiche Initiativen der Union, zuletzt das gutdotierte MED-Programm, das die Finanzierung zahlreicher Projekte vorsieht. Wiederholte Versuche der übrigen Mitgliedsstaaten, die Griechen zu verständigem Einlenken zu bewegen, sind bislang gescheitert. Solange in der Union das Konsensprinzip in diesen Fragen weiter gilt, wird sich daran schwerlich etwas ändern. Vielleicht bieten die Beitrittsverhandlungen mit Zypern, an deren Erfolg Griechenland starkes Interesse hat, Gelegenheit dazu, das Land zum Einlenken zu bewegen.

Ein zentrales Hindernis für substantielle Fortschritte in der Zusammenarbeit mit den Südanrainern dürfte schließlich die Gemeinsame Agrarpolitik der EU sein. Es liegt nahe, daß wenig so fördernd für die wirtschaftliche Entwicklung des südlichen Mittelmeerraumes sein könnte wie die Nutzung der komparativen Produktionsvorteile der Region. Sie liegen bis zum Aufbau ihrer industriellen Struktur in der Landwirtschaft. Gerade hier aber sind die Barrieren Europas hoch, die Formulierungen in der Barcelona-Erklärung eher zurückhaltend. Die bisherigen Erfolge der europäischen Agrar-Lobby gegen Reformen der Agrarordnung lassen die Vorsicht der Formulierung verstehen und substantielle Änderungen der restriktiven europäischen Haltung nicht erhoffen. Die gelegentlich lautstark vertretenen Interessen ihrer Landwirte werden den südeuropäischen Regierungen in der EU im Zweifel wohl noch lange näher am Herzen liegen als die Sicherheitsrisiken aus der südlichen Peripherie des Mittelmeerraumes. Aber auch die nördlichen Mitgliedstaaten sind nicht frei von enger Interessenwahrnehmung. Deutschland hat dies mit seinem energischen Kampf gegen die Einfuhr von Schnittblumen aus Marokko vor kurzem eindrücklich bewiesen.

Ein weiteres Fragezeichen der *Barcelona*-Initiative liegt schließlich darin, daß sie nicht alle Staaten des Krisenbogens einbezieht. Dies mag man für die Golfstaaten damit zu erklären versuchen, daß ihre Verflechtung mit den Krisenpunkten der übrigen Region nicht gleichmäßig stark ist. Dennoch läßt sich etwa die Lösung des Nahostkonfliktes nur schwer ohne ihre Mitwirkung vorstellen. Ungenutzt bleibt durch die geographische Beschränkung auch die Chance, die Entwicklung in den ärmeren Staaten der Region durch trilaterale Kooperation voranzutreiben, bei der neben europäischem Kapital und Know How auch die Golfstaaten als Ko-Finanziers sowie als Absatzmärkte für landwirtschaftliche Produkte eine Rolle spielen könnten.

Differenzierende Betrachtung ist bei der Frage geboten, ob und in welchem Umfang Störenfriede in der Region in die Kooperation einbezogen werden sollen. Die Wahl liegt hier zwischen Isolation und kritischem Dialog. Wo das betreffende Land wie im Falle Libyens unter internationalem Sanktionsregime steht, bleibt nur die Isolierung mit entsprechender Druckausübung. Sonst aber sollte die Chance des kritischen Dialogs so lange intensiv genutzt werden, als sie – und sei es auch nur schrittweise – Fortschritte zeitigt. Unter diesem Gesichtspunkt ist der Einschluß Syriens, das im Nahost-Friedensprozeß eine kooperative Rolle spielt, richtig, obwohl das Land durch seine Nähe zum internationalen Terrorismus wiederholt ins Zwielicht geraten ist.

Zusammenfassend: Die "Euro-Mittelmeer-Partnerschaft" setzt in ihrer Zielsetzung dauerhafter Umgestaltung der verkrusteten wirtschaftlichen und politischen Rahmenbedingungen südlich des Mittelmeers zu Recht an der Wurzel der Probleme an. Daß es gelungen ist, die Südanrainer in der Barcelona-Erklärung auf diese Handlungsabsicht einvernehmlich festzulegen, ist ein Erfolg. Freilich liegen – wie meist bei der EU – die Schwierigkeiten im Detail der Umsetzung. Widerstrebende Interessen sowohl bei den Südanrainern als auch innerhalb der EU, von denen zwischen beiden ganz zu schweigen, lassen daher erwarten, daß der Fortschritt in der Verwirklichung der Programmatik der neuen Partnerschaft nach dem Muster der Echternacher Springprozession zwar stetig, aber langsam und mühsam sein wird. Es bedarf des Optimismus, will man bis zum Jahre 2010 einer Freihandelszone mit Liberalisierung nicht nur des Handels, sondern auch des Dienstleistungs- und Niederlassungsrechtes eine realistische Chance auf Umsetzung einräumen.

NATO

Die NATO, unter einem weiten Sicherheitsbegriff politischer und wirtschaftlicher Stabilität möglicherweise in weiten Teilen in Konkurrenz mit der EU, kann zwei Elemente in den kooperativen Dialog mit den Südanrainern einbringen, die der EU von ihrem Zuschnitt her verschlossen bleiben: das Feld des Militärischen und die Mitwirkung der USA. Sie trägt zum andern freilich die Hypothek ihrer Vergangenheit. Viele Staaten des Krisenbogens sehen nach langer Kolonialzeit und Konfrontation mit dem Westen in Zeiten des Kalten Krieges in der NATO wohl noch immer ein Instrument westlicher Intervention und vielleicht auch Dominanz, zumal die Organisation sie unter dem Stichwort des Fundamentalismus erneut ins Visier zu nehmen schien.

Die Meinungsbildung in der NATO selbst zu einer Kooperation mit den Südanrainern ist noch nicht abgeschlossen. Beschlossen ist Aufnahme des Dialogs unter Einschluß einiger konkreter Maßnahmen (Besucheraustausch und Entsendung von Manöverbeobachtern). Eine Denkrichtung in der Organisation will es dabei belassen, andere streben eine stärkere Mitwirkung und aktive Rolle der Allianz bei der Stabilisierung des Krisenbogens an.

Schon um Doppelarbeit zu vermeiden, empfiehlt es sich, das Engagement der NATO bei dieser Stabilisierung auf den militärischen Bereich zu beschränken. Der Umstand, daß die USA bei der Barcelona-Initiative nur am Rande beteiligt waren, sollte nicht dazu führen, ihren gesamten Themenbereich noch einmal unter der Ägide der NATO aufzunehmen. Sinnvoller erscheint eine engere Anbindung der USA an die "Euro-Mittelmeer-Partnerschaft". Zielvorstellung der verteidigungspolitischen Zusammenarbeit von NATO und Staaten aus dem Krisenbogen könnte das Modell der "Partnership for Peace" sein, in einer Form allerdings, die eine Beitrittsperspektive von vornherein klar ausschließt. Dieser Partnerschaft könnte in der Eindämmung und Abwehr der Proliferation von ABC-Waffen in der Region durchaus eine wichtige operative Rolle zukommen.

Ebenso wie die EU wird auch die NATO im Vorfeld einer solchen Kooperation zunächst ihr eigenes Haus bestellen müssen. Zu nennen ist auch hier die Beilegung der griechisch-türkischen Differenzen, die fast mehr noch als in der EU wichtige Entscheidungen blockieren. Zu bedenken wird auch sein, ob ein stärkeres Engagement der NATO an ihrer Südflanke nicht einer stärkeren Integration der Hauptinteressenten Frankreich und Spanien in die militärische Kommandostruktur bedarf. Bislang hat nur Frankreich seine Bereitschaft dazu erklärt.

OSZE

Die OSZE als politisches Kooperationsforum mit weitgefaßter Mitgliedschaft (einschließlich Rußland und aller GUS-Staaten) hat nach ihrem erfolgreichen Mitwirken (noch in Gestalt der KSZE) beim Aufbrechen des Ost-West-Gegensatzes immer wieder starkes Interesse im Mittelmeerraum gefunden, so etwa im italienischen Gedanken einer eigenen KSZM für den Mittelmeerraum, in wiederholtem Nachdenken über eine Ausdehnung der Organisation in den südlichen Mittelmeerraum hinein oder – so jüngst ein ägyptischer Vorstoß – im Vorschlag umfassender Kooperation mit den Südanrainern bis hin zur Zusammenarbeit mit der OAU.

Alle Vorstöße in Richtung Erweiterung der OSZE wie auch die einer umfassenden Sachkooperation verkennen, daß der Erfolg der Organisation in der Etablierung eines vertrauensbildenden Forums des Dialogs und Kompromisses für einen genau bestimmten Raum mit seiner konkreten Problemstruktur besteht, eben den zwischen Vancouver und Wladiwostok. Aufgabe der OSZE in der Zusammenarbeit mit den Südanrainern sollte es vor diesem Hintergrund in erster Linie sein, dieses erfolgreiche Verfahren der Problemlösung einzubringen, den "prozeduralen OSZE-acquis". Am Ende dieses "Verfahrensdialoges" mag durchaus eine Art OSZM stehen, die ihre eigenen Lösungen auch unter eingehender Würdigung der sachlichen Ergebnisse der OSZE vor allem in den Bereichen Konfliktprävention und Konfliktmanagement sowie Abrüstung und Rüstungskontrolle finden kann.

Denkbar wäre auch, daß zumindest in den Anfängen dieser Zusammenarbeit Institutionen der OSZE die Aufgabe begleitender Beratung und Unterstützung wahrnehmen, etwa das Forum für Sicherheitskooperation (FSK) in der drängenden Abrüstungsfrage. Denn hier steht den Südanrainern – spätestens nach einem Nah-Ost-Friedensschluß – die Reduzierung ihrer kostentreibenden konventionellen Überrüstung ins Haus.

Immer bedrohlicher wird auch die Gefahr atomarer, biologischer und chemischer Kriegsführung durch eine wachsende Zahl von Proliferationsstaaten im Krisenbogen. Sie reicht mit fortschreitender Indienststellung weiterreichender Trägersysteme inzwischen über die Region hinaus und droht damit zwangsweise Abwehr- und Zwangsmaßnahmen von außen gegen sie hervorzurufen. Die verwickelten politischen Frontstellungen in der Region und die dadurch verursachten komplexen militärischen Bedrohungsszenarien werden sich nur langsam und mit großer Mühewaltung um Bildung gegenseitigen Vertrauens auflösen lassen. Hilfe und Rat erfahrener Partner, die sich nicht aufdrängen, können bei dieser schwierigen Aufgabe von Abrüstung und Rüstungskontrolle von großem Nutzen sein.

4.2 Gezielte Einwirkung

Die geschilderten Kooperationsansätze, insbesondere der umfassende der "Euro-Mittelmeer-Partnerschaft", verbinden die Aussicht, zumindest die Hoffnung auf grundlegende Problemlösung mit dem Nachteil langer Fristen ihrer Umsetzung. Sie sind in die Zukunft gerichtet. Ihre Wirkung kann daher nur präventiv sein. Unserer Solidaritätsverpflichtung gegenüber den südlichen EU-Staaten können wir durch Mitwirkung an ihnen nachkommen. Gegenüber akuter Bedrohung unserer eigenen Sicherheitsinteressen helfen sie nicht. Das Risikoszenario hatte hier die Bedrohung durch terroristische Aktion, dann auch die Minderung unserer wirtschaftlichen Chancen durch den Nahostkonflikt genannt. Einbeziehen könnte man auch die heute erst potentielle, aber doch absehbare Bedrohung durch Raketenangriffe aus den Proliferationsstaaten. In all diesen

Fällen könnte gezielte außenpolitische Aktion von freundlicher Kooperation bis hin zu harter Pression gegenüber dem Staat oder den Staaten, aus denen die Bedrohung ihren Ausgang nimmt, sinnvoll sein.

Die Erfolgschancen solchen Vorgehens sind um so höher, je mehr es auf breiter, solider europäischer Basis steht, eine Forderung und Hoffnung auf Ausbau der GASP durch die Regierungskonferenz.

Die bisherigen Erfahrungen solchen Vorgehens stimmen freilich nicht sehr hoffnungsvoll. Trotz zahlreicher diplomatischer Initiativen der Europäer, aber auch der USA, ist etwa Proliferation und Aufrüstung der Raketensysteme im Nahen und Mittleren Osten nicht einmal ansatzweise aufgehalten worden. Die Kenntnisse der UN im Irak haben dies in erschreckender Weise belegt. Und was die Einwirkungschanchen der Europäer im Nahost-Friedensprozeß angeht, so sind sie bisher gering geblieben. Dies liegt zum einen an Zweifeln der Parteien des Friedensprozesses, und zwar in besonderem Maße Israels, an der Neutralität, aber auch am Vermögen der Europäer zu erfolgreichem Konfliktmanagement. Zum anderen sind die USA nicht gewillt, sich im Nahen Osten, einer herausragenden Zone ihrer Interessen, ihre Kreise durch Dritte stören zu lassen. Es bleibt für die Europäer daher nur, auf den guten Abschluß der Friedensverhandlungen zu setzen und ihn ggf. finanziell mit abzusichern.

Und schließlich sind die vergeblichen europäischen und deutschen Versuche, die türkische Seite zur Einhaltung der Menschenrechte und eines effektiven Minderheitenschutzes für die Kurden in der Türkei anzuhalten, ein Weg, der Aussicht böte, der PKK den Nährboden ihrer terroristischen Aktivitäten zu entziehen, bereits Legion. Solange wir unsere Politik von Nadelstich und Kooperation fortsetzen, wird sich die autoritäre Machtelite der türkischen Militärs auch nicht wirklich zum Respekt der menschenrechtlichen Verpflichtungen ihres Landes bereit finden.

4.3. Defensives Vorgehen

Wo umfassende Kooperation allenfalls künftige Abhilfe verspricht, und gezielte Einwirkung ergebnislos bleibt, bleibt als letztes Mittel gegen unmittelbare *Bedrohung der Inneren Sicherheit* wie auch gegen die *militärischen Angriffe* die einseitige Aktion zur Verteidigung bedrohter Interessen. Gegen Minderung unserer wirtschaftlichen Chancen durch den Nahostkonflikt vermag sie freilich nichts auszurichten.

Im Bereich der *Inneren Sicherheit* liegt es im deutschen Interesse, wenn die Staaten der EU Verbrechensbekämpfung als gemeinschaftliche Aufgabe verstehen, um flexible Bekämpfungsansätze für Kontroll- und Überwachungsmaßnahmen an den Außengrenzen und verstärkte koordinierte Zusammenarbeit an die Stelle von Zersplitterung der Kräfte zu setzen. Dies gilt gleichermaßen für terroristische Bedrohungen durch chemische, biologische und nukleare Waffen. Auch hier verlangt eine effektive Bekämpfung des Terrorismus und der Kriminalität als Antwort auf das Risikoszenario ein gemeinschaftliches Vorgehen. Solange die gemeinschaftliche Innen- und Rechtspolitik aber noch in den Anfangsgründen steckt, sind terroristische Bedrohungen vor allem mit nationalem Recht und Instrumentarium zu bekämpfen.

Dieses Vorgehen kann nach Einschätzung der Sicherheitsorgane keine umfassenden Repressionserfolge erzielen. Deshalb wird bei ausländischen Terrorgruppen, die eine gewisse Schlagkraft erreicht haben und in Deutschland nur einen Stellvertreterkrieg ausfechten wollen, gelegentlich auch der Weg der Absprache, d.h. eines inoffiziellen "Moratoriums" gesucht. Gewisse Anzeichen deuten darauf hin, daß im Falle der PKK ein entsprechender Versuch erst vor kurzem unternommen wurde. Ob er Erfolg hat, bleibt abzuwarten.

Im Falle der Bedrohung durch ballistische Trägerraketen mit nuklearen, biologischen oder chemischen Waffen ist Schutz nur im Rahmen der NATO möglich. Der Bündnisfall wäre bei einem solchen Angriff gegeben. Noch nicht festgelegt ist die Antwort des Bündnisses im Falle eines solchen Angriffes. Eine herkömmliche Ansicht geht davon aus, sich auf die abschreckende Wirkung konventioneller Überlegenheit und die Drohung nuklearer Retaliation gegenüber einem Angreifer zu verlassen, der weder zu einem konventionellen noch nuklearen Krieg mit der NATO gerüstet ist.

Dieses Vorgehen birgt jedoch erhebliche Risiken, die ein vielseitiger Ansatz der Vorbeugung, Abschreckung und des Schutzes gegen Raketenangriffe zu vermindern sucht. Er schließt wirtschaftliche Sanktionen gegen Proliferationsstaaten ebenso ein wie ein striktes Exportverbot aus westlichen Industrieländern für einschlägige Waffen- und Waffenteile. Angedacht sind auch Präventivschläge gegen Raketenstellungen und für den Fall eines Angriffs der Einsatz von Abwehrraketen. Schließlich sind auch Gesichtspunkte des Zivil- und Katastrophenschutzes von Bedeutung. Zahlreiche der angedachten Maßnahmen sind nicht unproblematisch. Bei den Abwehrraketen stellt sich etwa die Frage ihrer Vereinbarkeit mit dem ABM-Vertrag, ganz abgesehen davon, daß ihre technische Entwicklung bei weitem nicht abgeschlossen ist. Die endgültige Antwort auf die künftige Drohung aus Proliferationsländern muß also erst noch gefunden werden.

5. Zusammenfassung

Die Sicherheitsinteressen eines Staates sind heute weit über das Militärische hinaus zu verstehen. Wachsende Interdependenz und Globalisierung begründen unser Interesse an Stabilität und gewaltfreier Entwicklung im internationalen Umfeld. Sie lassen zugleich nationale Interessenwahrung als unzureichend erscheinen. Deutschland ist daher zu Recht in ein vielfältiges Netz internationaler Kooperation und Integration verwoben.

Als Hauptfaktor der Bedrohung an der südlichen Peripherie des OSZE-Raumes gilt der "Krisenbogen" von Tanger bis zum Persischen Golf, eine waffenstarrende Region mit zahlreichen zwischenstaatlichen Konflikten, innerstaatlichen Instabilitäten und wirtschaftlicher Stagnation bei hohem Bevölkerungswachstum und zunehmender Ideologisierung. Eine eingehende Analyse des Risikoszenarios zeigt freilich, daß der Krisenbogen, weitgehend autark in der Verursachung seiner Konflikte, sie noch zu einem guten Teil in der Region selbst austrägt.

Unmittelbar ist Deutschland heute durch terroristische Stellvertreterhandlungen bedroht; seine wirtschaftlichen Chancen in Nahost sind durch den Kräfte absorbierenden Nahostkonflikt gemindert. Die Gefahr eines Angriffes mit ABC-Waffen aus der Region droht nicht unmittelbar; sie ist aber heute schon erkennbar. Einem größeren Risikoszenario sind die Südstaaten der EU ausgesetzt. Ihnen sind wir als Partner in der Union, aber auch im Blick auf unsere ureigenen Sicherheitsinteressen in Osteuropa zur Solidarität verpflichtet.

Die Handlungsinstrumente unserer internationalen Zusammenschlüsse sind nicht oder noch unzureichend auf die Bedrohung aus dem Krisenbogen, dessen Staaten trotz zahlreicher Integrationsversuche bisher auch nicht ansatzweise zu kooperativer Lösung ihrer Sicherheitsprobleme imstande waren, ausgerichtet. So sind in der EU die vor allem geforderte Gemeinsame Außen- und Sicherheitspolitik sowie die Gemeinsame Innen- und Rechtspolitik erst rudimentär angelegt.

Die NATO ist noch dabei, ihre Aufgabenstellung und Struktur nach dem Wegfall des Ost-West-Gegensatzes neuen Anforderungen, zu denen auch die Bedrohung aus dem Krisenbogen zählt, anzupassen. Die OSZE ist bereits von ihrer Aufgabenstellung her weitgehend auf den Raum zwischen Vancouver und Wladiwostok beschränkt.

In der Kooperation mit den Südanrainerstaaten aus dem Krisenbogen hat die EU mit der Ende 1995 geschlossenen "Euro-Mittelmeer-Partnerschaft" einen weiten Ansatz gewählt. Ihm liegt die Hypothese zugrunde, daß instabilen Verhältnissen am besten an der Wurzel zu begegnen sei. Die Partnerschaft strebt daher – im erklärten Einvernehmen aller Parteien und mit substantieller Finanzhilfe der EU – das Aufbrechen der verkrusteten politischen und wirtschaftlichen Rahmenbedingungen und die Schaffung demokratischer, rechtsstaatlicher und marktwirtschaftlicher Zustände in den südlichen Anrainerstaaten des Mittelmeers an. Bis zum Jahre 2010 soll eine Freihandelszone mit der EU errichtet werden, mit einem hohen Maß an Freizügigkeit. NATO und OSZE sind bisher über erste Ansätze eines Dialoges mit den Südanrainern nicht hinausgekommen. Als mögliche Formen der Zusammenarbeit bieten sich für die NATO die Erweiterung des Programms "Partnership for Peace", freilich ohne Beitrittselement, nach Süden und für die OSZE die Vermittlung ihres Konfliktlösungsmechanismus, ihres "prozeduralen acquis", an.

Der Ansatz umfassender Kooperation, den die EU gegangen ist, bietet die Chance grundlegender Problemlösung. Allerdings bedarf er eines langen Atems und großer Standfestigkeit gegen Partikularinteressen – auch innerhalb der EU – und gegen das Beharrungsvermögen autoritärer Machtstrukturen in der Region. Er kann also allenfalls präventive Wirkung entfalten. Durch aktive Mitwirkung an dieser Kooperation entsprechen wir den Erwartungen der südlichen EU-Mittelmeerländer nach Solidarität. Unsere akuten Sicherheitsprobleme lösen wir damit aber nicht.

Ihnen läßt sich auch nicht mit gezielter außenpolitischer Einwirkung auf die Ausgangsländer der Bedrohung beikommen, in der Frage des Terrorismus der PKK etwa mit dem Ziel der Gewährung menschenrechtlichen Minderheitsschutzes und wirksamer Autonomie für die Kurden in der Türkei die dem Terrorismus den Nährboden entziehen könnte. Es bleibt daher heute gegen die akuten Risiken für Deutschland aus dem Krisenbogen von Tanger bis zum Persischen Golf nur die einseitige Aktion zur Verteidigung bedrohter Interessen. Dies muß nicht zu sehr beunruhigen, da ein großer Teil der Bedrohung Deutschland heute allenfalls mittelbar trifft. Das eigentliche Bedrohungspotential der Region wird sich freilich erst in naher bis mittlerer Zukunft manifestieren. Die auf den Weg gebrachten Ansätze umfassender Kooperation, vor allem die "Euro-Mittelmeer-Partnerschaft" können dieser Bedrohung entgegenwirken. Wir sollten daher an ihre zügige Verwirklichung gehen.

Redaktionsgruppe

Die Zukunft von Integration und Kooperation zwischen Vancouver und Waldiwostok - Die deutschen sicherheitspolitischen Interessen

1. Einführung

1.1 Vorstellung/Grundlagen der Seminararbeit/Eingrenzung

Die Frage nach der sicherheitspolitischen Zielsetzung Deutschlands scheint heute weniger die ihres Inhalts als ein Problem des mangelnden Interesses an ihrer Beantwortung zu sein.

Deutschlands Öffentlichkeit, seine Eliten eingeschlossen, ist nach der Umfrage von Infratest im Frühjahr dieses Jahres eher binnenorientiert. Arbeitslosigkeit, Haushaltsdefizite, Vollendung der deutschen Einheit stehen im Vordergrund.[1]

Internationale Sicherheit und Binnenprobleme werden kaum in ihrem komplementären Zusammenhang gesehen. Garantie oder Abwesenheit von innerer Sicherheit sind fast täglich spürbar. Hingegen ist äußere Sicherheit abstrakt, vermeintlich immer vorhanden, da ja der Feind abhanden gekommen ist. Für das Restrisiko sorgen die Streitkräfte. Deren Aufgaben zur Friedenssicherung werden aber derzeit eher außerhalb unserer Grenzen gesehen.

Der vorrangig betriebene Aufbau von Krisenreaktionskräften zwar nicht zu Lasten der kollektiven Verteidigungsfähigkeit, jedoch auf Kosten einer geringeren Priorität, scheint hierfür eine Bestätigung.

Vor dem Hintergrund dieser sicherheitspolitischen "Gemengelage" hatte das Kernseminar den *erweiterten Sicherheitsbegriff* - bezogen auf den im Vergleich zu Deutschland riesigen geographischen OSZE-Raum - zu erfassen, zu definieren, auf seine bilateralen, regionalen, multilateralen Inhaltsausprägungen hin zu untersuchen und zu verstehen.

Das Thema war einzugrenzen, der Begriff *"Sicherheit"* war wesentlicher Bestandteil gemeinsamen Verständnisses und eine gemeinsame Arbeitsgrundlage zugleich.

---

2 *Frankfurter Allgemeine Zeitung* vom 11.04.1996: „*Keine Macht der Zurückhaltung mehr*".

Der Umfang der Untersuchung konnte nur über das Erreichen von Teilzielen in den *drei Arbeitsgruppen* bewältigt werden:

Der vorgegebene geographische Raum der OSZE bestimmte zunächst eine Eingrenzung. Die heute nicht mehr mögliche "Kasernierung" sicherheitspolitititisch-relevanter Fragen auf *eine* Geographie erzwang jedoch gleichzeitig wieder die Erweiterung. Zwei Arbeitsgruppen untersuchten daher - ausgehend von den deutschen sicherheitspolitischen Interessen - getrennt voneinander Beziehungsstrukturen und Vorgehensweisen für eine sicherheitspolitische Zusammenarbeit mit *Nordamerika* einerseits und *Mittel- und Osteuropa* andererseits.

- Die nördliche Hemisphäre, der Sicherheitsraum zwischen Vancouver und Wladiwostok, der die prioritären Zusammenschlüsse regionaler Zusammenarbeit, denen Deutschland angehört, umfaßt, war damit durch diese beiden Arbeitsgruppen abgedeckt.
  Die sicherheitspolitische Zusammenarbeit *in* Westeuropa und *mit* Nordamerika wurde per se als hochintegrativ bewertet. Eher waren Störfaktoren, die den positiven Grad der Zusammenarbeit und die hierdurch gewonnene Stabilität gefährden, zu identifizieren und Formen eines präventiven politischen Managements für den Erhalt und den Ausbau des integrativen Prozesses zu entwickeln.

- Für den OSZE-Raum ostwärts von Deutschland setzte die entsprechende Arbeitsgruppe eher eine Mischform einer in Ansätzen bereits erreichten Kooperation als Einstieg für *spätere* Integration dortiger Akteure voraus.Hier waren Mittel und Wege zu definieren, die einen Ausbau dieser Region zu einer Wertegemeinschaft westlicher Prägung und einer damit verbundenen *Steigerung* der Stabilität ermöglichen, weil dieses deutschen Interessen entspricht.

- Die südliche Hemisphäre, die südliche Peripherie der OSZE blieb durch die eigentliche Themenstellung selbst zunächst unberücksichtigt. Damit wären mühelos zu ortende Konfliktzonen und deren nicht ausgrenzbare Auswirkungen auf die nördliche Hemisphäre, also den OSZE-Raum, außen vor geblieben. Dieses konnte nicht richtig sein.Die dritte Arbeitsgruppe diskutierte daher diesen exogenen Bereich im Hinblick auf nationalstaatliche, kooperative und integrative

Handlungsmöglichkeiten, soweit sie deutsche sicherheitspolitische Interessen berühren können.

1.2 Der Begriff Sicherheit als gemeinsame Arbeitsgrundlage

Die Assoziationen zum Begriff "Sicherheit und Sicherheitspolitik" sind vielfältig, teilweise kompliziert, teilweise sehr pragmatisch, sehr einfach. Ein Seminarteilnehmer:

"*SICHERHEIT* ist das Bewußtsein, daß das Risiko von Bedrohungen gering ist, bzw. im Falle ihres Eintreffens wirksame Gegenmaßnahmen getroffen werden. (Niedriges Bedrohungspotential bei hohem Reaktionsvermögen; "Es kann uns nicht viel passieren").
SICHERHEITSPOLITIK ist die Summe staatlicher Konzepte und Aktivitäten zur Herstellung und Erhaltung dieses Bewußtseins. Die *Einsatzbereitschaft der Streitkräfte* ist nur eine Komponente der Sicherheitspolitik, deren Bedeutung abhängig ist von der Art der erwarteten Bedrohungen."

Aus einem Vortrag im britischen Verteidigungsministerium:
"*To pursue our legitimate interests at home and abroad.*" Nicht mehr, nicht weniger. So einfach kann Sicherheitspolitik auch sein.

Das Kernseminar faßte "Sicherheit" als *erweitertes* Paradigma auf. Das deutsche Interesse an sicheren und stabilen Verhältnissen im Inneren muß das Interesse an sicheren Verhältnissen im internationalen Umfeld einschließen. Die bereits beschriebene Interdependenz schmälert den Wirkungsgrad einzelstaatlicher Aktion. Die komplexen politischen, ökonomischen und gesellschaftlichen Strukturen unseres Landes können nur in internationaler Aktion bewahrt und gesichert werden.

Die in der KSZE-Schlußakte von Helsinki von allen Teilnehmerstaaten gezeichneten Grundlagen europäischer Sicherheit gelten unverändert:

- Unteilbarkeit der Sicherheit in Europa,
- Verbindung zwischen Frieden und Sicherheit in Europa und in der ganzen Welt,
- Freiheit von jeglicher Bedrohung,
- Überwindung der Konfrontation,
- Entspannung im universellen Sinne,

- Überwindung des Mißtrauens und Vergrößerung des Vertrauens.

Dieser *moralische* Anspruch bedarf jedoch der Sicherung und der Vorsorge, da die hier beschriebene heile Welt noch nicht erreicht scheint.

Die vitalen Sicherheitsinteressen Deutschlands sind in den *Verteidigungspolitischen Richtlinien* - vom Bundessicherheitsrat gebilligt - formuliert. Sie bilden - in pointierter Vereinfachung - den Katalog von *Fähigkeiten* und *Handlungszielen* als Teil der erforderlichen staatlichen Vorsorge, nämlich:

- die *Fähigkeit* zum Schutz vor äußerer Gefahr und politischer Erpressung,
- *Rüstungskontrolle* als wesentlicher Bestandteil von Stabilität,
- *Verbleib in der NATO* und *Erhalt der Funktionsfähigkeit* des Bündnisses,
- *Erweiterung* der europäischen Integration,
- *Förderung* von Demokratisierung und sozialem Fortschritt in Süd-, Mittelost- und Osteuropa,
- *freier Zugang* zu Rohstoffen und zum Welthandel,
- eine *akzentuierte* Rolle Deutschlands in der internationalen Staatengemeinschaft und ihren Gremien (UNO).

Alle drei Arbeitsgruppen suchten getrennt, aber jeweils in dem vorgestellten Rahmen zwischen *Grundlagen europäischer Sicherheit (KSZE) und nationalen Fähigkeiten* nach Strategien - bezogen auf ihre jeweilige geographische Eingrenzung - als einer Triade von Wegen und Mitteln und Akteuren zur Durchsetzung deutscher Interessen und zur Verringerung von *Risiken.*

2. Ergebnisse der Arbeitsgruppe A

2.1 Die sicherheitspolitische Zusammenarbeit mit Nordamerika

Die transatlantische Partnerschaft und Freundschaft mit den Vereinigten Staaten von Amerika und Kanada sind neben der politischen Einigung Europas eine der beiden tragenden Säulen deutscher Sicherheitspolitik. Sie hat sich über Jahrzehnte des Kalten Krieges bewährt. Gemeinsame

Werte wie Menschenrechte und freie und soziale Marktwirtschaft sind die Basis für die enge Zusammenarbeit und sollen - wo immer möglich - auch auf andere Regionen und Gesellschaften übertragen werden. Partnerschaft und Freundschaft schließen selbstverständlich Wettbewerb und Konkurrenz auf den Weltmärkten keinesfalls aus.

Das Ergebnis der Arbeitsgruppe A macht deutlich, daß die sicherheitspolitisch relevanten Handlungsfelder grundsätzlich für beide Partner von besonderem Interesse sind.

Die Reihenfolge ihrer Nennung entspricht der gemeinsamen Prioritätensetzung:

- Prävention regionaler Krisen,
- Globaler Schutz der Umwelt,
- Bewaffnete Sicherung des Friedens,
- Sicherung der Energieversorgung,
  Erhalt von Kultur und Werten.

In Verfolgung dieser Prioritäten erwarten die Vereinigten Staaten von Amerika von Deutschland die Erfüllung folgender Aufgaben:

- Motor bei der Vertiefung und Erweiterung der EU,
- Partner und gleichzeitig Anwalt für die amerikanischen Interessen bei den NATO-Reformen,
- Brücke zu Osteuropa und Rußland,
- Unterstützung des US-Engagements bei der Friedensregelung im Nahen Osten als Bestandteil gemeinsamen Handelns in der EU,
- Unterstützung bei der Nichtverbreitung von Atomwaffen und Ächtung der "Gewinner" durch Proliferation.

Es wird deutlich, daß die Sicherheitsinteressen hier einen besonderen Charakter haben. Keine Bedrohung, sondern konstruktive Zusammenarbeit bei der Lösung von Zukunftsproblemen und das Ausschalten von Störfaktoren stehen bei den deutsch-amerikanischen Beziehungen im Mittelpunkt.

2.2 Ausgewählte Felder der Zusammenarbeit

Prävention regionaler Krisen

Der Prävention regionaler Krisen ist eine besondere Priorität beizumessen. Hauptursachen regionaler Krisen sind unzureichende ökonomische Entwicklungen mit den Risiken sozialer Unruhen, fundamentalistischer Ideologien, steigender Kriminalität und Migration. Dies gefährdet nicht nur die innere Sicherheit der jeweiligen Region, sondern angesichts der weltumspannenden Wirtschaftsbeziehungen und Kommunikation auch die Sicherheit in den hochentwickelten Industrieländern.

Langfristig geht es darum, Wohlstandsgefälle durch Schaffung von Einkommensmöglichkeiten für die unterentwickelten Regionen abzubauen. Aufgabe einer globalen Sicherheitspolitik muß es aber auch sein, die regionale Fähigkeit und Bereitschaft zum frühzeitigen Erkennen und Entschärfen von Krisen zu stärken. Darüber hinaus sind die Bildung und Festigung regionaler Organisationen zur Verbesserung der wirtschaftlichen Lage und der Sicherheit durch internationale Hilfe zu unterstützen.

Globaler Schutz der Umwelt

Dem globalen Umweltschutz kommt heute angesichts der Zunahme der Weltbevölkerung, der möglichen Klimaveränderung durch Schädigung der Ozonschicht, der Wasserverknappung und Wasserverschmutzung, der Verschlechterung der Biosphäre und des Verlustes landwirtschaftlich nutzbarer Böden eine wachsende Bedeutung zu.

Da die Umweltschäden mehr und mehr nicht nur einzelne Regionen betreffen, sondern zunehmend globalen Charakter annehmen, kann ein wirksamer Umweltschutz auch nur durch weitgehende globale Kooperation durchgesetzt werden. Aktivitäten auf dem Gebiet des Umweltschutzes dienen nicht nur nachhaltig der Verbesserung der Umwelt, sondern sind auch Arbeitsbeschaffungsprogramme und schaffen neue Verteilungsspielräume. Damit tragen diese Aktivitäten wesentlich zu weltweiter Sicherheit und Stabilität bei.

Die am meisten umweltpolitisch sensibilisierten Länder USA, Kanada und Deutschland sollten jetzt beginnen, durch enge Kooperation und Arbeitsteilung die anstehenden Umweltprobleme wirkungsvoll anzugehen und weitere Länder zur Mitarbeit aufzufordern.

Bewaffnete Sicherung des Friedens

Zur Friedenssicherung ist festzustellen, daß eine Bedrohung durch einen groß angelegten, gleichzeitig an allen NATO-Fronten vorgetragenen Angriff heute praktisch nicht mehr gegeben ist. Gleichwohl sind jedoch Krisen nicht auszuschließen, die rasch eskalieren könnten und schnelle militärische Reaktionen erfordern.

Die Streitkräfte sind in die Lage zu versetzen, dieser Gefahr durch Aufstellung, Aufrüstung und Ausbildung von Krisenreaktionskräften und angepaßten Kommandostrukturen wirkungsvoll begegnen zu können.

Aus heutiger Sicht ist also die bewaffnete Friedenssicherung von geringerer Priorität; sie muß verstärkt durch Integration in regionalen und überregionalen Organisationen und Bündnissen erreicht werden.

Sicherung der Energieversorgung

Die Verfügbarkeit über ausreichende Energie ist eine zentrale Voraussetzung für die wirtschaftliche Entwicklung und für ein menschenwürdiges Leben.

Die modernen Energieversorgungssysteme sind auf der Basis des Mineralöls aufgebaut. Den vielseitigen Nutzungsvorteilen des Öls steht ein Nachteil gegenüber: Seine breite Nutzung setzt einen freien Welthandel und Märkte voraus, die Angebot und Nachfrage nach marktwirtschaftlichen Prinzipien regeln. Dieser Nachteil wird deutlich, wenn man sich die erdölexportierenden und die ölimportierenden Regionen vergegenwärtigt. Die Verbraucherzentren liegen vorwiegend in den entwickelten Industrieländern, während die kostengünstigen Förderstellen dagegen überwiegend in geopolitisch unsicheren Regionen (Naher Osten, Afrika, Lateinamerika und Rußland) zu finden sind.

Es kann deshalb nur im Interesse der USA, Deutschland und anderer Industrieländer liegen, alle Maßnahmen zu unterstützen, die politische Stabilität besonders im Nahen Osten und in Rußland sichern. Stabilität in diesen Regionen ist eine notwendige Voraussetzung für eine störungsfreie weltweite Energieversorgung. Die Beziehungen zwischen ölimportierenden und ölexportierenden Staaten sollten in Kooperation und der Verdeutlichung gemeinsamer Interessenpositionen gestaltet werden.

Erhalt von Kultur und Werten

Gegenwart und Zukunft werden wie die Vergangenheit im entscheidenden Maße von Erhalt der Kultur und ihrer gesellschaftlichen Werte bestimmt.

Die Kultur und die Wertevorstellungen der Amerikaner und der Europäer stammen aus einer Quelle, d.h. auch zwischen Deutschland und den USA sind keine grundsätzlichen Unterschiede festzustellen. Es muß Ziel der deutsch-nordamerikanischen Zusammenarbeit sein, das gemeinsame kulturelle Fundament zu stärken und die Wertegemeinschaft zu pflegen. Obwohl im Bewußtsein des amerikanischen Volkes die Wertegemeinschaft mit Europa noch verankert ist, wird es in Zukunft darauf ankommen, diese, besonders bei jungen Menschen, immer wieder neu bewußt zu machen.

3. Ergebnisse der Arbeitsgruppe B

3.1 Deutsche Sicherheitsinteressen im Bereich der MOE-Staaten und Rußland

Die Folgen der Veränderungen in Rußland und in den neuerlich unabhängigen Staaten Osteuropas treffen Deutschland unmittelbarer als seine Partner in der EU und der NATO. Dies als Folge aus der geographischen Lage und aus den besonderen historischen Bedingungen.

Das extreme Wohlstandsgefälle und die revolutionären gesellschaftlichen Veränderungen bei unseren östlichen Nachbarn haben unmittelbar negative Auswirkungen auf die innere Sicherheit Deutschlands und Europa. Zusätzlich stehen Fragen nach dem Demokratisierungsprozeß, der Wirtschafts- und Sozialordnung und natürlich nach der möglichen militärischen Bedrohung durch die Nuklearmacht Rußland im Zentrum der Betrachtung.

Interdependenz und Entregionalisierung steigen. Der *erweiterte Sicherheitsbegriff* wird der Auflösung der starren Grenzen zwischen äußerer und innerer Sicherheit gerecht. Die Gruppe folgte sinngemäß der bereits erfolgten Darstellung deutscher sicherheitspolitischer Interessen. Sie konnte dabei die sowohl unmittelbare Bedrohung im Bereich der inneren Sicherheit als auch das mittelbare Risiko einer instabilen nuklearen Großmacht auf längere Sicht herausarbeiten.

3.2 Hauptfaktoren der Bedrohung

Ein pluralistisch-demokratisches und dabei europäisch-weltoffenes Rußland ist für Deutschland und für das nordatlantische Bündnis von größter Bedeutung. Ein Scheitern der Veränderungsprozesse in Rußland kann nicht kompensiert werden.

Wenige Wochen vor den Präsidentschaftswahlen in Rußland sind Zweifel angebracht:

- der unentschiedene Machtkampf zwischen pro-westlichen Reformern und "alten Apparatschiks",
- die unklare Gewaltenteilung zwischen Parlament, Regierung und sonstigen Einflußgruppen, inoffizielle Machtstrukturen und ausgeprägte Korruption,
- die fehlenden Erfahrungen der Parteien mit demokratischen Umgangsformen,
- unzureichende Rechtssicherheit für Investoren,
- gewaltbereite Verhaltensmuster wie im Konflikt mit Tschetschenien,
- zweifelhafte Verwahrung von waffenfähigen Spaltmaterialien mit der Gefahr der Proliferation in die Hände von Staatsterroristen oder von kriminellen Erpressergruppen.

Die Transformation ist insbesondere deshalb problematisch, weil die politisch gesellschaftlichen und die wirtschaftlichen Reformen zeitgleich stattfinden müssen. Rückschläge sind zu erwarten, eine Rückkehr zur alten ideologischen Ordnung wird als wenig wahrscheinlich bewertet. Eine militärische Bedrohung durch Rußland besteht heute nicht. Wenngleich das Potential der nach wie vor einsatzbereiten strategischen Truppen mit ihren Nuklearwaffen verfügbar ist, so ist keine Absicht zu erkennen, dieses als Machtmittel zur Geltung oder gar zum Einsatz zu bringen.

Die *Innere* Sicherheit Deutschlands wird in hohem Maße von den Veränderungen im Osten berührt:

- Schlepper- und Schleuserkriminalität, Menschenhandel
- Rauschgift-, Waffen- und Handel mit Nuklearmaterialien.

Deutschland und der gesamte europäische Raum entwickeln sich zu einem kriminalgeographisch offenen Bereich mit international organisierter Kriminalität.

Im Bereich *Organisierte Kriminalität* liegt der Anteil von Nichtdeutschen unter den ermittelten Tatverdächtigen inzwischen bei über 50 %. Besonders signifikant ist die Zunahme bei Angehörigen aus den GUS-Republiken, aus der Tschechischen Republik und der Slowakei, aus Rest-Jugoslawien und Rumänien.

Ein weiteres Phänomen ist der deutliche Anstieg der legalen und illegalen *Zuwanderung* aus dem Osten als Folge des großen Wohlstandsgefälles. Sie stellt eine ernste Bedrohung für den sozialen Frieden in Deutschland dar. Fremdenfeindlichkeit und Rassismus sind heute schon die Folgen.

Entgegen allen Erwartungen ist die Spionage ein höchst aktuelles Thema. Deutschland ist nach wie vor ein bevorzugtes Ausspähungsziel im militärischen, technologischen und insbesondere im wirtschaftlichen Bereich.

Um die wirtschaftliche und soziale Sicherheit in Deutschland dauerhaft zu erhalten, ist es notwendig, das bestehende Gefälle in Arbeits- und Wirtschaftsbedingungen auszugleichen. Hierbei ist von einem längeren und schmerzhaften Prozeß auszugehen, der zu tiefgreifenden Spannungen führen kann.

3.3 Handelnde, ihre Interessenlage und Lösungsansätze

Folgende Hauptakteure bestimmen die aktuelle Agenda:

- NATO und EU mit ihrer grundsätzlichen Bereitschaft, die Kooperation und Integration mit den Staaten in Mittel-und Osteuropa zu vertiefen,

- einige mittel-, osteuropäische Staaten, die sich um möglichst rasche Aufnahme in die NATO bemühen,
- Rußland, das die Osterweiterung der NATO - zumindest im aktuellen innenpolitischen Kontext - vehement ablehnt.

Für Europa besteht heute die historische Chance, zu einem freien und geeinten Kontinent zusammenzuwachsen. Erste konkrete Schritte sind bereits getan:

- Assoziierungsabkommen der EU mit Polen, Ungarn, Tschechischer Republik, Slowakei, Rumänien und Baltischen Staaten,
- Erweiterung der EU nach definierten Aufnahmekriterien (vgl. „acquis communautaire“),
- Initiative "Partnership for Peace" zur Entwicklung militärischer Kooperation,
- Angebot an alle interessierten Staaten zur Beteiligung am NATO-Bündnis. Bedingungen: Erfüllung definierter Prinzipien in den Bereichen Demokratie, Rechtsstaatlichkeit sowie soziale und wirtschaftliche Beziehungen.

Zentrales Thema ist die zukünftige Rolle der NATO. Sie ist heute der einzige stabile, berechenbare Stabilitätsfaktor im OSZE-Raum und somit das ideale Forum für eine neue Sicherheitsstruktur mit den Ländern in Mittel- und Osteuropa. Hierzu muß sie sich vorher selbst reformieren:

- Anpassung der inneren Strukturen an eine erweiterte Mitgliederzahl,
- Flexiblere Führungsstrukturen als Grundlage für Operationen unter europäischer Führung - etwa im WEU-Rahmen,
- Höhere Verantwortung der europäischen Verbündeten in enger Absprache mit den USA und Kanada.

Zugleich gestattet eine flexiblere Führungsstruktur die Teilnahme von Staaten, die nicht dem Bündnis angehören, wie mit der internationalen Friedenstruppe für Bosnien bereits erfolgreich praktiziert. Die gute Zusammenarbeit mit den russischen Verbänden beim IFOR-Einsatz relativiert die ablehnende "Grundsatzposition".

Es stellt sich noch in diesem Jahr die Frage nach Auswahl der ersten Kandidaten. Die Aufnahmekriterien sind bekannt, der politische und moralische Druck auf das Bündnis sind hoch. Es geht bereits das böse Wort von Staaten ersten und zweiter Klasse um.

Eine Alternative könnte sein: Aufnahme in die EU statt NATO-Beitritt, aber auch hier sind die Hürden für die Kandidaten sehr hoch. Die Initiative "Partnership for Peace" wird von den Interessenten nicht als gleichwertiges Angebot an Stelle des NATO-Beitritts gesehen, zu tief ist das Mißtrauen gegenüber der ehemaligen Hegemoniemacht Rußland. Die Integration neuer Mitglieder in NATO und EU sollte nur schrittweise erfolgen, der Faktor Zeit ist wichtig. "Zu viel und zu schnell" könnte die Gemeinschaft finanziell und moralisch überfordern.

Die ablehnende Haltung Rußlands zur NATO-Erweiterung muß in diplomatischer und vertrauensschaffender Kleinarbeit überwunden werden, mit der Zielrichtung, Rußlands Interessen zu berücksichtigen, *ohne* den Russen Mitsprache oder gar ein Veto-Recht einzuräumen. Die Frage einer späteren Mitgliedschaft Rußlands in der NATO wurde - zumindest vorerst - mit *nein* beantwortet. Begründung: "Rußland ist nicht integrierbar, Rußland integriert selbst". Diese These ist in der Zukunft zu hinterfragen.

Jede Erweiterung der EU mit ihren Regelungen beim Austausch der Waren und Freizügigkeit der Arbeitnehmer hat unmittelbare Auswirkungen auf unser Sozialwesen und auf den sozialen Frieden in unserem Land. Schon heute ist der Arbeitsmarkt durch legale Arbeitnehmer aus Niedriglohnländern der EU und durch illegale Arbeitnehmer aus Polen und anderen osteuropäischen Staaten belastet. Es gilt, die wirtschaftliche und soziale Sicherheit in Deutschland dauerhaft zu erhalten. Hierzu müssen von allen EU-Mitgliedern soziale Mindeststandards garantiert werden:

- Arbeitnehmerrechte wie Grundversorgung bei Krankheit, Invalidität, Arbeitslosigkeit und Alter sowie Anspruch auf Mindesturlaub,
- Schutz der Gesundheit,
- Schutz der Umwelt.

Die ökonomischen Nachteile einer EU-Erweiterung für Deutschland werden kurz- und mittelfristig deutlich die möglichen langfristigen Vorteile aufwiegen.

Die Integration neuer Mitglieder wird einen weitaus längereren Zeitraum in Anspruch nehmen, als die Beitrittskandidaten erwarten und ihnen durch die EU-Politik signalisiert wird. Es wird zwar manche Enttäuschungen geben - eine Alternative zum eingeschlagenen Weg wird aber nicht gesehen.

4. Ergebnisse der Arbeitsgruppe C

Die Gruppe konnte Deutschland und Europa *un*mittelbar berührende Risikofaktoren im Vergleich zu den bisher dargestellten Arbeitsergebnissen wegen ihrer stärker ausgeprägten Faktoren besser akzentuieren. Interdependenz und Entregionalisierung waren auch hier bestimmende Größen.

4.1 Hauptfaktoren der Bedrohung

Unter dem Gesichtspunkt der *Sicherheit* erscheinen die deutschen Beziehungen zum Afrika südlich der Sahara weitgehend unauffällig. Dieses mag an der räumlichen Distanz liegen, aber auch daran, daß wir mit vielen Staaten dieses Teils der Welt eine geringere Breite der Beziehung haben, aber auch weniger Interessenkonflikte.

Die humanitären Krisen schlagen - analog zum Medieninteresse - immer zeitweilig durch, die massiven Bewegungen der Bürgerkriegsflüchtlinge verlassen den Subkontinent kaum. Ganz anders die Einschätzung des Mittelmeerraumes und seiner südlichen Anrainer.

Hier ortete die Gruppe im Gegensatz zu den bisherigen Ergebnissen unmittelbare Bedrohungen Deutschlands und Europas. Diese Bedrohung - nota bene - nicht "Risiko" ist von ihren Ursachen her bereits erkennbar, nach Zeit und Eintrittswahrscheinlichkeit jedoch noch nicht genau festlegbar.

Es wurde versucht, dieses Szenario unter Einbeziehung der Türkei - trotz ihrer Mitgliedschaft zur NATO und ihrer besonderen Stellung zur EU und wegen ihrer vielfältigen Problemverflechtung - entsprechend zu konkretisieren. Hauptfaktoren der Bedrohung in der Region von Tanger bis zum Persischen Golf sind:

- die ungeheuren Rüstungskonzentrationen,
- zahlreiche zwischenstaatliche Konflikte,
- substantielle Defizite bei Demokratie und Menschenrechten einschließlich der Wahrung der Minderheiten,
- innerstaatliche Instabilitäten,
- wirtschaftliche Stagnation bei hohem Bevölkerungswachstum,
- steigende Umweltproblematik und gewaltige Wasserprobleme,
- zunehmende Ideologisierung.

Eine eingehende Analyse dieses Szenarios zeigt freilich, daß der Krisenbogen weitgehend autark in der Verursachung seiner Konflikte ist und sie noch zu einem guten Teil selbst austrägt.

Auswirkungen sind heute schon in Deutschland vor allem durch terroristische Stellvertreterhandlungen und Verlagerung von politischen Auseinandersetzungen zur Missionierung mit Gewalt unmittelbar zu spüren.

Mittelbar werden die wirtschaftlichen Chancen Deutschlands in Nahost durch die Kräfte absorbierenden zwischenstaatlichen Konflikte gemindert.

Die Gefahr eines Angriffes mit ABC-Waffen - oder dessen Androhung - ist nicht unmittelbar, aber latent. In spätestens einem Jahrzehnt droht ganz Europa in die Reichweite ballistischer Trägerraketen mit Massenvernichtungswaffen aus dem Mittleren Osten und Nordafrika zu geraten.
Die genannten Risiken wirken sich nach Auffassung der Gruppe nicht gleichermaßen auf alle europäischen Staaten aus. Innen sind wir als Partner in der Union, aber auch im Blick auf unsere ureigenen Sicherheitsinteressen in Osteuropa zur Solidarität verpflichtet.

4.2 Handelnde in der Region, ihre Wirkungsmöglichkeiten und ihr Wirkungsgrad

Die Handlungsinstrumente unserer internationalen Zusammenschlüsse sind bislang unzureichend auf die Bedrohung aus dem Krisenbogen ausgerichtet.

Die gemeinsame Außen-, Sicherheits-, Innen- und Rechtspolitik der EU ist erst rudimentär angelegt. Die NATO paßt neue Aufgabenstellungen und Strukturen nach dem Wegfall des Ost/Westkonflikts aufgrund handfester aktueller Managementprobleme dieser Bedrohung erst langsam an.

Die OSZE ist bereits von ihrer Aufgabenstellung weitgehend auf die nördliche Hemisphäre beschränkt.

Nationalstaatliche Alleingänge mit bilateraler Aktion in die Region zur Wahrung eigener Interessen wirken kontraproduktiv. Die kürzlichen Beispiele im diplomatischen Umfeld der Nahost-Friedensregelung sind beredtes Zeugnis.

Somit bleiben nur Hoffnung und Zukunftsperspektiven zugleich im gemeinsamen europäischen Handeln unter machtpolitischer Absicherung durch die Vereinigten Staaten.

Der Weg hierzu hat 1995 eine neue Stufe erreicht.

In der Kooperation mit den Südanrainerstaaten aus dem Krisenbogen hat die EU mit der "Euro-Mittelmeer-Partnerschaft" einen weiten Ansatz gewählt. Ihm obliegt die Hypothese zugrunde, das instabilen Verhältnissen am besten an der Wurzel zu begegnen ist.

Die Partnerschaft strebt daher - im erklärten Einvernehmen aller Parteien und mit substantieller Finanzhilfe der EU - das Aufbrechen der verkrusteten politischen und wirtschaftlichen Rahmenbedingungen und die Schaffung demokratischer, rechtsstaatlicher und marktwirtschaftlicher Zustände in den südlichen Anrainerstaaten des Mittelmeers an. Bis zum Jahre 2010 soll eine Freihandelszone mit der EU errichtet werden, mit einem hohen Maß an Freizügigkeit. NATO und OSZE sind bisher über erste Ansätze eines Dialoges mit den Südanrainern nicht hinausgekommen.

Als mögliche Form der Zusammenarbeit bietet sich für die NATO nach Ansicht der Gruppe die Erweiterung des Programms "Partnership for Peace", freilich ohne Beitrittselement, nach Süden und für die OSZE die Vermittlung ihres Konfliktlösungsmechanismus, ihres "prozedualen aquis", an.

Der Ansatz umfassender Kooperation, den die EU gegangen ist, bietet die Chance grundlegender Problemlösungen.

Allerdings bedarf er eines langen Atems und großer Standfestigkeit gegen Partikularinteressen - auch innerhalb der EU - und gegen das Beharrungsvermögen autoritärer Machtstrukturen in der Region.

Es kann also allenfalls präventive Wirkung entfaltet werden. Durch aktive Mitwirkung an dieser Kooperation entsprechen wir den Erwartungen der südlichen EU-Mittelmeerländer nach Solidarität.

Die dargestellten akuten Sicherheitsprobleme lösen wir damit aber nicht. Ihnen läßt sich auch nicht mit gezielter außenpolitischer Einwirkung auf die Ausgangsländer der Bedrohung beikommen, in der Frage des PKK-Terrorismus etwa mit dem Ziel der Gewährung menschenrechtlichen Minderheitenschutzes und wirksamer Autonomie für die Kurden in der Türkei, die dem Terrorismus den Nährboden entziehen könnte. Dieses muß noch nicht beunruhigen, da ein großer Teil der Bedrohung Deutschland und seine Partner heute allenfalls mittelbar trifft.

Das eigentliche Bedrohungspotential der Region wird sich voraussichtlich erst in mittlerer Zukunft manifestieren. Bis dahin müssen vor allem die gemeinsamen Anstregungen der EU und der NATO greifen.

5. Zusammenfassende Empfehlungen

5.1 Die sicherheitspolitische Agenda

"*Politik ist die Kunst, politische Ziele gleichzeitig anzustreben, die nicht unbedingt kohärent und sofort erreichbar sind*". (Kanzleramtsminister Bohl vor dem Kernseminar 1996 am 30. April 1996). Die sicherheitspolitische Agenda der nächsten drei Jahre wird die hohe Kunst der Politiker und Diplomaten fordern.

In der stiller gewordenen Arena der *Abrüstungsverhandlungen* werden 1996 die Revision des KSE-Vertrages und die abrüstungspolitische Implementierung von Dayton auf der Tagesordnung stehen.

Der *NATO-Gipfel* steuert im Juni 1996 nach erfolgter Klarstellung der französischen Linie eine einheitliche Sicherheitsstruktur an; nach dem Gipfel 1997 werden möglicherweise erste Beitrittskandidaten zur Aufnahme von Verhandlungen eingeladen.

Auf dem *OSZE-Gipfel* 1996 in Lissabon stehen unter deutlicherer Einbeziehung der Mittelmeeranrainer neue Sicherheitsmodelle und Anzahl/Art der Langzeitmissionen zur Diskussion. Die *EU* wird über die Regierungskonferenz und die darin anstehenden Fragen ihre große Bewährungsprobe bestehen müssen. Zukünftige Aufgaben und/oder Erhalt der Handlungsfähigkeit der *WEU* werden hierbei ebenso bis ca. 1998 mitbestimmt wie Art und Umfang der EU-Erweiterung.

Über allem schwebt jedoch das Damokles-Schwert der Entwicklung in Bosnien-Herzegowina *nach* Abzug der IFOR-Kontingente.

Die drei Arbeitsgruppen des Kernseminares geben hierzu Handlungsempfehlungen zur zukünftigen Struktur deutscher Sicherheitspolitik. Mit der Darstellung fasse ich zugleich zusammen.

5.2 Allgemeine politische Zielsetzungen

Deutschland ist sicherer denn je; dieser geographisch und politisch balancierte Zustand in Zentraleuropa mit Deutschland als Mittelmacht muß gewahrt bleiben und abgesichert werden. Hierzu muß Deutschland in allen Bereichen auch zur bi- und multilateralen Kooperation - bis hin zu Ad-hoc-Koalitionen - fähig bleiben.

Die Vereinten Nationen müssen durch die Reform des Sicherheitsrates, durch interne Effizienzsteigerungen sowie durch eine solide finanzielle Basis in ihrer Durchschlagskraft gestärkt werden. Deutschland sollte einen ständigen Sitz im Sicherheitsrat der Vereinten Nationen erhalten. Dieses entspricht seiner gewachsenen Bedeutung. Ein Verzicht *nur* mit Rücksicht auf andere Gleichgewichte scheint langfristig nicht angebracht.

Globale Entwicklungspolitik wirkt in Räume erweiterer Sicherheit. Sie muß daher präventive Sicherheitspolitik sein. Das Bundesministerium für wirtschaftliche Zusammenarbeit und Entwicklung gehört in den Bundessicherheitsrat.

Die Bemühungen um das Schaffen regionaler Strukturen außerhalb der EU müssen belohnt werden, da sie sich gegenseitig hemmende, bzw. parallele nationale Wirtschaftsstrukturen aufbrechen.

5.3 Handlungsfeld Nordamerika

Die Beziehungen Deutschlands zu den USA sind gut. Vor dem Hintergrund zunehmender Tendenzen zum Isolationismus und der Betonung der Innenpolitik der USA erscheinen weitere Verbesserungen nur schwer möglich. Vielmehr müssen Anstrengungen unternommen werden, um das hohe Niveau zu erhalten, die der vitalen Bedeutung dieser Beziehung entsprechen.

Die USA legen großen Wert auf ihre globale politische Führungsrolle (und auch ihrer Leistungsfähigkeit) und wollen auch bei europäischen Entwicklungen konsultiert, zumindest informiert werden. Die deutsche Position nach der Wiedervereinigung wird aus US-Sicht als gestärkt bewertet ("privileged partner").

Diesen Erwartungen muß Deutschland entsprechen.

5.4 Handlungsfeld MOE-Staaten/Rußland

Weiterführung der Vorbereitung der NATO-Erweiterung. Dieser Prozeß ist parallel durch Vertrauensbildende Maßnahmen gegenüber Rußland zu unterstützen.

Definition und Umsetzung weiterer bilateraler und EU-Maßnahmen zur Bekämpfung von organisierter Kriminalität, Terrorismus, Proliferation und illegaler Zuwanderung und Abwehr von Spionageaktivitäten, Übertragung entsprechender Bekämpfungsstrategien auf die östlichen Nachbarn.

EU-Erweiterung erst, wenn die Voraussetzungen hinsichtlich wirtschaftlicher, sozialer und demokratischer Strukturen von den Kandidaten erfüllt sind und die Kosten auf alle EU-Mitglieder fair verteilt werden.

5.5 Handlungsfeld NATO-EU-WEU

Für Deutschland ist es erforderlich, im europäischen und globalen Umfeld Stabilität zu festigen und zu erhöhen.

Alternativen zur Einbindung deutscher Interessen in mulitnationalen Strukturen gibt es nicht. Die Einigung Europas in der EU ist voranzutreiben, die WEU als Euopäischer Pfeiler der NATO muß als Sicherheitselement weiterentwickelt werden.

Die NATO als derzeit einzige funktionierende Sicherheitspartnerschaft - nicht nur Verteidigungsbündnis - muß gestärkt werden. Im Interesse Europas muß eine Öffnung für neue Mitglieder insbesondere aus dem ost- und mittelosteuropäischen Raum erfolgen. Dabei sind die Interessen Rußlands zu berücksichtigen.

Die Strukturreform der NATO muß vor Aufnahme von Beitrittskandidaten abgeschlossen sein.

Die Entscheidungsmechanismen sind bewährt und sollen zunächst unverändert bleiben; dabei ist jedoch stets zu prüfen, ob und wann das Konsensprinzip die Funktionsfähigkeit unakzeptabel lähmt und damit zur Diskussion gestellt werden muß.

Die bestehende und erst recht die erweiterte Union bedarf einer Reform der Entscheidungsprozesse (qualifizierte Mehrheiten). Andernfalls besteht die Gefahr von Handlungsunfähigkeit und der Verlust von Glaubwürdigkeit und Akzeptanz bei den Bürgern.

In der angestrebten Währungsunion gibt Deutschland mit dem Verzicht auf die D-Mark substantiell am meisten auf. Daher *muß* die Währungsunion Motor für eine zeitgleiche Strukturreform und für die GASP, Rechts- und Innenpolitik sein, über die Deutschland nur gewinnen kann.

ARBEITSGRUPPENEINTEILUNG

Arbeitsgruppe A

Untersuchung und Bewertung:

Welche zukünftigen Beziehungsstrukturen und Vorgehensweisen der sicherheitspolitischen Zusammenarbeit mit Nordamerika sind im deutschen Interesse?

HEYM, Dipl.-Ing. Ullrich, Baudirektor, *Bundesministerium der Verteidigung.*
KRATZMANN, Jürgen, Kapitän zur See, *Bundesministerium der Verteidigung.*
KÜBLER, Dr. Knut, Ministerialrat, *Bundesministerium für Wirtschaft.*
SCHLEMMER, Wilhelm, Oberkirchenrat, Theologischer Referent, *Dienststelle des Bevollmächtigten des Rats der EKD bei der Bundesrepublik Deutschland und der EG.*
WEITER, Dr. Matthias Frank, Regierungsdirektor, *Bundesministerium für wirtschaftliche Zusammenarbeit und Entwicklung.*
WINKELMANN, Theodor, Oberst i.G., *Bundesministerium der Verteidigung.*

Arbeitsgruppe B

Untersuchung und Bewertung:

Welche Schwerpunkte sollte Deutschland bei der zukünftigen Gestaltung einer kooperativen und integrativen Sicherheitsordnung im OSZE-Raum setzen?

GRUBER, Karl-Heinz, Regierungsdirektor, *Bundesamt für Verfassungsschutz.*
HARTWIG, Dr. Golo Michael, Regierungsdirektor, *Bundesvermögensverwaltung.*
PRILLER, Josef, Oberst i.G., *Bundesministerium der Verteidigung.*
SELLMER, Wulff, Leitender Regierungsdirektor, *Bundesamt für Wehrtechnik und Beschaffung.*
VIETHEN, Hans-Peter, Regierungsdirektor, *Bundesministerium für Arbeit und Sozialordnung.*
WEBER, Christoph, Stv. Leiter Geschäftsbereich "Elektroniksystem-Entwicklung", *ESG Elektroniksystem- und Logistik GmbH.*

Arbeitsgruppe C

Untersuchung und Bewertung:

Deutsche Sicherheitsinteressen an der Peripherie des OSZE-Raumes im Handlungsrahmen bilateraler Aktion, multinationaler Kooperation und überstaatlicher Integration

FRICKE, Dr. Gerhard, Leitender Kriminaldirektor, *Bundeskriminalamt.*
HOFF, Dr. Jörg, Oberstapotheker, *Bundesministerium der Verteidigung.*
HORNDASCH, Karlheinz, Polizeidirektor im BGS, *Bundesministerium des Innern.*
KÖNIG, Josef, Bundesvorstand, *Bund der Deutschen Katholischen Jugend.*
RAUW, Dipl.-Volkswirt Manfred, Ministerialrat, *Bundesministerium für Verkehr*
SCHMID, Dr. Walter-Jürgen, Vortragender Legationsrat I. Klasse, *Auswärtiges Amt.*

Redaktionsgruppe

ASSMANN, Horst F., Leiter *DASA Business Unit Militärische Kommunikation und Neue Vorhaben, Dornier GmbH.*
HÜBNER, Georg Michael, Oberst i.G., *Bundesministerium der Verteidigung.*
WENDT, Rainer, Angestellter, *Deutsche TELECOM AG.*

Curriculum des Seminars für Sicherheitspolitik 1996

Die Zukunft von Kooperation und Integration zwischen Vancouver und Wladiwostok - Die deutschen sicherheitspolitischen Interessen

1. **Grundlagen deutscher Sicherheitspolitik, ihre Ziele und Interessen** (das Erreichte)
   - • Schutz Deutschlands und seiner Staatsbürger vor äußerer Gefahr und politischer Erpressung[1]
   - • Vorbeugung, Eindämmung und Beendigung von Krisen und Konflikten, die die Unversehrtheit und Stabilität Deutschlands und seiner Verbündeten beeinträchtigen können
   - • Gleichberechtigte Partnerschaft zwischen einem geeinten Europa und Nordamerika
   - – Nationale Krisenvorsorge
     Verteidigungspolitische Richtlinien; neue Aufgaben und Struktur der Bundeswehr
   - – Verfassungsrechtliche Voraussetzungen für deutsche friedenserhaltende Einsätze
   - – Vorschriften der deutschen Wehrverfassung (Frieden, Krise, Krieg)
     NATO (Die Transatlantische Partnerschaft, Stabilitätsprojektion nach Osten, Partnerschaft für den Frieden)
   - – WEU
   - – Konfliktverhütung/Internationales Krisenmanagement incl. Peace Support Operations im NATO-, WEU-, OSZE-, GUS-, VN-Rahmen (Sachstand und Ausblick)
   - – Wiederaufbau nach der Krise am Beispiel Ex-Jugoslawiens
   - – Wirtschafts- und finanzpolitische Grundlagen

---

[1] Die mit diesem Symbol (•) gekennzeichneten Grobziele verweisen auf die „Ausrichtung der Ziele deutscher Sicherheitspolitik“ gemäß *Weißbuch zur Sicherheit der Bundesrepublik Deutschland und zur Lage und Zukunft der Bundeswehr*, Bonn 1994, Ziffer 318.

- Deutsche Interessen in den Internationalen Organisationen (NATO/NAKR, EU, WEU, OSZE, VN, WTO, OECD, G 7)
- Sicherheitspolitik in den Medien

2. **Die sicherheitspolitischen Akteure und ihre Agenda** (das Ziel)

- Ausbau des auf gemeinsamen Werten und gleichgerichteten Interessen beruhenden Sicherheitsverbundes mit den USA
- Stärkung der NATO als Wertegemeinschaft und Verteidigungsbündnis der europäisch-atlantischen Demokratien und weitere Anpassung des Bündnisses an die aktuellen sicherheitspolitischen Herausforderungen inkl. seiner Öffnung nach Osten
- Vertiefung der europäischen Integration durch Ausbau der EU mit einer Gemeinsamen Außen- und Sicherheitspolitik (GASP) und einer Europäischen Sicherheits- und Verteidigungsidentität (ESVI); Ausbau und Entwicklung der WEU als Verteidigungskomponente der EU und als europäischer Pfeiler der NATO
- Erweiterung der EU und der WEU
- Stärkung der Vereinten Nationen als globale Konfliktregelungsinstanz und der OSZE als regionaler Abmachung
- Gestaltung einer neuen kooperativen Sicherheitsordnung zwischen allen OSZE-Staaten

- Ansätze der Politischen Geographie zu Fragen der Sicherheitspolitik
- Die USA als entscheidender Faktor, der Blick nach Kanada
- Frankreich als unerläßlicher Partner (französische Haltung zu EU und NATO, Deutsch-französische politische Partnerschaft)
- Die Rolle Großbritanniens
- Der Blick nach Rußland
- GUS (Ukraine/Kaukasus, Zentralasien)
- Anpassung der NATO-Bündnisstrukturen, Combined Joint Task Forces-Konzept
- Öffnung der NATO nach Osten
- Rahmenbedingungen der europäischen Integration und ihre Determinanten
  * Nationalstaat versus Integration; Kooperation versus Integration; Renationalisierungs- und Regionalismuskonzepte
  * Souveränität, (Selbstbestimmungsrecht von Minderheiten versus territoriale Integrität)

  * Kongruenz der Mitgliedschaften in EU und NATO
  * Konsensprinzip versus Mehrheitsprinzip
- Hauptprobleme des Europäischen Einigungsprozesses (Regierungskonferenz 1996)
  * Wirtschafts- und Währungsunion, Gemeinsame Innen- und Rechtspolitik
  * Entwicklungspotentiale von GASP und ESVI
  * Europa der zwei Geschwindigkeiten?
  * Erweiterung versus Vertiefung von EU/WEU
- Der zukünftige euro-atlantische Sicherheitsverbund: sein Kern, seine Ausdehnung, seine Strukturen

3. Kooperation und Integration als sicherheitspolitische Konzepte

- • Festigung und Ausbau einer regional und global wirksamen Sicherheitsordnung einander ergänzender und stärkender Organisationen
- • Fortsetzung eines an dem Ziel vorausschauender Konfliktverhütung orientierten Rüstungskontrollprozesses in der Perspektive der Gestaltung einer kooperativen Sicherheitsordnung als eine Grundlage für dauerhaften Frieden und Stabilität in und für Europa
- Ökonomische Kooperation versus ökonomische Integration
- Internationale Verflechtungen, ökonomische Integrations- und Kooperationsstrukturen (u.a. TAFTA, NAFTA, MERCOSUR, OAS, OAE, Asien-Pazifik)
- Die „Triade"
- Der Friedensprozeß im Nahen Osten
- Entwicklungszusammenarbeit, „Dritte Welt"
- Neue militärische Entwicklungen (Revolution in MilitaryAffairs)
- Qualitative Rüstungskontrolle
- Sicherheitsproblematik der „Informationsrevolution"
- Neue Konfrontationsschemen (z.B. „clash of civilizations")

4. Weitere Aspekte der internationalen Sicherheit

- • Förderung der Demokratisierung und des wirtschaftlichen und sozialen Fortschritts in Europa und weltweit
- Humanitäres Völkerrecht und seine Organe

- Klima und Umwelt
- Migration
- Regierungsunabhängige Organisationen (NGO)
- Internationale Organisierte Kriminalität

5. **Inlandsreise** nach ***Sachsen-Anhalt, Brandenburg und Berlin***
   - Empfänge/Besuche bei Ministerpräsidenten /Länderministerien/ Landtagen/ Landtagspräsidenten; Empfang durch Bundespräsidenten im Schloß Bellevue, Berlin
   - Unterrichtung durch IV. Korps: Aufbau der Bundeswehr in den neuen Bundesländern; Vortrag über „Planung der NVA zur Einnahme Berlins“
   - Umwelt und Altlasten am Beispiel des Truppenübungsplatzes Altmark (Colbitz / Letzlinger Heide) mit Besichtigung des Gefechtsübungszentrums Heer.
   - Betriebsbesichtigung Fa. SKET (Schwermaschinen-Kombinat „Ernst Thälmann“), Magdeburg
   - Gesprächskreis mit der Landesvereinigung der Arbeitgeber über Probleme der Wirtschaft (Ost) sowie grenzüberschreitende Osteuropaaktivitäten
   - Besuch des Instituts für Klimafolgenforschung, Potsdam

6. **Auslandsreise I**

   nach ***Brüssel*** (NATO, EU) und ***London*** (Verteidigungsministerium, Royal Institute for International Affairs (Chatham House) und Europäische Bank für Wiederaufbau und Entwicklung (EBDR)

7. **Auslandsreise II**
   nach ***New York*** (Vereinte Nationen, Institute for East-West Studies, American Jewish Committee), ***Princeton N.J.*** (University, Woodrow Wilson School), ***Washington D.C.*** (State Department, Pentagon, Internationaler Währungsfonds, Weltbank, National Defense University)

Kurzbiographien der Autoren

Hartmut Bagger
geboren 1938 in Braunsberg/Ostpreußen,
General, Generalinspekteur der Bundeswehr.

Prof. Dr. Klaus-Achim Boesler
geboren 1931 in Leipzig,
Direktor des Instituts für Wirtschaftsgeographie, Universität Bonn.

Dr. Eckhard Lübkemeier
geboren 1951 in Bünte/Westfalen,
Leiter der Abteilung Außenpolitikforschung der Friedrich-Ebert-Stiftung, Bonn.

Prof. Dr. Franz Nuscheler
geboren 1938 in Bad-Wörishofen,
Direktor des Instituts für Entwicklung und Frieden, Gerhard-Mercator-Universität/Gesamthochschule Duisburg.

Prof. Dr. Jörg Stadelbauer
geboren 1944 in Wurzen,
Inhaber des Lehrstuhls für Geographie und Landeskunde, Institut für Kulturgeographie der Universität Freiburg/Breisgau.

Harald Rondholz
geboren 1947 in Stuttgart,
Kapitän zur See, Studienleiter an der Bundesakademie für Sicherheitspolitik, Bonn.

Volkmar Theobald (Hrsg.)

Von der Europäischen Union zur "Europäischen Sicherheitsunion"?

Die Gemeinsame Politik der inneren Sicherheit in der EU

Mit einem besonderen Aspekt der europäischen Integration – dem der Gemeinsamen Innen- und Rechtspolitik – befaßt sich dieser Band. Die innere Sicherheit wird dabei sowohl aus einem deutschen als auch europäischen Blickwinkel betrachtet; die Autoren sind Experten der Wissenschaft, Politik und Administration. Ein Teil des Bandes befaßt sich mit den Anforderungen der Bundesländer an die Gemeinsame Innen- und Rechtspolitik. Ein weiterer ist der Frage gewidmet, ob das Schengener Abkommen und EUROPOL zwei Modelle für eine "Europäische Sicherheitsunion" darstellen. Auch mögliche Entwicklungsperspektiven, z.B. ein EU-Datenschutzrecht, werden detailliert analysiert. Der sicherheitspolitische Ausblick gebührt mit "Maastricht II" der aktuellen politischen Agenda.

Aus dem Inhalt:

- Die Bekämpfung internationaler Kriminalität als gemeinsames Interesse der Unionsstaaten
- Erfahrungen nach Inkrafttreten des Schengener Abkommens
- Aufgaben und Perspektiven von Europol
- Nationale Grundrechte – Internationale Bedrohungen – Rechtliche Herausforderungen als Folge der Globalisierung
- Polizeiliche Zusammenarbeit und informationelle Selbstbestimmung

1997, 206 S., kart., 39,80 DM, 37,– SFr, 291,– ÖS
ISBN 3-87061-668-7
Schriftenreihe zur neuen Sicherheitspolitik, Bd. 15